PABLO GIL CASADO

LA NOVELA SOCIAL ESPAÑOLA

ESPAÑOLA

(1942-1968)

BIBLIOTECA BREVE DE BOLSILLO

EDITORIAL SEIX BARRAL, S. A.
BARCELONA, 1968

© **EDITORIAL SEIX BARRAL, S.A. - BARCELONA, 1968**

Depósito Legal: B. 24262-1968   Printed in Spain

Quedo en perpetua deuda de gratitud con el profesor de la Universidad de Wisconsin, Antonio Sánchez Barbudo, cuya guía y consejo han sido una inapreciable ayuda en la preparación del manuscrito. Asimismo le estoy muy agradecido a Edward R. Mulvihill, profesor de dicha universidad, y a Carlos Barral, editor, por sus comentarios y sugerencias sobre ciertos puntos de este libro.

P.G.C.
The University of North Carolina.
Chapel Hill, N. C. (USA)

NOTA DEL EDITOR

Por entorpecimientos de última hora y para evitar un excesivo retraso en la publicación de "La novela social en España", nos hemos visto obligados a adoptar una paginación un tanto sorprendente.

El lector avisado no encontrará ninguna dificultad, ni en la lectura, ni en la localización de autores en los índices. Rogamos nos disculpen todos aquellos que tropiecen en algún momento con esta heterodoxa ordenación.

I. INTRODUCCIÓN

La novela española que aparece a partir de la guerra civil contiene numerosas referencias al estado de la sociedad española y a ciertos aspectos de la vida nacional que podrían llamarse injustos, o por lo menos indebidos desde el punto de vista de la equidad social. Esto no quiere decir, naturalmente, que todas las obras tengan por tema la situación de la sociedad, sino que la mayor parte de ellas se refieren, en mayor o menor grado, a los problemas que existen, o han existido, en España; unas veces se trata de breves menciones, otras dedican varias páginas a uno o varios aspectos sociales, y, finalmente, algunas narraciones se ocupan, exclusivamente, de esos aspectos. Las obras que pertenecen al último grupo constituyen la llamada "novela social".

La frecuencia con que aparecen dichas referencias en la actual novelística española, ha llegado a causar cierta confusión hasta el punto que, a veces, la crítica señala como "sociales" novelas que no lo son. La misma palabra social es imprecisa y se presta a interpretaciones erróneas cuando se usa en su sentido lato, e igualmente ocurre con testimonio y otros términos que se emplean al hablar de esta clase de literatura (1).

Con el propósito de ayudar al lector a comprender mejor en qué consiste, empecemos por aclarar lo que se entiende por novela "social", y lo que básicamente significa

(1) La confusión no sólo existe entre los críticos sino también entre los mismos novelistas. En cierta ocasión hablaba el autor con un escritor madrileño y éste ponía de ejemplo su última obra para ilustrar su concepto de la novela social. Cuando le hicimos la observación de que su libro no tenía, en apariencia, nada de «social», contestó: «Toda novela debe ser realista, y puesto que la realidad humana es una realidad social, toda novela, en este aspecto, es social».

la terminología empleada al hablar de esta clase de relatos, señalando también sus características esenciales. Luego veremos cómo la novela "social" se convierte en el quehacer primordial de la llamada generación del medio siglo, y cómo por medio de ella, expresan sus inquietudes sociales y estéticas. Después trataremos de examinar brevemente los antecedentes y las influencias a que están sujetos los autores de tendencia "social". Finalmente, trataremos de clasificar las principales narraciones con el propósito de facilitar su estudio.

El significado del término "novela social".

Social, en su amplia acepción es todo aquello perteneciente o relativo a la sociedad. Como la novela relata, en su mayor parte, sucesos relacionados con la vida de los miembros de la sociedad, podría decirse, como cierto escritor madrileño quería, que toda novela es social. Pero dejando aparte este sentido vasto y general que de nada sirve para nuestro propósito, diremos que una novela es "social" únicamente, cuando trata de mostrar el anquilosamiento de la sociedad, o la injusticia y desigualdad que existe en su seno, con el propósito de criticarlas. Esto no quiere decir que sea "social" un relato que se ocupa de un caso individual y excepcional (por muy injusto que resulte), sino que por el contrario, para serlo ha de referirse al quehacer, al modo de ser, a las circunstancias de un sector de la población. Sin embargo, la situación general puede exponerse por medio de un caso representativo. En otras palabras: la situación que se novela ha de tener carácter colectivo. Por ejemplo, *La mina*, de Armando López Salinas, muestra los abusos de una empresa minera y las condiciones injustas en que trabajan y viven los mineros (no en un caso particular, sino en el de todos ellos), poniendo énfasis en la desigualdad que existe entre la holgada vida que llevan los ingenieros y directivos de la empresa, y las penalidades que sufren aquéllos. *La boda*, de Ángel María de Lera, narra los sucesos que ocurren en un pueblo cuando un viudo rico (que no es del lugar) se casa con una mujer joven que es pretendida por algunos mozos de la localidad; pero no es una novela "social" porque solamente se ocupa de problemas y conflictos personales. Tampoco lo será una narración que relate los incidentes de un crimen, pero sí se podrá considerar "social" si se hace ver que el criminal obra empujado por unas circunstancias desfavorables e injustas que padece igual que otros muchos, como pasa en *Los otros,* de Luis Romero.

Algunas de las narraciones que se designan como "sociales", plantean problemas fundamentales que afectan a las relaciones de los hombres entre sí, exponen las actitudes y el modo de ser de diferentes grupos, a veces analizando las causas históricas que han creado un estado de cosas, y las exponen con el propósito de que sirvan de blanco a una *crítica;* es decir, que en estas obras se hacen notar las acciones y conducta vituperables de uno o varios sectores de la sociedad para que el lector se dé cuenta de la situación, forme su propio juicio. Otras, por el contrario, reflejan los problemas y reivindicaciones de una determinada clase (el proletario, el empleado, el humilde) cuyas condiciones de vida *denuncian* en forma comprometida, tomando explícita o implícitamente su defensa, y al hacerlo así, declaran el estado injusto o inconveniente de la situación, dan parte del daño hecho a aquéllos, con designación del culpable o sin ella. La primera tendencia apuntada podríamos llamarla de "crítica" y la segunda de "denuncia", si bien estos términos son arbitrarios y los empleamos sólo con el propósito de establecer las necesarias diferencias. Tanto en un caso como en el otro, la novela que se conoce con el nombre de "social" forma parte del realismo crítico, o si se prefiere, del realismo crítico social. Sin embargo, es preciso indicar que no todas las obras de intención social consiguen alcanzar un realismo acabado, pues dan una interpretación lírica, subjetiva o partidista de los hechos, como ocurre con algunos de los relatos que tienden hacia la denuncia. El término "novela social" que corrientemente se emplea al hablar de esta novelística, producto de las tertulias literarias madrileñas y del periodismo polémico, es artificial e insuficiente para designar a todas las novelas que aquí nos ocupan, pues comprende autores y obras que enfocan la realidad nacional de una forma muy diferente. Además, ciertos escritores de la novela "social" prefieren denominarse *social realistas* o *realistas críticos*, por causas que explicaremos más adelante. A pesar de todo esto, hay que aceptar el apelativo "social" pues tiene ya vigencia histórica.

Los relatos cuya intención primordial es la reivindicación de una clase, o sea los que tienden a la denuncia, pueden señalar las condiciones desfavorables en que se hallan los humildes, la situación privilegiada que gozan los poderosos, o ambas simultáneamente, pero en todo caso favorecen al oprimido y se oponen al opresor. Se podrían confundir con la novela política pero la diferencia primordial consiste en que ésta propugna una solución concreta, tiene como fin la justificación o condena de una determinada ideología política y de los actos que ejecutan sus seguidores, proponiéndose en último término, sustituir el régimen establecido por otro, o defender aquél, todo en nombre de una consigna. Un ejemplo de novela política sería, en ciertos aspectos, *Las ruinas de la muralla*, de Jesús Izcaray. Por el contrario, la novela "social" de denuncia sólo busca justicia, igualdad y dignidad para un sector de la sociedad que se encuentra en situación de inferioridad.

La novela "social" de crítica es mucho más sutil y sus propósitos son mucho menos obvios que en el caso anterior, pues se trata de señalar la actitud de las llamadas "fuerzas vivas", o en casos más concretos el proceder de ciertos miembros de la burguesía, de mostrar su modo de ser, no para glorificarlos sino con la intención de censurarlos. Y decimos intención porque la crítica no suele aparecer en forma explícita, excepto por el hecho de narrar determinados detalles y sucesos. Las novelas de García Hortelano, por ejemplo, presentan un grupo de personas privilegiadas y muestran cómo viven encerradas en un círculo donde se juzga que el resto de la sociedad está formado por gentes raras, inferiores, indignas de atención, que no tienen derecho a nada; pero al hacerlo así, los sucesos narrados demuestran que esa posición de superioridad es falsa, evidenciando cómo viven en un vacío absoluto, cómo llevan una existencia parasitaria e inútil, y cómo esa actitud es moralmente reprochable. Luis Romero, en *El cacique*, relata cómo un hombre tiene oprimido a un pueblo y la crítica surge de la exposición de los abusos e irregularidades administrativas que se cometen en la localidad.

La novela "social" no se limita sólo a presentar los problemas o el modo de ser de un cierto sector o clase social; hay también obras que se refieren al estado general de la sociedad española considerada en su totalidad, especie de radiografía de los defectos y aspectos estáticos de la vida nacional y, sobre todo, hacen un examen de la conciencia del hombre español, para a la vez someterlos a una dura crítica. En estos casos es frecuente mostrar el poco interés que hay por cambiar de situación, la cerrazón mental y espiritual española, etc., a veces estableciendo comparaciones con la vida de otros países europeos, o con ciertos momentos históricos del pasado español. Entre las novelas "sociales" tal vez sean las más ambiciosas, tanto en el contenido como en su presentación; además son las de mayor intención crítica, como en el caso de *Tiempo de silencio*, de Luis Martín Santos, *Las ruinas de la muralla*, de Jesús Izcaray, o *Señas de identidad*, de Juan Goytisolo.

Por lo que venimos diciendo se podrá deducir que novela "social" no es sólo la que trata de temas laborales, e igualmente se entenderá que no lo es (en el sentido que aquí se emplea) aquélla que se escribe para justificar la posición de un grupo privilegiado. Más adelante, al hablar de los escritores de la generación del medio siglo, volveremos a tratar de las características y diferencias que presentan los relatos "sociales", pues ahora nos urge más terminar de aclarar la terminología.

El testimonio.

La crítica o denuncia de los aspectos sociales a que nos hemos referido anteriormente, se basa en un testimonio, palabra ésta tan traída y llevada que conviene explicar en qué consiste para evitar mayores confusiones.

Ya hemos dicho que la novela "social" se ocupa de situaciones que tienen significado colectivo. Así como un sermón contiene ejemplos de casos concretos con el propósito de que el oyente comprenda mejor la doctrina, en la novela "social" las observaciones generales, lo que el escritor quiere hacer ver, aparecen en forma concreta, es decir la intención general se documenta mediante detalles e incidentes que proceden de una realidad histórico social (lo que vendría a ser el ejemplo del sermón). La novela costumbrista hacía resaltar los elementos típicamente pintorescos para dar una visión de conjunto, e igualmente nuestra novelística hace hincapié en las situaciones de significado social, y las integra en una narración ficticia. La forma en que se presentan esos detalles, el relato, los mismos personajes, son producto de la imaginación (aunque a veces, en un esfuerzo por dar mayor verosimilitud al testimonio se pretenda lo contrario), pero las circunstancias en que se desarrollan los sucesos novelísticos, el medio ambiente en que se mueven los personajes, la esencia y naturaleza de los problemas con que se enfrentan, su pasado, se ajustan a una realidad y son, o han sido, ciertos: es lo que constituye el testimonio. Éste puede mostrar en forma directa los hechos que afectan a una colectividad (como lo hacen los libros de viajes); o bien puede tratarse de una serie de sucesos que tienen efecto simbólico (como lo que ocurre en un pueblo en el período de veinticuatro horas que representa la situación cotidiana de siempre); puede revestirse de un carácter hiperbólico (como al novelar el modo de ser de ciertos personajes representativos), o bien hacer uso de la alegoría, etc., todo como reflejo artístico de la realidad.

El testimonio como ejemplo arquetípico del hombre de la actualidad versa sobre un "ahora" y un "aquí"; pero como todo presente tiene sus cimientos en el pasado, no siempre se limita a un estado de cosas actual, sino que se proyecta en sentido histórico-social hacia el pasado. Así vemos que algunas obras documentan la actualidad mediante una visión retrospectiva de los factores que han contribuido a formar las características de la sociedad actual, caso de *Señas de identidad;* o bien con el propósito de exponer las circunstancias que han determinado el modo de ser de una cierta clase, caso de la corrupción y decadencia de la vieja burguesía española, o de la abulia de la nueva.

La documentación de una serie de hechos, la presentación de su testimonio, no basta para dar carácter "social" a una novela; para ello es necesario que tenga un propósito de denuncia o crítica del estado de cosas indeseable (desde el punto de vista del escritor, pues para otros puede no serlo) que predomina en el ámbito nacional. Por lo tanto no consideramos como "sociales", en el sentido aquí empleado, las novelas-reportaje (como *Gran Sol* o *El fulgor y la sangre*, de Ignacio Aldecoa). En *Gran Sol*, por ejemplo, se muestra el género de vida que llevan los pescadores de altura, "documentando" su existencia por medio de una técnica testimonial que combina lo concreto y arquetípico (es decir, las faenas que desempeñan en el mar) con la ficción; pero su trabajo se presenta completamente desligado del medio social en que viven. La finalidad de este género de relatos es ofrecer un reportaje que "documente" novelescamente la lucha épica del hombre con las fuerzas de la Naturaleza, su triunfo o derrota final, dejando aparte toda intención crítica; sin embargo, a veces, la base social no puede menos que transparentarse pues el significado de los hechos es de carácter social, pero cuando así ocurre es involuntariamente. *La zanja,* de Alfonso Grosso, se ocupa también de la vida y trabajo en este caso de los habitantes de un pueblo andaluz, pero el cotidiano quehacer de las gentes subraya la proverbial desigualdad que existe en el campo español, revela cómo los ricos terratenientes olivareros niegan al campesino un jornal justo y, al mismo tiempo, de los sucesos narrados se desprende una clara crítica de las fuerzas interesadas en mantener esa explotación.

Tampoco son "sociales" ciertas novelas que tratan de la decadencia de la burguesía. Su contenido es testimonial, es un documento de la realidad, pero es un documento limitado "a priori", que capitaliza únicamente los aspectos exteriores, superficiales, de esa ruina. Se reincide en múltiples detalles de la inutilidad y parasitismo de la vieja burguesía, y como contraste, la concepción inmoral y cínica de la vida, el enriquecimiento por medios ilegítimos, el querer y no poder, etc. El resultado (como en algunas de las novelas de Zunzunegui, por ejemplo) es una galería de seres grotescos, un repertorio de acciones bajas y mezquinas, de vicios, pero el retrato no pasa de los límites impuestos por los mismos retratados: son ciertamente lamentables, sí, pero los rasgos de humor negro con que a veces se describen, la misma naturaleza de los hechos, horroriza al lector, y a la vez que le divierte le ofrece el consuelo de ver todo lo decente que, en comparación, es su propia inmoralidad y cinismo. Son obras dirigidas, primordialmente a cierta clase de persona que concluye su lectura con un "hay que ver cómo está hoy día el mundo". Naturalmente, como en el caso de la novela-reportaje, el testimonio de esa corrupción y decadencia tiene significado social puesto que es prueba, aunque restringida, de lo que ocurre en la sociedad actual, pero esto se da como subproducto.

Consideramos a los libros de viajes como literatura social, porque el elemento testimonial se emplea con el fin de exponer la situación y el abandono en que se encuentran ciertas regiones conocidas con el nombre de la "España olvidada". A pesar de que estos relatos tienen bastante de reportaje periodístico no lo son, pues el material documental aparece alterado, contiene sucesos y personajes ficticios en todo o en parte.

Por lo que venimos diciendo sobre el testimonio se comprenderá que sólo cabe, si es que ha de convencer, en una novela de base realista. Efectivamente, la tendencia de las obras actuales que aquí nos ocupan es hacia un realismo de intención crítica y denunciatoria, apartándose de todo lo que perjudique la veracidad del estado de cosas que se presenta en la novela (aunque no siempre se logre), es decir, de su interpretación lírica, subjetiva o sectaria.

El personaje-clase.

Ya hemos apuntado que la novela "social" hace hincapié en señalar un estado de cosas indeseable y con este propósito trata de "analizar o mostrar una capa de la sociedad. Para conseguirlo suprimirá o no al protagonista o éste será un símbolo de su clase, representará valores arquetípicos" (2). En el primer caso el protagonista no es un individuo sino todo un grupo humano que asume el papel de héroe múltiple. Por ejemplo, en *Central eléctrica*, de López Pacheco, los protagonistas son "todos" los campesinos a quienes desahucian del valle que va a inundar la presa de la central, "todos" los obreros que trabajan en su construcción, "todos" los ingenieros, "todos" los técnicos que dirigen los montajes. En el segundo caso tenemos un personaje principal (o personajes) que aparece formando parte de un sector de la sociedad, y aunque tenga personalidad propia, es reflejo de las idiosincrasias del grupo en cuyo ambiente se mueve, convirtiéndose en un símbolo representativo o "personaje-clase". Es decir que viene a ser una síntesis, o si se quiere la "imagen", de ciertas gentes y por medio de él se muestra cómo piensan, qué problemas vitales tienen, qué actitud toman ante la vida y ante los demás, etc. Las características que encarna el "personaje-clase" aparecen repetidas en los personajes secundarios que lo rodean, y así las refuerzan y confirman. El resultado es que los personajes así concebidos suelen poseer una cierta pobreza de carácter, pues los rasgos representativos de la clase a la cual pertenecen suelen darse por definición, sin apenas matices, tendiendo a mostrar el personaje únicamente de ese lado simbólico, prescindiendo de otras facetas de su personalidad. Ocurre también que, a veces, se hace hincapié en el carácter vituperable de unos o en la abnegación y probidad de otros, en cuyo caso los personajes resultan falsos, demasiado buenos o demasiado malos, y así tenemos relatos donde aparecen obreros que son dechados de bondad, y empresarios que son todo maldad. Por el contrario, en las mejores novelas del realismo crítico social el personaje-clase no sólo reúne en sí un conjunto de caracteres esenciales y representativos, comunes a toda una capa de la sociedad, sino que éstos se concretan por medio de su personalidad; lo colectivo y lo perso-

(2) Joaquín Marco, «En torno a la novela social española», *Ínsula*, N.º 202 (septiembre, 1963), pág. 13.

nal se modifican y complementan mutuamente, y como consecuencia el carácter del personaje-clase se hace mucho más real, resulta menos seco y recortado, posee una mayor dimensión artística. Veamos un ejemplo: el personaje principal de *Tormenta de verano*, pertenece a la alta burguesía. A causa de ciertos sucesos, sufre una crisis de conciencia y se da cuenta, por primera vez en su vida, que las gentes que viven fuera del círculo de sus amistades son también seres humanos. Trata de liberarse del ambiente en que vive, incluso está a punto de abandonar todo para emprender una existencia mejor, pero en el momento decisivo puede más su atavismo, claudica y vuelve a encerrarse en el círculo del cual había tratado de escapar. En esta novela tenemos las características esenciales, típicas de un cierto sector, que se manifiestan en el personaje; luego, su carácter personal que se ve por medio de su crisis y de sus relaciones amorosas.

Características de la novela "social".

Resumiendo lo hasta aquí dicho, vemos pues que la novela "social", o mejor dicho la novela del realismo crítico social, reúne las siguientes peculiaridades:
1) Trata del estado de la sociedad o de ciertas desigualdades e injusticias que existen en ella. 2) Éstas se refieren a todo un sector o grupo, a varios, o a la totalidad de la sociedad, pero en cualquier caso carecen de sentido individual. 3) El estado de cosas se hace patente por medio de un testimonio. 4) El testimonio sirve de base a una denuncia o crítica. 5) Tiende hacia el realismo selectivo, apartándose de todo lo que perjudique la veracidad del testimonio. 6) Para mostrar la situación se analiza la sociedad y se crea un héroe múltiple o un personaje-clase.

Las características indicadas no aparecen en igual proporción en todos los relatos, pues algunos dedican más atención a unos aspectos que a otros. Un autor puede poner el énfasis en el análisis de los miembros de un grupo (como García Hortelano), mientras que otros se inclinan más a mostrar los conflictos laborales que existen en ciertas industrias o en las determinadas zonas del campo español (como Grosso).

La generación del "medio siglo" y su crítica social.

La novela social-realista cuyas características hemos apuntado, aparece en la década de 1950. La mayor parte de los escritores que la cultivan pertenecen a la llamada "generación del medio siglo" y, según Castellet, nacieron "entre 1922 y 1936". Hay algunos como Luis Romero, Ángel María de Lera o Suárez Carreño, que pertenecen a la generación anterior, y también han escrito novelas "sociales". No obstante, las obras más representativas pertenecen a los más jóvenes, y éstos son quienes darán a la novela sus características definitivas, tanto estéticas como sociales (3).

Los escritores de la novela "social" que pertenecen a la última generación forman un grupo heterogéneo compuesto por hombres de muy diversas procedencias y formación, intelectuales, autodidactas, técnicos, obreros... y no son exclusivamente de formación universitaria como se ha dicho algunas veces. Casi todos desempeñan otras ocupaciones (con la excepción, tal vez, de Grosso) aparte de su labor creadora; unos son abogados (García Hortelano, Ramón Nieto), otros empleados de editoriales (José Manuel Caballero Bonald, Juan Goytisolo), algunos son peritos técnicos (Antonio Ferres), periodistas (Daniel Sueiro), o simplemente han sido obreros (Juan Marsé, Fernando Ávalos, López Salinas) aunque luego hayan pasado a desempeñar diferentes empleos.

En relación con la generación precedente, o sea la que hizo la guerra en su juventud y empezó a escribir inmediatamente después del conflicto, la del "medio siglo" presenta algunas diferencias notables. La principal caracte-

(3) «El grupo de novelistas pertenecientes a la "generación del medio siglo" se muestra... representativo y eficaz en la manifestación de sus inquietudes estéticas y sociales». José María Castellet, «La novela española, quince años después», *Cuadernos del Congreso por la Libertad de la Cultura*, N.º 33 (noviembre-diciembre, 1958), pág. 51.

rística de aquéllos es la falta de unidad generacional, lo cual se puede apreciar en la desigualdad de sus obras, en los temas abordados y en la técnica empleada, como si fuesen un reflejo del caos en que se encuentra la España de esos años. Algunos novelistas escriben una literatura justificativa, de posición que podría llamarse "oficial"; otros tratan de reflejar la realidad de una forma objetiva pero carente de intención crítica, ya sea escribiendo novelas "sociales" al estilo antiguo, peculiar del viejo realismo o del naturalismo, o bien proporcionando un escape estético que compense al lector de los sinsabores que supone enfrentarse con una realidad desoladora; finalmente, habrá quienes se incorporen al realismo "social" aunque por lo general tardíamente y con muy poca fortuna. En otras palabras: es una generación que sigue varios caminos pero sin una meta determinada, sin dirección concreta en la novela, vacilante, que sólo ha dado unos cuatro escritores de alguna importancia. La razón de esta falta de quehacer común es, para José María Castellet, el resultado de una especie de cansancio debido, dice, a que "vencedores y vencidos habían quedado agotados en la lucha fratricida y ésta será una generación de escaso peso en la historia literaria" (4). Su tendencia a mantenerse al margen de los hechos, eludiendo profundizar en las situaciones que novelan, es decir no queriendo hurgar en la herida aún abierta de la guerra, en sus causas y resultados, podría muy bien ser una negativa a enfrentarse de nuevo con todo lo que signifique ataque y defensa, tanto en literatura como en otros órdenes de la vida, ya que libraron el combate más directamente en otro terreno. Para Miguel Delibes, la desigualdad que caracteriza a la novelística de este grupo se debe a las circunstancias en que se desarrolla su tarea artística: la incomunicación de España con el extranjero que les priva de toda influencia exterior (por regla general, pero con las debidas excepciones como en el caso de Cela), y el autodidactismo, a cuyas razones habría que añadir la parálisis intelectual y las tendencias censoriales de la época, causas de "que ni literaria ni espiritualmente exista entre es-

(4) Castellet, op. cit., pág. 49.

XVIII

tos novelistas una afinidad de grupo, o, si se prefiere, una conciencia generacional" (5). La situación cambia considerablemente en la década de 1950 que es cuando la siguiente generación empieza a escribir: España sale de su aislamiento y se incorpora a los organismos mundiales; el nivel de vida sube paulatinamente; se empieza a viajar por el extranjero; ciertas influencias artísticas exteriores se dejan sentir en la vida intelectual española, y, como consecuencia, hay un estímulo considerable de la corriente intelectual; la censura empieza lentamente a permitir algunas "libertades" inconcebibles en la década anterior.

Lo primero que hace la generación del "medio siglo" es mirar al extranjero y establecer una comparación entre lo que ven a este lado de los Pirineos y lo que descubren más allá, dándose cuenta de ciertas insuficiencias de la vida nacional. Y como no tienen memorias de la guerra pues la vivieron de niños, ni experiencias dolorosas del pasado que les impidan ver con ojos críticos la situación de España, y como quieren ante todo ser hombres del siglo XX y que su patria pueda compararse favorablemente con el resto de Europa, se lanzan a reprochar la postura que adoptó la generación anterior, manifestándose tan disconformes con los que se quedaron en el país como con los que se fueron al exilio. Al mismo tiempo, analizan la realidad del momento y critican al Establecimiento a quien acusan de ser el causante de la situación de España. En este sentido, la generación del "medio siglo" viene a ser un segundo noventaiocho aunque con una importante diferencia. Ambos tienen en común la tendencia a hacer de España el tema central de sus obras, pero la temática de los grandes escritores del noventaiocho es un intento de buscar la verdadera esencia de España, los valores que podríamos llamar eternos; mientras que el de los novelistas actuales plantea situaciones concretas, expone las actitudes y mentalidad de la época, la situación del pueblo español, es decir tratan de un "ahora" y un "aquí". Si exploran el pasado, no es con la intención de explicarlo sino como me-

(5) Miguel Delibes, «Notas sobre la novela española contemporánea», *Cuadernos del Congreso por la Libertad de la Cultura*, N.º 63 (agosto, 1962), pág. 36.

dio para comprender mejor la actualidad. Su primer propósito al escribir es, naturalmente, crear una obra de arte y luego por medio de ella, tomar conciencia de la realidad social del país, llamar la atención sobre la situación para lograr —dice López Salinas— "la superación de ciertas formas estáticas de vida" (6). La forma de hacerlo es testimoniando la realidad española, labor que normalmente pertenece al periodismo; pero como la prensa no había mencionado durante muchos años cosa alguna que tuviese que ver con la situación político-social del país, los novelistas hacen de ese llamar la atención una especie de misión generacional:

> Todos los escritores españoles sentíamos una necesidad de responder al apetito informativo del público dando una visión de la realidad que escamoteaba la prensa. En cierto modo, creo que el valor testimonial de la literatura española de estos años reside en esto. Éste es el origen y el historiador futuro tendrá que recurrir al análisis de la narrativa española si quiere colmar una serie de vacíos y de lagunas provocadas por la carencia de una prensa de información veraz y objetiva   (7).

Por lo tanto, la meta de este grupo, su quehacer generacional, es expresar por medio del arte sus preocupaciones sociales, sus deseos de superar ciertos aspectos de la vida nacional, y lograr la necesaria libertad de expresión; a la vez que manifiestan, con progresiva intensidad, "una actitud de inconformismo dentro del país" (8), y muestran las insuficiencias de una sociedad anquilosada, inadecuada para los tiempos actuales. De ahí procede el carácter testimonial de sus libros, su denuncia, su crítica, su significado social. José Manuel Caballero Bonald, por ejemplo, manifiesta:

(6)   Antonio Núñez, «Encuentro con A. López Salinas», *Ínsula*, N.º 230 (enero, 1966), pág. 4.
(7)   [Emir Rodríguez Monegal], «Juan Goytisolo. Destrucción de la España sagrada», *Nuevo Mundo*, N.º 12 (junio, 1957), pág. 51.
(8)   José María Castellet, op. cit., pág. 51.

La realidad de España está al alcance de todos los que quieran mirarla y entenderla. Yo he reflejado con la mayor objetividad posible esa realidad. Basta hacerlo así para que la novela cumpla con una función social de auténtico alcance político, testimoniando todas y cada una de las circunstancias del "hombre histórico" español (9).

Alfonso Grosso expresa una idea y un propósito parecidos, al decir:

Pretendo despertar —como todos los hombres honestos de mi generación— una inquietud política y cultural en mi país, como, asimismo, dar testimonio de los días de oscurantismo que a mi patria y a sus hombres les ha tocado vivir. Mi actitud es de denuncia (10).

Los demás exponen un criterio idéntico, haciendo hincapié en el sentido social de la literatura y en la misión y responsabilidad que tiene el escritor actual:

Yo intento dejar bien clara una denuncia de la sociedad española actual, llamando la atención sobre las estructuras que hay que revisar o que hay que echar abajo por inservibles (11).

(Juan Marsé)

La realidad española es bien fácil de ver... Mi enfoque de la realidad puede ser, algunas veces, de denuncia de unas condiciones sociales (12).

(Antonio Ferres)

Contribuyendo... a que se produzcan cambios en

(9) Francisco Olmos García, «La novela y los novelistas españoles de hoy. Una encuesta», *Cuadernos Americanos*, CXXIX (julio-agosto, 1963), 214.
(10) Ibídem, pág. 217.
(11) Ibídem, pág. 218.
(12) Ibídem, pág. 220.

la sociedad que nos rodea; hacer objeto de crítica dicha sociedad. Intentar revelar las relaciones sociales, mostrar el mundo tal como es (13).

(Armando López Salinas)

El sentido social de los temas tratados implica que la generación del "medio siglo" tiende a un "desplazamiento de los problemas individuales hacia los colectivos, fenómeno típico de la novelística de los últimos años" (14), dando preferencia a los temas que sean representativos, en todo o en parte, de una capa de la sociedad. Aunque la temática es de significado colectivo, esto no quiere decir que las obras del realismo crítico social vayan dirigidas a las masas (y si lo fuesen de poco serviría puesto que en España no leen). Algunos novelistas dedicarán sus relatos a un determinado grupo (al proletario, por ejemplo), pero sin embargo están escritos para otra clase de lector con el propósito, insistamos, de lograr una comprensión y una toma de conciencia de los problemas actuales. Por otra parte, conscientes de la necesidad de crear una obra de arte permanente, intentan ir más allá de las circunstancias del momento: "Si los escritores saben o supieron penetrar en la realidad sin quedarse en las apariencias de la misma serán representativos de su época y, por ello, aparte lo circunstancial, tendrán suficiente perspectiva en sus obras como para que su literatura siga siendo válida en lo más esencial para otras épocas" (15), superando así la temporalidad del elemento testimonial.

Además de la unanimidad en el contenido de sus obras, la generación del "medio siglo" presenta también ideas comunes sobre los aspectos técnicos de la novela. Como en el caso ya mencionado de la temática, en su concepción técnica miran hacia el exterior y hacia el interior. De una parte continúan "la tradición novelística española" de que son herederos, y de otra intentan integrarla con "la estética y temática de la novelística occidental contemporá-

(13) Ibídem, pág. 222.
(14) Castellet, loc. cit.
(15) Declaraciones de Armando López Salinas al autor (verano de 1964).

nea" (16). Así, siguen con gran interés lo que pasa allen-
de las fronteras, tratando de asimilar las corrientes artísticas de afuera, y quieren renovar la novela española para
ponerla a la altura de la que se escribe en otros países. De
este modo vienen a descubrir, aunque tardíamente, el realismo socialista de Bertolt Brecht y de György Lukács,
dándose cuenta que la crítica social de Brecht y los postulados de Lukács coinciden básicamente con su concepción
de la novela, como veremos al hablar de las influencias.
Los novelistas españoles superarán el partidismo marxista
de aquéllos, y en su lugar acentúan el realismo objetivo y
la intención crítica. Por eso algunos han dejado de auto-
titularse "sociales" para pasar a llamarse "social realistas" o "realistas críticos", apartándose del apelativo "social"
a secas, que ha venido a quedar como sinónimo de la literatura lírica y exaltada de intención revolucionaria, un
tanto candorosa, escrita en la época de preguerra, o de
esa novela actual que aparece teñida de liricismo y sentimentalismo.

Para los escritores "realistas críticos", o "social realistas" si se prefiere, la novela debe descansar sobre una sólida base realista. "No debe ser un mero documento, pero
sí estar basada en la realidad" (17). No se trata de una
vuelta al realismo clásico sino de un nuevo realismo selectivo, escueto. Se empieza por sumergir al lector en las
experiencias vitales de un grupo o clase social con el propósito de mostrarle la problemática que afecta a sus miembros, presentando "los auténticos tipos de una época que
por necesidad de su propia personalidad, por necesidad de
su camino de vida toman posición en forma individual
frente a los problemas grandes y pequeños de su tiempo.
Que su individualidad, en último término, está condicio-
nada social e históricamente se expresa más claramente en
la relación pasado, presente y perspectiva del futuro. Jus-
tamente al dejar emerger literariamente a los hombres de
hoy de su pasado vivido lleva a la superficie, de la manera más concreta, la relación entre los hombres y la so-

(16) Castellet, op. cit., pág. 51.
(17) Manifestaciones de Antonio Ferres al autor (verano de
1964).

ciedad dentro de una personalidad". Debido a que las experiencias personales de carácter social forman en una persona un típico modo de reaccionar ante la realidad, muy diferente del seguido por otras personas de diferente clase, en la narrativa del realismo social los mismos acontecimientos "son vividos diferentemente por hombres de distinto origen, distinta situación, distinta cultura, distintas edades... Pero también el mismo acontecimiento se diferencia extraordinariamente en su acción sobre los hombres; próximos o lejanos, en el centro o en la periferia" de la narración. En forma objetiva se enfocan los aspectos concretos, típicamente representativos de la existencia de un sector de la población, exponiendo sus reacciones ante el resto del mundo que los rodea, evitando (en lo posible) la disertación, puesto que el propósito es "mostrar" únicamente para convencer, y los hechos puros son los más elocuentes. Al mismo tiempo la intención crítica se manifiesta en el enfoque del fondo de esos aspectos típicos de significado social, en el análisis de sus causas y resultados, en sus implicaciones o cambios deseables, en los detalles que muestran las reacciones de una clase, en la contraposición de lo que un suceso o una situación significa para dos grupos diferentes, tratando, aunque no siempre se logre, de esconder la intención crítica detrás de los hechos para que el testimonio resulte más persuasivo. El propósito de todo escritor social y realista es lograr que el lector acepte como realidad representativa y documental el contenido de una ficción, basado en un estado de cosas cierto, sí, pero sujeto a las modificaciones inherentes a toda obra de arte.

Para dar una visión artística de la vida de los personajes, ya sea en el campo, en las zonas mineras, en las grandes ciudades, en las colonias de los ricos veraneantes, no se presenta la realidad en forma absoluta sino en forma concentrada. Se describe la rutina diaria, los sucesos de siempre, generalmente unidos a una trama lateral de acción o misterio que presta coherencia al relato. "De esta manera, los problemas típicos pueden adquirir una forma delineada y se deja a la imaginación del lector figurarse los efectos de otras mayores pesadumbres que sufren los personajes", o de los privilegios que disfrutan, reflejando así la injusticia social que impera en una sociedad desigual, no expuestos directamente sino, en los mejores casos, haciéndoles resaltar por medio de detalles representativos y sugerentes, prestando siempre atención al fondo. "Del mundo exterior se dibuja solamente lo que es indispensable, a causa de sus efectos sobre la interioridad de los hombres, y del mundo interior de los hombres sólo aquellas reacciones —y también por una selección sumamente sobria— que directa o en apreciable mediación se hallan estrechamente unidas con su núcleo humano". La realidad así descrita tiene carácter simbólico y sus aspectos concretos sirven para interpretar los generales. Esta concepción clásica del arte hace posible que el escritor pueda novelar la existencia de sus personajes durante un período muy limitado de tiempo, un verano, una semana, uno o dos días, una noche, pues lo cotidiano deja ver a través, como cristal de aumento, el significado total de sus vidas.

En los párrafos anteriores hemos citado varios pasajes procedentes de un memorable artículo escrito por el profesor György Lukács (18), para ilustrar las tendencias realistas y sociales de nuestra generación. Si nos hemos extendido más de la cuenta en las citas ha sido con el propósito de mostrar cómo la mayor parte del mencionado estudio, que versa sobre la novela rusa actual, puede aplicarse en su casi totalidad a la novela del realismo social español. En efecto, la forma en que Solchenizyns, en *Un día en la vida del Ivan Denissowitsch* (hay versión española publicada por la Editorial Era, México), enfoca la vida en un campo de concentración de la época de Stalin, y, por ejemplo, la que sigue Caballero Bonald, en *Dos días de setiembre*, para hacer ver la vida en el campo andaluz, presentan notables coincidencias estéticas. Así, Caballero Bonald muestra el quehacer cotidiano de unos pocos jornaleros y cosecheros durante cuarenta y ocho horas, pero lo que ocurre en la normalidad de ese lapso de tiempo constituye en esencia la vida de "todo" jornalero, de "todo" te-

---

(18) György Lukács, «Realismo socialista de hoy», *Revista de Occidente*, N.º 37 (abril 1966), passim págs. 1 a 20.

rrateniente, el reflejo de sus interreacciones sociales; en el caso de Solchenizyns, las veinticuatro horas del campo de concentración son una recreación simbólica de la vida de "todo" ciudadano ruso durante el período de represión staliniana, el "auténtico y fiel reflejo de segmentos de la vida... (donde) se guarda concentrado el típico destino de millones de hombres" (pág. 9). La injusticia a que se ven sujetos "no será criticada directamente, sino que aparece como un duro hecho" (pág. 7).

La concisión narrativa que caracteriza al realismo social no sólo procede de esa selección de hechos y detalles con significado representativo a que hemos aludido, sino también de la forma escueta que se emplea para exponerlos. La generación del "medio siglo" intenta innovar los procedimientos técnicos a la vez que manifiesta un consciente cuidado de la forma que no tiene igual en la generación anterior, excepto en Cela. La narración se reviste de una aparente sencillez (y decimos "aparente" porque esa sencillez no es accidental sino resultado de una labor de pulimento), apartándose de todo lo que sea disertación y ampulosidad; se evita la expresión rebuscada y la palabra rara (19). Las descripciones se hacen concisas y se emplean preferentemente para dar un breve cuadro del ambiente en que se desarrolla la acción, tal como pudiera ser el panorama, el local; o también para presentar el aspecto físico del personaje, su estado de ánimo, etc... pero no en forma prolija sino escuetamente, describiendo únicamente los rasgos sobresalientes y característicos que contribuyen a reforzar la narración, insistiendo en ellos a lo largo del relato para que se fijen en la mente del lector. Sólo se reserva para el párrafo descriptivo lo que no se puede decir efectivamente por medio del diálogo, prefiriendo que los personajes revelen por medio de sus palabras las situaciones que dan pie a la crítica, a exponerlas aparte. El mismo diálogo se hace breve, fluido, con rápidos intercambios entre los personajes en vez de la antigua tendencia al discurso, tratando de dar la impresión de naturalidad que caracteriza a una con-

(19) Frente a esta característica general tenemos el barroquismo extremado de Luis Martín Santos en *Tiempo de silencio,* y, en menor grado, el de Juan Goytisolo en *Señas de identidad.*

versación. Algunos novelistas procuran que el diálogo refleje el habla popular (dentro de ciertos límites, pues un exceso perjudicaría la calidad literaria de la obra), e incorporan palabras y giros propios de la clase a que pertenecen los personajes, ya sean los característicos del campesino o del residente del barrio de Salamanca, tratando de reforzar la realidad por medio de una ambientación lingüística apropiada. Para Miguel Delibes, en resumen, "la moderna novela española viene montada sobre un esquema de sobriedad, se aprecia en ella la economía de adjetivos, siempre que personajes y situaciones queden definidos con los empleados. Las descripciones son ceñidas. Es muy meritorio aquel escritor que insensiblemente, sin una preocupación ostensible crea una atmósfera que aprisiona al lector, sin que éste advierta en qué momento se le dijo que tal cosa, o tal calle, o tal habitación eran de esa manera y no de otra distinta. La descripción en la actual novela española es desnuda y está apoyada en elementos indispensables; es, por entero, ajena a la antigua prolijidad. De esto deducimos que, en nuestro tiempo, hacer literatura no consiste en hinchar, adjetivar, divagar, sino sencillamente en *sugerir*" (20), claro es que en esto, como en todo, hay excepciones que iremos apuntando.

Por otra parte, aparece en el realismo crítico social una tendencia a limitar la narración a breves períodos de tiempo, como *Dos días de setiembre,* o *La zanja* que narra toda la vida de un pueblo entre el amanecer y el anochecer de un único día; o bien, a comprimir largos períodos históricos reconstruidos durante una vigilia con la intención de ofrecer una visión panorámica del pasado, presente y futuro, como en *Señas de identidad.* Novelas como las citadas requieren una estructura y técnica complejas para, en el primer caso, presentar la realidad arquetípica de los diferentes grupos que forman la sociedad rural; o en el segundo, para analizar la conciencia nacional y exponer el modo de ser del hombre español actual. El escritor, por lo tanto, se ve forzado a recurrir a todos los resortes técnicos que pueda encontrar a su disposición: narración inversa al co-

(20) Delibes, op. cit., pág. 37.

rrer del tiempo, simultánea a los efectos atmosféricos o luminosos, superposición paralelística de sucesos en vez de progresión dramática, versiones múltiples de un mismo hecho, proyecciones del pasado o en el futuro, desenlace seguido de los antecedentes, introspección, monólogos, amén de variadas formas de representar el diálogo (unilateralmente, multiplicidad de voces, indirectamente), etc., todo en un esfuerzo por captar y transmitir efectiva y artísticamente la realidad.

Cabe ahora preguntarse si un escritor de novelas "sociales" que siga los propósitos indicados, puede crear una obra de arte efectiva; o si por el contrario, como algunos pretenden, la intención "social" es incompatible con la calidad del relato, y conduce inevitablemente a la subliteratura. La crítica y el testimonio, creemos, no son obstáculos que hagan imposible la creación artística ni mucho menos, pues como muy bien ha hecho ver Francisco Ayala, "puede lograrse con esos materiales de protesta una obra de arte, aunque por sí mismos no sean los más idóneos. Sólo un escritor de enorme personalidad literaria logra formar con dichos materiales una obra de arte permanente; la obra que trascenderá más allá de las concretas condiciones denunciadas. Por supuesto, un escritor de genio, al denunciar injusticias humanas, crea una obra de alcance universal. Así, Dostoyewsky expresa compasión por los sufrimientos concretos de las gentes de su alrededor; pero lo expresa con genialidad, y de tal manera, que incluso el lector más ajeno por personal experiencia a los dolores descritos en la novela se identifica con ellos, comprende, siente, participa en el universo atormentado que el gran escritor ha creado con su magia artística" (21).

Para Brecht o Lukács, así como para sus seguidores, éste es el único modo efectivo de crear una obra de arte que refleje la realidad, apartándose de la novela realista-naturalista que según ellos la adultera, pues "al eliminar las conexiones sociales, destruyen y falsifican al hombre" (22). Sostiene Lukács que el realismo crítico "será, puede

(21) María Embeitia, «Francisco Ayala y la novela», *Ínsula*, N.º 244 (marzo, 1967), págs. 4 y 6.
(22) Lukács, op. cit., pág. 3.

y debe ser... la tarea artísticamente consciente de las grandes novelas o dramas" (23). Brecht (con las diferencias en cuanto a la concepción de la obra de arte que existen entre Lukács y él, y que expondremos al hablar de las influencias), subraya la supremacía del arte testimonial sobre el realismo-naturalismo, pues "cuando el arte desemboca en el *reportaje* y a pesar de todo sigue siendo arte, logra sin duda un naturalismo más acabado que el de la sátira, la cual se sirve de figuras grotescas" (24).

Lo que ocurre en la novela "social" no es que los materiales sean poco idóneos para lograr una obra de arte como quiere Ayala, sino que algunos escritores son incapaces de ceñir su obra a un estricto realismo selectivo de intención crítica y dejan que sus creencias o actitudes personales se inmiscuyan en la narración; a veces, simplemente extreman el testimonio, creyendo que un reportaje periodístico puede llegar a ser una novela; además, existe la tendencia a confundir la misión artística con el deber moral o político, convirtiendo la obra en tribuna para la denuncia de abusos e injusticias; finalmente, por simpatía o sentimentalismo se puede caer en la tentación de hacer que los oprimidos resulten de una bondad infinita, y los opresores de una ilimitada maldad. Estas formas de enfocar la realidad conducen inevitablemente a una interpretación lírica, subjetiva o sectaria que no es adecuada a los propósitos del realismo crítico, pues no logran que trascienda la veracidad, artísticamente elaborada, del relato; en el primer caso, porque embellece o idealiza situaciones que en sí no tienen nada de bello o ideal; en el segundo, porque se interpretan los hechos como reflejo subjetivo del autor y no de una forma objetiva; y en el último caso, porque la realidad se adultera de modo que sirva para defender o atacar ciertos principios ideológicos. Estas tres formas de interpretar la realidad son los fallos de la novela "social"; algunos escritores no logran superarlos y como

(23) Lukács, op. cit., pág. 7.
(24) G. Zwerenz, *Aristotelische und Brechtesche Dramatik. Versuch einer Wesensdeutung*, Rudolstadt, 1956, pág. 20 (Citado por Paolo Chiarini, *La vanguardia y la poesía del realismo*, Buenos Aires: Ediciones La Rosa Blindada, 1964, pág. 41).

resultado sus obras, aunque sinceras y bien intencionadas, resultan pobres artísticamente hablando, tienen como característica la ingenuidad.

Antecedentes de la novela "social".

El costumbrismo abre el camino hacia el realismo y lo documental mediante la observación directa de la vida. Aunque toca a veces, aspectos candentes de la sociedad, su concepción de la existencia y de las circunstancias es superficial e ingenua, pues se limita a caricaturizar a los personajes, presentando únicamente su lado gracioso o "típico", o ambos. El novelista fija su atención en el pueblo español con el propósito de formar un mosaico de "tipos" mediante la descripción de sus rasgos falsamente característicos, y del ambiente zarzuelero en que se mueven. Cuando se describen tierras y paisajes no es con la intención de hacer ver la pobreza y abandono en que se pueda hallar una región, sino para pintar la belleza primaria del campo y de los pueblos. El sentimiento del paisaje, los cuadros de costumbres, incluso los "tipos", pueden poseer fuerza, estar basados en la realidad, pero no se ahonda más y la visión se limita a los elementos necesarios para crear una estampa. Si se hacen referencias a las fuerzas que controlan la sociedad y al estado de un sector de ésta, es sólo desde el punto de vista pintoresco y nunca para exponer las inquietudes y problemas que puedan existir en ella.

El costumbrismo había ambientado sus obras en escenarios populares y así había conseguido llamar la atención sobre los aspectos ya mencionados del pueblo. Coincidiendo con la liberalización de las instituciones políticas durante la Primera República y la Restauración, la novela realista también va a recrear la vida de ciertos grupos, trayendo a primer plano en algunos casos, una problemática social de alcance nacional, exponiendo el proceder de ciertos individuos que podrían llamarse representativos, pero sin caer en el pintoresquismo peculiar del costumbrismo. Muchas obras realistas del siglo pasado tienen la intención de hacer ver los conflictos que existen en la sociedad. Galdós, por ejemplo en *Doña Perfecta,* muestra en forma comprometida el modo de ser de los conservadores y su irreconciliable actitud frente a los liberales; luego, en libros posteriores, lo hace en forma más objetiva y menos entrometida, novelando la vida de señoritos, aristócratas, políticos, burgueses, oficinistas, gentes del bajo pueblo, etc.; algunos de sus temas y situaciones han reaparecido recientemente como luego veremos. Estas obras del realismo pleno tienen al pueblo como materia narrativa, sí, en ellas se manifiesta a veces simpatía hacia el humilde o el oprimido, y desprecio, a duras penas encubierto, hacia el "señorito", el conservador recalcitrante o el opresor; pero el escritor no toma el punto de vista de aquéllos, no presenta sus aspiraciones.

Por el modo de enfocar la realidad y por su intención crítica, *La Regenta* (1884-85) queda mucho más cerca de las novelas actuales de carácter "social". Leopoldo Alas expone el desmedido afán de poder del clero español y la mediocridad y las deficiencias de la burguesía. "A ésta la ve como un objeto banal, impulsado por una mecánica social, históricamente deplorable. Clarín va contra el ambiente social que inhibe la manifestación de todo auténtico impulso; Ana Ozores es el fruto resultante, se diría, la moraleja implícita de los complejos inhibitorios exhibidos y atacados en la novela, la cual —sociológicamente hablando— no es sino la historia de muchas experiencias fallidas del pueblo español" (25).

La tendencia "social" recibe ímpetu con los últimos resplandores del realismo-naturalismo, ya tardíos y muchas veces mal comprendidos, de Vicente Blasco Ibáñez. Sus *Cuentos valencianos* y sus primeras novelas, desde *Arroz y tartana* hasta *Cañas y barro,* pasando por *La barraca,* ponen de manifiesto la violencia, los abusos, la desigualdad que existe en el ámbito rural. Las cuatro novelas (*La catedral,* 1903; *El intruso,* 1904; *La bodega,* 1905; y *La horda,* 1905) que siguen a las de ambientación valenciana,

(25) *La Regenta,* introducción de Humberto Batis, México: Universidad Nacional Autónoma, 1960, págs. XXVII y XXVIII.

poseen mayor intención "social" que aquéllas. Estas obras son ficciones, creaciones de la imaginación, que contienen un elemento "documental" procedente de una situación real, de un ambiente cierto, a la vez que el escritor manifiesta una preocupación humanitaria por la situación en que se encuentran ciertos grupos de la sociedad de su tiempo. Este autor populista, a veces desaliñado, comprometido políticamente, perseguido en ciertas épocas de su vida, ofrece algún punto de contacto con los novelistas "sociales" de la actualidad, principalmente en sus intenciones al escribir el segundo grupo de novelas citado. Él mismo lo dice en estos términos:

> Únicamente haré constar que todo eso lo escribí con sinceridad y entusiasmo. Acabábamos de sufrir nuestra catástrofe colonial; España estaba en una situación vergonzosa, y yo ataqué rudamente, pintando algunas manifestaciones de la vida soñolienta de nuestro país, imaginando que esto podría servir de reactivo (26).

Los grandes escritores de la generación del noventaiocho también analizan la vida nacional y muestran ciertos aspectos con pesimismo y amargura; pero su crítica tiene más que ver con la explicación e interpretación del estado en que se encuentra España, con sus causas e implicaciones generales, que con la realidad "social" del país. Esto es comprensible si se considera que el carácter del noventaiocho es refinado, altamente intelectual, idealista, básicamente muy poco interesado en las realidades concretas del pueblo. Hombres como Unamuno describirán magníficamente el carácter del pueblo castellano, pero como el antropólogo, cuando se acercan a él es sólo para estudiarlo sin intentar aproximarse a su problemática social en términos concretos y actuales. Lo que pretenden es descubrir "una imagen de España distinta de la consagrada por los tópicos" que explique la esencia del alma españo-

---

(26) Vicente Blasco Ibáñez, *Obras completas*, nota biobibliográfica, Madrid: Aguilar, 1964, I, pág. 18.

la (de ahí su interés por analizar el pueblo), sus "virtudes" y "defectos". El propósito es repensar los valores del espíritu y ver cómo pueden servir para una regeneración del país.

En el campo de la novela, la generación del noventaiocho rechaza el realismo, pronunciándose contra Galdós y cometiendo la equivocación de suponer que la ambientación popular de sus obras y el lenguaje adecuado a los personajes del bajo pueblo, sus simpatías por éste, son indicio de un espíritu vulgar. En vez del desapasionamiento realista, de su objetivismo que distancia al escritor de lo narrado, los escritores del noventaiocho intentan una interpretación subjetiva de la realidad que refleje "la expresión de las resonancias intelectuales o emotivas que las cosas provocan en la intimidad del autor" (27). Esta actitud antirealista no es la más indicada para novelar los fallos concretos de la sociedad, siendo poco apropiada para el cultivo de la literatura de intención social. Esto no quiere decir que la novelística del noveintaiocho no se ocupe de ciertos aspectos de la vida nacional, sino que se exponen subjetivamente, a través de ideas y convicciones previas del escritor que aparecen superpuestas sobre la narración, y al hacerlo así la deforman. Sin embargo, la tradición realista de un Galdós no se extingue completamente pues se continúa con Pío Baroja, no directamente como se ha dicho repetidamente, sino a través de Blasco Ibáñez que es el punto intermedio entre ambos.

La inclinación barojiana hacia la crítica de los defectos del carácter nacional y de las instituciones, no es en esencia de intención social, aunque a simple vista lo parezca. Su protesta, su crítica acerba, son de índole subjetiva, resultado de su descontento, de su carácter personal, y aparecen en forma de ideas, concebidas "a priori", contra esto y aquello (28). La importancia de Baroja en relación con la novela "social", aparte de sus aportaciones

(27) José García López, *Historia de la literatura española*, Barcelona: Vicens Vives, 1962, séptima edición, pág. 545.
(28) «The rebellion against established forms brought Baroja... to an attitude of uninterrupted protest against everything and everybody. But basically this was not a protest directed against society

técnicas, no reside en que él la cultivase o no, sino en su actitud de inconformismo.

Los escritores del noventaiocho, viajeros incansables, recorren las regiones españolas y en sus libros de viajes plasman sus impresiones. Pero de nuevo, sus descripciones, aunque magníficas, son exclusivamente estéticas; unas veces representan una apreciación subjetiva, otras perciben la belleza del paisaje, de las tierras, captan su "espíritu", y a través de él, el espíritu del hombre que las habita. Así Unamuno "descubre" la hermosura del paisaje castellano y por medio de él analiza insuperablemente el carácter del hombre de la meseta (29); pero tanto Unamuno como los demás noventaiochocistas no ven la realidad inmediata, la ruindad y penuria que existe debajo de ese atractivo estético (la excepción tal vez sea Baroja en su novela *Camino de perfección*, pero así y todo expresa más bien aversión que comprensión) (30). Otro ejemplo más elocuente aún, son las páginas que Unamuno dedicó a sus excursiones por Las Hurdes; pinta magníficamente la grandiosidad de la Naturaleza, pero no hace ni una mención a la miseria de los hurdeños.

En 1908 aparece *Los vencedores,* de Manuel Ciges Aparicio, que tal vez sea el primer relato testimonial de intención "social". Ciges Aparicio expone los conflictos laborales que existen en la cuenca minera, mostrando las condiciones en que viven y trabajan los mineros, sus legítimas aspiraciones que son desoídas por la empresa, la huelga como único recurso, sus consecuencias, las represalias, etc., todo ello narrado con una marcada simpatía hacia el obrero, tema que aparecerá repetidamente en escritos posteriores. *Los vencedores* adolece del clásico defecto de las

---

as much as against himself». Ricardo Gullón, «The Modern Spanish Novel», *Texas Quarterly,* IV (Spring, 1961), 81.

(29)   Sobre la evolución de su apreciación de Castilla puede consultarse mi artículo «Unamuno: su visión estética de Castilla», *Cuadernos Hispanoamericanos,* N.º 207 (marzo, 1967), págs. 419-437.

(30)   Sobre la falta de sentido social en los libros de viajes del noventaiocho puede consultarse: Fernández Santos, «Antología de la miseria española», *Índice de Artes y Letras,* N.º 132 (enero, 1960), pág. 6.

novelas "sociales" actuales, a saber: la tendencia hacia el reportaje a expensas del elemento de ficción. Como en éstas hay un recargamiento excesivo del testimonio que se presenta indebidamente integrado y carente de elementos artísticos; además, deja traslucir (cuando no lo muestra claramente) las ideas y preferencias del autor.

Los aspectos concretamente sociales que faltan en las obras de los grandes escritores del noventaiocho, empiezan a manifestarse en las novelas de Ramón Pérez de Ayala, discípulo de Clarín y continuador de la crítica noventaiochocista. Pérez de Ayala intenta mostrar la realidad de ciertos aspectos políticos, religiosos, didácticos e intelectuales de la vida en las ciudades y aldeas, pero esa realidad y su significado social son muy limitados y aparecen deformados por el estilo, la ironía, la tesis y la disertación. El fondo de las situaciones es real, humano, interesante, verídico, pero en vez de hacerlo resaltar lo supedita a una tesis que pruebe sus ideas; el estilo que emplea, el mismo diálogo de los personajes, es retórico, rebuscado en exceso; luego, constantemente hace comentarios humorísticos, o narra sucesos que sólo tienen propósito irónico; otras veces son el pretexto para exponer ideas sobre el teatro, el arte o la literatura. El resultado es que la realidad se pierde de vista y no se capta. De ese modo Pérez de Ayala viene a verificar la unión de varias tendencias: de una parte el estilo esteticista de Valle Inclán y los modernistas; de otra, el tono pesimista, la intención didáctica, el propósito regenerativo propios del noventaiocho; luego tenemos el contenido social que recuerda al Galdós cuasi-realista de la primera época; finalmente, el procedimiento del realismo-costumbrismo, con su tendencia a la caricatura y al sentimentalismo.

El tema de la huelga minera, que trató ya Ciges Aparicio, reaparece en *El metal de los muertos* (1920), una de las mejores novelas de Concha Espina. "Pocas veces se ha realizado... una exposición y un planteamiento tan claros y tan válidos del conflicto sustancial y permanente que crea la existencia misma de las clases sociales; del aspecto inicial y de las derivaciones de un movimiento justo" (31). En efecto, *El metal de los muertos* se anticipa a la nueva novela social revolucionaria que hará su aparición a finales de esa década y con la cual la obra de Concha Espina tiene algunos notables puntos de contacto, sobre todo en la interpretación lírica y romántica de la realidad, que seguirá César M. Arconada. El modo de narrar empleado por Concha Espina ha caído totalmente en desuso, y el lector actual a duras penas puede soportar las continuas exageraciones líricas, el excesivo sentimentalismo. El interés que conserva hoy día la novela (e indudablemente lo tiene) no se debe a la presentación formal de los hechos, sino a su valor testimonial. No está de más insistir en este caso que contradice a quienes sostienen que la naturaleza de la temática abordada por la novela "social" ha de causar su irremediable caducidad; por el contrario, lo único que hace aún tolerable la lectura de esta obra de Concha Espina es el perenne interés humano de lo que narra.

Las primeras manifestaciones de la verdadera novela "social" aparecen en los años que coinciden con la última fase y posterior caída de la dictadura de Primo de Rivera; luego, la tendencia va cobrando importancia hasta que la guerra civil interrumpe la continuidad artística. La nueva literatura "social" es un reflejo del fermento social, político e ideológico característicos de esa época, y trae como consecuencia, un cambio de enfoque con respecto a las obras que hemos mencionado anteriormente. Aquellos autores extraían su materia narrativa del pueblo, pero sólo era para mostrar los aspectos exteriores de sus problemas. Ahora, por el contrario, se presentan desde dentro, intentando expresar los anhelos y reivindicación de las masas trabajadoras, justificando su lucha por la libertad e igualdad. Se trata de un vigoroso y dinámico grupo de escritores antiburgueses y proletaristas, por lo común comprometidos políticamente, que creen en una revolución social como el único medio para lograr un cambio. Como consecuencia la nueva literatura "social" aparece llena de ardor combativo y de un fuerte tono de denuncia y protes-

---

(31) Eugenio G. de Nora, *La novela española contemporánea*, Madrid: Editorial Gredos, 1958, I, pág. 336.

ta; además, la ideología del autor contamina la narración, a veces excesivamente, le impide conquistar un punto de vista objetivo. El resultado son novelas exaltadas en la mayor parte de los casos, carentes de sutileza, donde las tintas se recargan al exponer los vicios y virtudes de las clases sociales.

Escriben novela "social" en el período que concluye con la guerra civil, Joaquín Arderíus, Manuel D. Benavides, José Más, Julián Zugazagoitia, Isidoro Acevedo, Alicio García Toral, César M. Arconada y Ramón J. Sender (32). Sus narraciones presentan una progresiva inclinación hacia el realismo, tendencia que empieza a manifestarse en este período, aunque limitadamente. Estos escritores quieren presentar un amplio cuadro de injusticias, y para lograrlo tienden a hacer de la masa su personaje central, suprimiendo al protagonista. Las primeras novelas de este grupo dan una visión de los conflictos sociales en forma amplia y poco concreta, refiriéndose a la lucha, un tanto épica, de proletarios y campesinos contra las fuerzas que los oprimen. Luego, a medida que se va acercando el momento de la guerra y que la vuelta al realismo va cobrando intensidad, la tendencia es hacia casos representativos, de carácter más concreto, menos difuso. De todos los modos, la realidad se expone lírica y sentimentalmente, a veces extremando tanto el lirismo que se llega a caer en la puerilidad. El resultado es una falta de "decorum", una peculiar disociación entre la exposición artística y la realidad de los personajes y situaciones, pues dicho lirismo resulta inadecuado para reflejar la problemática social. Naturalmente, esto es sólo la peculiaridad general que presentan las obras de la época de preguerra y no se puede aplicar en igual medida a todos los novelistas; unos, como César M. Arconada, recargarán el elemento lírico en for-

---

(32) Para los detalles sobre la producción de estos novelistas el lector puede referirse a la obra de R. Cansinos Assens, *La nueva literatura*, o a la de Eugenio G. de Nora, *La novela española contemporánea*. Nuestro propósito no es investigar la novela social de preguerra, sino simplemente establecer el proceso de continuidad, la evolución de la tendencia, para ver cuál es el punto de partida de la actual novela social.

ma que recuerda las novelas de Concha Espina; otros, como Joaquín Arderíus, el político; finalmente, el novelista más importante del grupo a que nos venimos refiriendo, Ramón J. Sender, se colocará a la cabeza de la vuelta al realismo, como único medio para reflejar sus inquietudes políticas y sociales.

Sender es el escritor intermedio que queda entre la tendencia social de preguerra y el realismo crítico social de la actualidad. En realidad, la interpretación lírica e ideológica propia de su generación, unido a un negro humorismo que a veces aparece en sus obras, le impiden entrar de lleno en el realismo; pero también es lo suficientemente objetivo para lograr que su crítica y testimonio sean verosímiles, lo cual, junto a la sencillez y claridad de su prosa, lo colocan estilísticamente más allá de las limitaciones de su propia generación. Pueden mencionarse como características de la forma que Sender tiene de presentar el testimonio y la crítica social, la trilogía denominada *Los términos del presagio. O. P.* (Madrid: Cénit, 1931. Reimpresión, México: Publicaciones Panamericanas, 1941) es una galería de retratos de presos, algunos humorísticos, combinados con manifestaciones del Viento sobre la Verdad y las Ideas, y con un testimonio de las brutalidades que sufren los detenidos en la Cárcel Modelo, donde el autor permaneció durante algún tiempo; *Siete domingos rojos* (Barcelona: Balagué, 1932) narra una revuelta anarquista en Madrid; *Viaje a la aldea del crimen* (Madrid: Pueyo, 1934) presenta en forma documental la sublevación de los campesinos de Casas Viejas y la subsiguiente represión de la Guardia Civil. Se puede señalar también como una obra de crítica burguesa, *La noche de las cien cabezas* (Madrid: Pueyo, 1934), que en forma dantesca enjuicia esa capa de la sociedad.

Antecedentes en el período de postguerra.

Se ha dicho repetidamente que la guerra civil supone una ruptura de la continuidad artística en España, lo cual naturalmente es aplicable a la novela "social". En los años que siguen a la guerra hay un brusco y radical apartamiento de la novela "social" debido a que la situación no es apropiada para el cultivo de la literatura de intención crítica, y además porque los novelistas que la venían cultivando se exilaron. En su lugar y aproximadamente hasta el fin de la segunda guerra mundial, aparece en la península una novela heroica que procede de la guerra y que se escribe para exaltar las acciones nacionalistas. Luego, como continuación lógica, esta literatura de combate da lugar a otra que, desde el mismo punto de vista, ofrece un panorama histórico novelesco de la situación política y social que ha originado el conflicto, o bien que se deriva de él, no con el propósito de mostrar el estado del pueblo sino para intentar justificar ideológica y moralmente (como en el caso de Gironella, Emilio Romero, Ángel Oliver y otros) la posición de las fuerzas conservadoras.

Aunque la novela "social" queda interrumpida durante unos quince años aproximadamente, apenas transcurridos los inmediatos a la conclusión de la guerra, empiezan a aparecer narraciones que intentan dar una imagen de la sociedad española de acuerdo con la realidad, tratando de mostrar imparcialmente lo que ocurre en ella.

Juan Antonio de Zunzunegui es uno de los primeros novelistas que después del conflicto ofrecen un cuadro del estado de la sociedad. Aunque cronológicamente Zunzunegui pertenece a la generación que precede a la guerra (la primera novela, *Chiripi*, data de 1931), la mayor parte de su obra aparece después, concretamente a partir de 1940 (fecha de la publicación de *El Chiplinchandle*).

Aunque García Nora ve en Zunzunegui "un extraordinario valor testimonial" (II, i, pág. 319), lo cual es innegable, sus obras sólo presentan una visión superficial e insuficiente, formada por los aspectos exteriores de la realidad, impregnados de ese humor negro que se conoce con el nombre de "tremendismo" (superado en parte en su última fase creadora, es decir a partir de 1950), y al hacerlo tiende a crear caricaturas. En vez de analizar ciertos miembros representativos ahondando en el significado de sus circunstancias, hace ver la descomposición de la sociedad por medio de los aspectos mezquinos, da un testimonio de ellos,

1

sí, pero no establece una relación entre los sucesos y su base social. Por eso estas novelas no llegan a ser completamente crítico-sociales, se quedan únicamente en el umbral.

Si Zunzunegui sigue el retorno al realismo que se había iniciado en la preguerra, Camilo José Cela da a esa vuelta un impulso definitivo. Ambos novelistas (aunque son de diferente generación pues Cela nació en 1916 y Zunzunegui en 1901) señalan el camino que seguirá la generación del "medio siglo". El papel de Cela como precursor de la novela "social" actual, queda establecido con tres obras: *La familia de Pascual Duarte*, *Viaje a la Alcarria*, y *La colmena*.

En *La familia de Pascual Duarte* (1942), aparecida dos años después de la primera novela que Zunzunegui publicó en la postguerra, se relatan los sucesos que culminan con el ajusticiamiento del protagonista. La vida de Pascual Duarte muestra la crueldad y brutalidad que pueden existir en una aldea; es el resultado del anquilosamiento moral de una sociedad rural, casi primitiva, donde tienen asiento las pasiones más salvajes. Éste es el sentido que se desprende de los hechos si se va más allá de los aspectos truculentos y del humor negro del relato. *La familia de Pascual Duarte* que "constituyó un verdadero escándalo literario... tuv(o) la virtud de poner de manifiesto el tono insípido y convencional de buena parte de lo que se escribía en el momento" (33), es un intento de mostrar por medio de la novela ciertas formas de vida basadas en la realidad, aunque sin llegar a establecer una relación directa entre ésta y su base social.

Viaje a la Alcarria (1948) inicia una nueva etapa en la literatura de viajes. Ya no se trata, como en el noventaiocho, de contemplar y describir el paisaje, su "espíritu", sus valores estéticos, sino de visitar una región y narrar lo que el viajero encuentra a su paso para que el lector vea cómo es esa parte del país y las gentes que lo habitan, intención que luego constituirá el propósito de los libros de viajes de carácter testimonial.

La colmena (1951) trata, básicamente, de lo mismo

(33) José García López, op. cit., pág. 676.

2

que *Esta oscura desbandada:* de la quiebra moral de la sociedad española en la postguerra. Pero Zunzunegui se había limitado a una única capa de la sociedad y la acción se teje alrededor de la ruina del matrimonio compuesto por Dolores y Roberto, acumulando detalles, repitiendo aspectos de la abulia de la burguesía y contraponiéndolos al buen vivir de los oportunistas; mientras que Cela (su obra es anterior a la de Zunzunegui) la muestra en todos los sectores de la sociedad urbana, dando múltiples aspectos de la realidad, fragmentos que forman un vasto y elocuente cuadro sin una centralización precisa (excepto por los sucesos que ocurren en el café de doña Rosa, y aun así se trata más de un recurso técnico que asegure la continuidad narrativa, que de enfoque), unidos solamente por la estructuración y por el carácter común de miseria y ruina que tienen todos los hechos narrados. "*La colmena*, del mismo modo que *La familia de Pascual Duarte* representan el renacimiento de la novela española... significa(n) una nueva etapa en la novelística española" (34). La importancia de *La colmena* reside en su carácter innovador; por primera vez tenemos una novela donde la realidad se presenta en forma concentrada, reemplazando la extensión con la intensión, expuesta mediante una serie de detalles representativos, seleccionados, que reflejan la situación de aquellos años. La realidad tiende a mostrarse por sí sola, tal como es, sin comentarios adicionales; si a esto añadimos una ostensible preocupación por la técnica y estructura, y el dominio de la forma mediante la cual Cela logra encajar la frase oportuna en el momento adecuado, tendremos que *La colmena* tal vez sea una de las mejores novelas que se han escrito después de la guerra y, desde luego, una de las más influyentes. No obstante, el cuadro que nos ofrece Cela en *La colmena*, aunque desolador y muy real, ofrece un escape en vez de una intención puramente social, pues los sucesos que en el fondo reflejan la situación de la sociedad resultan, mediante la elaboración estética, divertidos, y "para el lector esteta y moral-

(34)   Castellet, op. cit., pág. 49.

mente superficial... puede ser, ante todo, una fiesta, una diversión refinada y vagamente perversa" (35).

Junto a las primeras obras de Zunzunegui y Cela, aparece *Nada* (1944), de Carmen Laforet, que al igual que las de aquéllos, representa un afán por reflejar la situación en que se encuentra España. Como es característico en los años que siguen a la guerra, *Nada* no ofrece ni preocupación ni crítica social; la que puede existir queda por debajo de la realidad amarga, del pesimismo, que son el resultado peculiar de la época.

Influencias.

Los escritores de la novela "social" (igual que los demás) son muy poco explícitos al hablar de sus propias lecturas y de aquellos autores que les han servido de aprendizaje; o mencionan una lista interminable de nombres o, por el contrario, son tan ambiguos como se pueda serlo. De todos los modos, trataremos de señalar lo que ellos mismos dicen sobre este particular y lo que se puede deducir de sus obras. Empecemos por las influencias que proceden del extranjero.

Todos los novelistas de la generación del "medio siglo" coinciden unánimemente en señalar a la novela norteamericana como la que han seguido con mayor atención en su período formativo. López Salinas ha mencionado sus lecturas de Hemingway, Steinbeck, y de las últimas obras de John Dos Passos; indicación que ha sido repetida en diferentes ocasiones por otros escritores, "aunque, naturalmente, ya se ha superado el momento" (36). Fernández Santos añade: "hoy día me aburren". Goytisolo tiene confesada admiración por Vittorini y los behavioristas italianos y americanos; en su última obra también se transparenta una cierta influencia de Robbe-Grillet. Ninguno de ellos dice nada, sin embargo, sobre Sinclair Lewis, el es-

(35) García Nora, op. cit., II, i, pág. 321.
(36) Roger Noel Mayer, «¿Existe una joven literatura española?», *Cuadernos del Congreso por la Libertad de la Cultura*, N.º 33 (noviembre-diciembre, 1958), pág. 55.

critor americano que con más brío y mayor intención crítica atacó la concepción de la vida, característica de la burguesía norteamericana, en novelas como *Babbit, Mainstreet* o *Elmer Gantry*, esta última es el más penetrante estudio que se haya escrito sobre la hipocresía clerical desde Voltaire.

La mayor parte de los jóvenes novelistas españoles que asistieron al Coloquio Internacional sobre la novela en Formentor, mantuvieron la tesis de Elio Vittorini sobre el novelista y la sociedad. Vittorini manifestó "que el novelista puede y debe contribuir a la transformación de la sociedad, entendiéndola en sentido histórico. De esa concepción dinámica y social se desprende un tratamiento realista de los temas novelísticos, una crítica de la sociedad y un compromiso del escritor con el tiempo en que vive" (37).

La joven generación descubre, aunque tardíamente, que su concepción de la obra de arte y de la misión del escritor (recuérdese lo dicho sobre este particular anteriormente) coinciden con los postulados de Bertolt Brecht y de György Lukács. Del célebre dramaturgo de Augsburg aceptan el enfoque de la actualidad, del aquí y el ahora que refleja los problemas sociales, su concepto de la crítica, a todo lo cual Brecht aporta los siguientes puntos:

1) El análisis exacto del pueblo como conjunto de fuerzas diversas y opuestas entre sí.

2) La propuesta de elaborar los principios de un arte al servicio de una clase (el proletariado) que aspira a una función de guía, es decir, de un arte que también sobre el plano técnico-formal desarrolle un papel hegemónico en relación a toda la sociedad (rechazo del folklore como cultura de las masas subalternas); y que por lo tanto haga suyas las conquistas de la cultura elaboradas por las actuales clases dirigentes; pero además logre nuevas experiencias y acercamientos originales a la realidad que está en

(37) José María Castellet, «Coloquio Internacional sobre Novela en Formentor», *Cuadernos del Congreso por la Libertad de la Cultura*, N.º 38 (septiembre-octubre, 1959), pág. 84.

continuo movimiento y que no puede ser apresada con los viejos esquemas.

3) Empalma el aporte brechtiano con la elaboración científica de la noción del realismo, alimentado por la realidad misma. La novedad comienza cuando (Brecht) sustituye una concepción naturalista de la realidad, por una concepción dialéctica y dúctil de lo real: el pueblo de hoy no es el pueblo de ayer, la realidad de hoy no es la realidad de ayer" (38).

De Brecht (39) es también posible que proceda cierto enfoque épico de la vida del proletario que siguen algunos escritores españoles. Asimismo es posible que sea de influencia brechtiana las Voces que con carácter coral aparecen en *Señas de identidad*, de Goytisolo.

El concepto del realismo que tiene Lukács es opuesto al de Brecht, pues reemplaza la actualidad con una proyección de sus causas ("sin conocer el pasado, no hay descubrimiento del presente"), y la interpretación dialéctica y

(38) Paolo Chiarini, *La vanguardia y la poética del realismo*, Buenos Aires: Ediciones La Rosa Blindada, 1964, págs. 37 y 38.

(39) Sobre Brecht pueden consultarse, en italiano: Paolo Chiarini, *Bertolt Brecht*, Bari: Editori Laterza, 1959. En francés: René Wintzen, *Bertolt Brecht*, París: Collection «Poètes d'aujourd'hui», n.º 43, 1954 (hay nueva edición de 1957). Bernard Dort, *Lecture de Brecht*, París: Éditions du Seuil, 1960. En inglés: Martin Esslin, *Brecht: a choice of evils*, Londres: Eyre and Spottiswood, 1959. En alemán: Gerhard Zwerenz, *Aristotelische und Brechtsche Dramatik*, *Rudolstadt*, 1956. Volker Klotz, *Bertolt Brecht, Versuch uber das Werk*, Darmstadt, 1957.

El lector puede referirse también a las obras de Lukács: *Théorie du Roman*, París: Éditions Gouthier. *The Historical Novel*, Londres: Merlin Press, 1962 (Hay también edición americana, Nueva York: Humanities Press, 1965). *Der historische Roman*, Berlín, 1955. *La significación actual del realismo crítico*, México: Ediciones Era, 1963. «Realismo socialista de hoy», *Revista de Occidente*, n.º 37 (abril, 1966). Ediciones Grijalbo, Barcelona, empezó a publicar en 1966 la *Estética* de Lukács.

Un estudio comparativo de las teorías realistas de Brecht y Lukács puede hallarse en Paolo Chiarini, *L'avanguardia e la poetica del realismo*, Bari: Editori Laterza, 1961 (Hay versión en español, *La vanguardia y la poética del realismo*, Buenos Aires: Ediciones La Rosa Blindada, 1961). Sobre la estética marxista consúltese el estudio de Galvano della Volpe, *Critica del gusto*, Milán, 1960.

dúctil de lo real, relativa, por la objetiva exterior. Para Lukács "el objeto del quehacer artístico no es el concepto en sí, no es este concepto en su pura e inmediata verdad objetiva, sino la manera como se torna factor concreto de la vida en situaciones concretas, con hombres concretos, como parte de los esfuerzos y de las luchas, de las victorias y de las derrotas, de las alegrías y de los sufrimientos; como medio importante para tornar sensible el específico carácter humano, la particularidad típica de los hombres y las situaciones humanas". Lo universal se muestra por medio de lo particular, y "esta unidad orgánica de singularidad sensible y universalidad racional es precisamente la atmósfera de la particularidad como especificidad estética... La simple universalidad y la singularidad meramente particular sólo crean o una unidad provisional, condenada *a priori* a ser superada (como ocurre a menudo en la vida cotidiana), o una unidad que quiebra las formas fenoménicas (como en la ciencia)" (40). De estos dos escritores procede, como en el caso de Vittorini, esa tendencia a enfocar la realidad en sentido histórico, ahondando en sus causas e implicaciones para el futuro, el énfasis en la presentación dinámica de los hechos, y su deseo de lograr un cambio de las situaciones y estructuras sociales que les resultan inaceptables. La posición del realismo crítico social español es, por lo tanto, ecléctica. Por otra parte, no es que esté tan retrasado como se pretende, sino que su aparición responde a unas determinadas circunstancias que ya no existen en otros países de la Europa occidental. Sin embargo, el realismo crítico español y el socialista ruso de la actualidad quedan muy próximos, su tono es parecido e idénticos sus propósitos. La actitud de inconformismo, la crítica y la denuncia de las convencionalidades e injusticias político sociales, la constante demanda de mayor libertad de expresión, el deseo de urgente transformación de la realidad que manifiestan los escritores españoles, puede apreciarse también en los rusos.

La mayor parte de las influencias que operan o han operado sobre los novelistas españoles son de carácter teó-

(40)   Chiarini, op. cit., págs. 48 y 49.

rico (podrían añadirse Lucien Goldmann, Alain Robbe-Grillet, y últimamente Barthes) pues como ya dijimos la generación actual sigue con atención lo que pasa más allá de las fronteras y "se muestra, en general, muy permeable a las influencias foráneas y muy preocupada por los alardes y los problemas técnicos" (41). Directamente "no creo que existe gran influencia de la novela extranjera salvo en casos aislados. Puede apreciarse alguna reminiscencia ligera de la novela norteamericana o italiana, aunque es muy posible que estos países influyan más a través del cine" (42). En realidad, "la nueva novelística española sigue siendo profundamente española. Lejos de querer romper los vínculos con el pasado, se agarra a ellos" (43), es la continuación (con las modificaciones ya apuntadas) de una tradición existente en la literatura española. Veamos ahora, aunque sólo sea brevemente, cómo se manifiesta.

El realismo crítico social procede, naturalmente, del clásico realismo pleno. Incluso hay temas y situaciones de la novela del siglo pasado que se repiten en la novelística actual. Así, *El empleado*, de Enrique Azcoaga, *Funcionario público*, de Dolores Medio, o *El sol no sale para todos*, de Juan Jesús Rodero, que se ocupan del empleado de ínfima categoría y de su constante penuria económica, son un eco del insuperable Villaamil galdosiano de *Miau*; *Las últimas horas*, de Suárez Carreño, tiene escenas que recuerdan el mundo de mendigos de *Misericordia*. Los novelistas crítico sociales expresan admiración por Galdós y sobre todo, por Clarín, concretamente por *La Regenta*.

La técnica testimonial no es otra cosa, en realidad, que un costumbrismo modificado y los relatos de mayor significado testimonial y crítico (*La piqueta, El cacique, La zanja, Dos días de setiembre*, etc.) siguen de cerca el procedimiento novelístico del costumbrismo, pero sin caer en el casticismo y pintoresquismo peculiares de esta última tendencia.

(41) Roger Noel Mayer, loc. cit.
(42) Roger Noel Mayer, loc. cit.
(43) Maurice Edgar Coindreau, «Homenaje a los jóvenes novelistas españoles», *Cuadernos del Congreso por la Libertad de la Cultura*, N.º 33 (noviembre-diciembre, 1958), pág. 45.

La generación del noventaiocho deja una profunda huella en la actual generación. Por un lado, el noventaiocho aporta innovaciones técnicas, lecciones que no se perderán. Los personajes del realismo crítico sólo muestran aquellos aspectos de su personalidad que se relacionan con los problemas expuestos, y en esto parecen seguir la unilateralidad de carácter peculiar de los personajes de Unamuno (44). Azorín contribuye a la simplificación de la prosa y a la propensión a describir ambientes y caracteres poniendo el énfasis en los detalles sobresalientes, en vez de hacerlo mediante largas y prolijas explicaciones. Igualmente influyentes en el realismo crítico son la aparente sencillez narrativa barojiana, la técnica del diálogo como medio para exponer la acción o la realidad, el mismo diálogo que con Baroja pasa a ser más fluido y natural. Por otro lado, el deseo del noventaiocho de llamar la atención sobre el estancamiento nacional, su pesimismo y amargura, tienen un tono que se ha de repetir en la novela "social", sobre todo en obras como *Tiempo de silencio* o *Señas de identidad*.

La actitud de inconformismo y rebeldía de un Baroja, que le lleva a afirmar "soy un tipo de persona que está, como individuo, contra el Estado" (45), ejerce una fascinación, muy comprensible, para los jóvenes escritores que quieren criticar los defectos del carácter nacional y las insuficiencias de la sociedad (46).

Otra aportación del noventaicho que encontrará eco en la literatura social, son los libros de viajes, cuyo género

(44) «Galdós and the Hispanic preoccupation of the writers of the Generation of 1898 contributed to the linking of the novelist with his medium... On the other hand, the lesson learned from Unamuno has not been lost». Gullón, op. cit., pág. 82.

(45) Citado por Gullón, op. cit., pág. 91.

(46) «Pio Baroja, à qui l'on reproche souvent de n'avoir pas su contruire ses romans, d'avoir, si vous voulez, manqué de technique, a exercé sur nous une fascination qui l'a élevé, bien avant sa mort, à la catégorie d'un mythe. Son prestige est dû surtout à l'anticonformisme farouche dont il fait preuve devant la vie et la société espagnoles. Cette attitude, qui transparaît dans toute son oeuvre, est ce qui le rend si attachant à nos yeux». Claude Couffon, «Rencontre avec Jesus Fernandez Santos», *Les Lettres Nouvelles*, N.º 62 (Juillet-Août, 1958), pág. 130.

renace con Cela y, al que otros añadirán posteriormente su testimonio de la España olvidada.

La novela "social" actual muestra una directa influencia de la novela "social" de la década de 1930. Así, López Pacheco se inspira indudablemente en *La turbina*, de César M. Arconada, para escribir su *Central eléctrica;* Ferres reelabora, en *Con las manos vacías,* los sucesos narrados por Sender en *El lugar de un hombre,* y coincide en *Los vencidos,* con el tema de *O. P.* La crítica que Sender dirige contra la burguesía encuentra una continuación directa en el realismo crítico; la técnica testimonial ya está presente en sus obras. La denuncia que Arderíus, Arconada, Sender y otros ya mencionados, hacen de ciertos aspectos de la vida del proletario y el campesino reaparece en la actual generación, incluso a veces, siguiendo la misma tendencia a la interpretación lírica y sentimental de los sucesos y personajes.

Pasada la guerra civil y en el camino que conduce a la recuperación del realismo, tenemos a Zunzunegui, que viene a ser el puente que enlaza con Baroja. Ninguno de los escritores de la generación del "medio siglo" menciona a Zunzunegui como una posible influencia, pero es imposible que el testimonio que ofrece de la situación y valores de la sociedad (aunque sea todo lo insuficiente y "burgués" que se quiera) haya dejado de influir en la novela "social" posterior. Naturalmente, esta influencia es más de tono, de amargura ante la realidad; y, desde luego, es opuesta en cuanto al enfoque de la realidad y en cuanto a la postura e intención del novelista con respecto a la situación novelada.

Camilo José Cela es, sin duda, el escritor que más ha influido en la novela del realismo crítico, contribuyendo a que se forme en la generación posterior una preocupación estética y un enfoque objetivo de las situaciones con significado social. *La colmena* abre la puerta, por así decirlo, que da paso al realismo selectivo de intención crítica en la literatura española, siendo "una obra doblemente interesante para la novela española. En primer lugar, porque introduce preocupaciones formales inéditas hasta entonces por culpa del retraso que, debido al aislamiento cultural, afectaba a aquélla. En segundo lugar, porque, por primera vez después de la guerra civil, se ofrecía al lector un fresco impresionante de la sociedad madrileña de los primeros años de la postguerra". *La colmena* "está compuesta formalmente al modo contrapuntístico de *Les faux monnayeurs*, de Gide, y de *Point, contrepoint*, de Huxley", habiendo influido también *Manhattan Transfer*, de Dos Passos. Sobre ese formalismo estructural añade "una estimable aportación objetivista: los personajes están vistos desde afuera y se atiende más a sus actos y palabras que a sus pensamientos y sentimientos" (47). *Viaje a la Alcarria* muestra a los jóvenes escritores cuál debe ser el propósito de todo libro de viajes: mostrar el alma de las personas que el viajero encuentra a su paso, narrar cómo es la vida en los lugares que visita. Aunque Cela no cumple su intención, otros lo harán por él, siguiendo muy de cerca el procedimiento de Cela.

Cela, aunque es el predecesor del realismo crítico social español, no entra de lleno en la literatura "social". A veces queda muy cerca, otras veces se aparta radicalmente. Castellet atestigua que en el Coloquio Internacional sobre Novela, celebrado en Formentor en 1959, Cela hizo "intervenciones contradictorias muchas veces" durante la discusión de la tesis de Vittorini sobre el significado social y crítico de la novela actual. En el reportaje del Coloquio figura la siguiente declaración de Cela, opuesta a la postura de la mayor parte de los jóvenes escritores españoles:

La trascendencia social de la novela es un hecho de orden natural que nada tiene que ver con la intencionalidad del escritor. El novelista debe seguir el viejo precepto stendhaliano y pasear el espejo por el camino de la vida. El novelista no tiene que intervenir en la realidad que constituye la materia de la obra, puesto que cualquier ingerencia en ella, puede significar una caída en la novela tendenciosa ideológica. En todo caso, el novelista debe, tan sólo, aguar, rebajar la realidad para que ésta parezca más real,

(47)   Castellet, «La novela española...», pág. 49.

más verosímil, puesto que generalmente la realidad es demasiado literaria (48).

La influencia de Cela sobre los escritores de la novela "social" es a contrapelo. Los jóvenes no dejan de reconocer que ha existido, pero la aceptan con desgana, pues rechazan la obra celiana por su tendencia a evitar el fondo de los problemas sociales, lo cual reemplaza con la perfección de la forma. Aseguran aquéllos que los detalles y sucesos que Cela presenta en algunas de sus obras, aunque representativos de la injusticia y falta de caridad que existen en la sociedad actual, no tienen intención social ni propósito de crítica, sino ofrecer una visión regocijada de la triste realidad mediante el recargue de los aspectos truculentos y los rasgos humorísticos, proporcionando así un escape. En efecto, los jóvenes reaccionan fuertemente contra este aspecto de la obra celiana, y por eso "tratan de corregir con energía el esteticismo de Cela, y el idealismo en la interpretación de la realidad española" (49). Jesús Fernández Santos tal vez sea el que mejor haya resumido esta característica de la obra celiana y su influencia en los jóvenes novelistas españoles:

> Camilo José Cela est l'écrivain de la bourgeoisie espagnole. Les gens qui lisent des romans du genre *Les cyprès croient en Dieu*, de Gironella, pour se convaincre de leur propre raison d'exister, lisent aussi, en compensation, les livres de Cela, qui les font trembler. Et Cela, en maître du langage, les divertit, sans jamais dépasser les limites que lui et son public jugent convenables. Sur les jeunes romanciers, il a eu, et il a toujours, une grand influence. Sur moi, je ne sais pas. Je ne peux pas juger. Peut-être bien que cette perspective ne me plaise guère (50).

Por su parte, posteriormente al citado coloquio sobre

(48) Castellet, «Coloquio...», pág. 84.
(49) Eugenio G. de Nora, *La novela española contemporánea*, II, ii, pág. 289.
(50) Claude Couffon, loc. cit.

la novela, Cela ha negado la autenticidad de esta literatura: "Entiendo falsa la novela católica y la novela social" (51).

Clasificación de las novelas "sociales".

Para llegar a un estudio de la novela "social" y de sus características, es necesario principiar por establecer cierto orden, agrupando las narraciones de acuerdo con su temática. Un intento de clasificación supone enfrentarse con el maremágnum de nuevas obras y autores noveles. La tarea de la búsqueda y examen es una constante frustración por la difícil localización de algunas novelas, a causa de la falta de una crítica adecuada y de la escasez de reseñas, hasta el punto de que ciertas narraciones no aparecen mencionadas en las existentes publicaciones bibliográficas. Teniendo en cuenta estas limitaciones es casi inevitable alguna omisión involuntaria.

Después de examinar las obras que tienen significado social, de acuerdo con las características señaladas, incluyendo también las que sin ser claramente sociales han servido de modelo o de punto de partida a aquéllas, se han agrupado en seis secciones: *La abulia, el campo, el obrero y el empleado, la vivienda, los libros de viajes, y la alienación.* Esta clasificación se ha de tomar con las debidas reservas, pues es únicamente metodológica, obedece a la necesidad de buscar afinidades que faciliten su estudio, y solamente tiene el propósito de establecer cierto orden.

Aunque los libros de viajes no son, estrictamente hablando, novelas, los hemos incluido en este estudio por varias razones, siendo la principal por su contenido testimonial y crítico. Por otra parte, estas obras no son guías turísticas ,ni estudios socio-económicos de la España olvidada, y se apartan bastante del libro de viajes tradicional pues tienen mucho más de ficción que de descripción. *Peñas arriba,* por ejemplo, pone muchísimo más énfasis en las descripciones del campo, los pueblos y las gentes que cualquiera de los libros de viajes testimoniales. Así, el repre-

(51) Francisco Olmos García, op. cit., pág. 213.

sentante de limpiametales que narra su viaje por tierras andaluzas en *Tierra de olivos*, es un ente tan de ficción como el Marcelo de Pereda. Y si *Peñas arriba* fuese una narración social (en el sentido que aquí venimos empleando) nadie dudaría en incluirla entre las novelas.

Con el propósito ya indicado, agruparemos las obras del siguiente modo:

La abulia

Juan A. de Zunzunegui, *Esta oscura desbandada*, 1952.
Miguel Delibes, *Mi idolatrado hijo Sisí*, 1953.
Juan Goytisolo, *Juegos de manos*, diciembre 1954.
Rafael Sánchez Ferlosio, *El Jarama*, febrero 1956.
Ramón Nieto, *La fiebre*, 1959.
* Juan García Hortelano, *Nuevas amistades*, 1959.
Juan Marsé, *Encerrados con un solo juguete*, 1960.
Juan Goytisolo, *La isla*, 1961.
Juan Marsé, *Esta cara de la luna*, 1962.
* Juan García Hortelano, *Tormenta de verano*, 1962.
Juan Antonio Payno, *El curso*, febrero 1962.
Ángel María de Lera, *Trampa*, 1962.
Manuel Arce, *Oficio de muchachos*, 1963.

El campo

Jesús Fernández Santos, *Los bravos*, 1954.
* Alfonso Grosso, *La zanja*, 1961.
* José Manuel Caballero Bonald, *Dos días de setiembre*, 1962.
Ramón Solís, *Ajena crece la hierba*, diciembre 1962.
Luis Romero, *El cacique*, diciembre 1963.
Antonio Ferres, *Con las manos vacías*, 1964.
Ángel María de Lera, *Tierra para morir*, 1965.
Alfonso Grosso, *El capirote*, 1966.

El obrero y el empleado

Enrique Azcoaga, *El empleado*, 1949.
Dolores Medio, *Funcionario público*, noviembre 1950.
* Jesús López Pacheco, *Central eléctrica*, abril 1958.
* Armando López Salinas, *La mina*, marzo 1960.
Daniel Sueiro, *La criba*, 1961.
Armando López Salinas, *Año tras año*, 1962.
Ángel María de Lera, *Hemos perdido el sol*, 1963.
Juan José Rodero, *El sol no sale para todos*, 1966.

La vivienda

Ángel María de Lera, *Los olvidados*, 1957.
Juan Goytisolo, *La resaca*, 1958.
* Antonio Ferres, *La piqueta*, octubre 1959.
Fernando Ávalos, *En plazo*, 1961.
Ramón Nieto, *La patria y el pan*, 1962.

Libros de viajes

Camilo José Cela, *Viaje a la Alcarria*, 1948.
Juan Goytisolo, *Campos de Níjar*, 1960.
* López Salinas-Ferres, *Caminando por las Hurdes*, 1960.
* Antonio Ferres, *Tierra de olivos*, 1964.
Ramón Carnicer, *Donde las Hurdes se llaman Cabrera*, 1964.
Grosso-López Salinas, *Por el río abajo*, 1966.

La alienación

José Suárez Carreño, *Las últimas horas*, 1950.
Camilo José Cela, *La colmena*, 1950.
Luis Romero, *La noria*, marzo 1952.
Tomás Salvador, *Los atracadores*, abril 1955.
Luis Romero, *Los otros*, marzo 1956.

15

José M.ª Castillo Navarro, *Los perros mueren en la calle,*
diciembre 1961.
* Luis Martín Santos, *Tiempo de silencio,* 1962.
Antonio Ferres, *Los vencidos,* 1965.
Daniel Sueiro, *Estos son tus hermanos,* 1965.
Jesús Izcaray, *Las ruinas de la muralla,* 1965.
Juan Goytisolo, *Señas de identidad,* octubre 1966.

   La precedente lista incluye solamente los libros que
examinaremos con algún detalle. Las fechas dadas son las
de publicación; entre éstas y las de creación a veces media hasta una distancia de seis años (caso de *Por el río
abajo*). Los títulos marcados con un asterisco son los que
estudiaremos con mayor amplitud. De nuevo es necesaria
una aclaración: se trata, por lo general, de las mejores obras
que han aparecido en la literatura social, pero no ha sido
ése el criterio que hemos seguido para su selección. Hemos
escogido para comentar extensamente las narraciones más
representativas del género, las que mejor ilustran las diferentes tendencias de la narrativa social.
   Cada uno de los antedichos grupos constituirá una de
las siguientes partes de este estudio. Algunos relatos podrían aparecer repetidamente en dos sitios diferentes, por
ejemplo, *Año tras año* que se encuentra bajo el título "el
obrero y el empleado", podría ir también en la parte dedicada a "la alienación"; las novelas que se examinan ahí
complementan las narraciones que se incluyen en "la abulia", pues ambas reflejan la quiebra y escisión que prevalece en la sociedad, es más: todas las novelas que aquí se
comentan la reflejan. En el caso de que una narración pueda ir indistintamente bajo uno u otro título, se ha clasifica-
do donde más se ajusta a la intención de la narración o al
punto de vista desde el que se narra. Al estudiar cada parte, hemos tratado de señalar las características principales
del grupo, mostrando cuál es la novela que sirve de patrón
a las demás, poniendo de manifiesto cuáles se apartan de
la línea general, cuáles introducen innovaciones generales
y en qué consisten, etc.

II. LA ABULIA

Siendo la novela "social" un reflejo de las diferentes capas que forman la sociedad, algunos escritores van a tratar de exponer la abulia en que han caído .Estas narraciones enfocan la actitud y los valores morales y sociales de un determinado grupo, sea de las clases bajas o de la alta burguesía. La mayor parte de las novelas que estudiamos en esta sección llaman la atención sobre la vida pasiva de la gente, sobre su conformismo, todo lo cual justifican pretextando que "no hay que meterse en nada" y que "todo sigue bien". Otras también muestran la desorientación de la juventud española que, como consecuencia del ambiente en que han crecido, llevan una existencia vacía, sin propósito. En todo caso, se tiende a criticar el fracaso moral, la pasividad, la conformidad o el egoísmo de un determinado grupo.

El antecedente de los relatos que exponen la "abulia" se encuentra en las novelas que hacen ver el modo de ser de la vieja burguesía española. Como ya indicamos al tratar del realismo crítico y de sus antecedentes, son obras escritas al viejo estilo del realismo-naturalismo. Por lo general, a través de un largo período de tiempo, se narran sucesos que exponen la abulia e inutilidad de esas gentes. El procedimiento es el mismo empleado por las novelas que analizan la alienación de la sociedad, y que estudiaremos en uno de los capítulos siguientes; pero aquí la proyección histórica no tiene el propósito de ahondar en el estado de la conciencia nacional, ni siquiera en el de la burguesía, sino que por el contrario lo característico es el determinismo de los sucesos narrados, que sirven para probar cómo la conducta del personaje se debe al medio ambiente en que ha crecido, a la herencia que ha recibido de sus padres. Como resultado, se reincide en detalles de idéntica naturaleza, tendiendo, además, a hacer resaltar los aspectos "horripilantes" de la vida. Algunas de estas narraciones, como en el caso de *Esta oscura desbandada*, de JUAN ANTONIO ZUNZUNEGUI, combinan la decadencia de la burguesía con sucesos que reflejan la desintegración y corrupción que existe en la sociedad actual. En este sentido, la obra de Zunzunegui es también un claro precedente de las novelas que enjuician el estado de la conciencia nacional, la alienación que padecen algunos de sus miembros.

Esta oscura desbandada (1.ª) empieza narrando el momento en que un matrimonio de rentistas, él médico retirado, van a tener un hijo. Robertín crece rodeado de mimos y sus padres, al morir, le dejan en este mundo muy convencidos de que su vida queda solucionada con las rentas que hereda. El resto de la novela prueba cómo esa concepción señoritil y muelle de la vida ha caducado ya: su existencia es un continuo descender hacia la ruina. Como de niño ha sido acostumbrado a la inutilidad, de hombre no sirve para nada y es incapaz de conservar un empleo; termina con la herencia y con cuanto tiene; hasta acaba por perder a su mujer que lo abandona por un millonario estraperlista.

Mediante un contraste con las gentes que rodean a Roberto y a su mujer Dolores, el novelista hace ver el verdadero significado de la situación de Roberto. Para trabajar no sirve pues es un "señorito", pero esto tampoco lo puede ser: los señoritos que hoy día viven sin trabajar, se deduce de la novela, son los pillos y sinvergüenzas aprovechados. Y Roberto, lleno de orgullo y dignidad, no entiende la concepción oportunista y materialista de la vida moderna, es un ser inútil que no sirve para nada. Los personajes que, de un modo u otro, aparecen relacionados con el mundo de Roberto, forman un grupo de seres deleznables: estraperlistas que, por el hecho de tener dinero, pasan por ser personas decentes (como Julián, de quien dicen: "Es hijo predilecto de su pueblo, y el señor obispo de su diócesis y el gobernador de su provincia se hacen len-

---

(1a)   Barcelona: Editorial Noguer, 3.ª edición, julio de 1965. La primera edición es de 1952.

18

guas de su generosidad y de su talento" pág. 312); invertidos (don Bruno, Potito); prostitutas (Paloma); lesbianas (Encarna, Ramona); maridos débiles (don León, Celedonio, el mismo Roberto); mujeres infieles (Dolores, Mary); granujas (Alfonso, Susana), etc.; toda una galería de farsantes, cínicos, estafadores, degenerados y oportunistas cuyo único propósito es enriquecerse a toda prisa: "Hay que aprovechar estos años antes de la tercera guerra, que viene en seguida, para hacerse millonario, porque a lo mejor, después de esta guerra, a la gente le da por ser honrada ,sobria y decente..., y entonces no hay nada que hacer" (pág. 283). Este estado de cosas representa el hundimiento de los valores y principios fundamentales de la burguesía, es una contraposición entre la concepción antigua de la vida y la actual, pero Zunzunegui no ahonda en los problemas exponiendo su esencia y trascendencia, no establece una relación entre la situación y su base social; en su lugar hace comparaciones entre la actualidad y una época dorada, ya pretérita, expresando desencanto ante la realidad, incluso asco, y, luego, nostalgia del pasado. Así, Roberto piensa: "Cuando se editaron aquellos libros, aún se creía en los valores del espíritu" (pág. 80); otro establece las diferencias que hay entre el presente que "es el momento de los tunantes" y los años de antes de la guerra cuando, dice, "en mi pueblo había un sujeto que, en pequeño y con menos talento y gracia, hacía las cosas que luego he hecho yo. Pues bien: a ese sujeto nadie le trataba... La gente decía que era un granuja, un pillo, un estafador... Treinta años después he venido yo. He hecho las mismas cosas que él, pero en grande ¿eh?... Hace un año me presenté en mi pueblo. Alquilaron la banda de música... para salir a recibirme; me nombraron hijo predilecto, me dieron un banquete, y la plaza, que se llamaba de un tal Ramón y Cajal, se llama ahora de Julián Hernández" (págs. 270-271); o bien, don León manifiesta que "nunca ha dado el mundo la impresión de naufragio que da ahora" (pág. 354). El cuadro que pinta Zunzunegui es, por lo tanto, limitado y su valor social queda reducido a los límites apuntados. Sin embargo, es una verdadera parcela de la realidad, un reflejo de ésta.

Miguel Delibes, en *Mi idolatrado hijo Sisí* (1b) sigue la fórmula de la novela del viejo estilo realista para mostrar el vacío y el egoísmo que existe en un típico burgués, Cecilio Rubes, que al descubrir lo que su propia vida representa, asqueado, se suicida arrojándose desde el balcón de su alcoba a la calle. Cecilio Rubes es representativo de las actitudes de la burguesía española, de su conciencia totalmente indiferente a lo que no redunde en su provecho, de sus puntos de vista acomodaticios. Sin embargo, como en el caso de Zunzunegui, el escritor reincide en los múltiples detalles monocordes de la vida en familia con el propósito de probar el fracaso de Rubes, y "combatir el malthusianismo sin recurrir al sermón" (1c). Lo que de representativo tiene la situación, su significado social ,aunque está presente en la naturaleza de los hechos, en la conciencia de los personajes, no se expone de forma trascendental. "La versión del caso Rubes... abunda en España... no es un caso aislado, sino un producto típico de circunstancias histórico-sociales concretas, sigue siendo, pese a todo, incompleta, y excesivamente desvinculada del medio que lo produce" (1d), es decir de su significado "total", nacional.

Después de los antecedentes citados aparecen novelas "sociales" que critican la abulia de la sociedad por medio de situaciones arquetípicas, intentando exponer la trascendencia de esa actitud. Al principio se trata de obras vacilantes; luego aparecerán ya desarrolladas de acuerdo con las siguientes características:

Doble tema. Con el propósito de mostrar cómo son los miembros de uno o varios sectores, se analiza un grupo representativo. El testimonio social se combina con un relato novelesco, simple, por lo común de acción, cuyos incidentes sirven para exponer aquél.

Documento de un estado de cosas. Los sucesos que se

(1b)   Barcelona: Editorial Destino, 1953.
(1c)   Morales, R., «Mi idolatrado hijo Sisí», *Ateneo*, N.º 55 (1 de abril, 1954), págs. 24 y 25. Citado por García Nora, *La novela...*, II, ii, pág. 161.
(1d)   García Nora, op. cit., pág. 162.

narran son ficticios, pero el ambiente en el cual se desarrollan refleja un estado de cosas y es, fundamentalmente, cierto. Este "documento" es la base sobre la cual descansará la ficción.

En las mejores novelas, el autor deduce de las actividades e idiosincrasias individuales consecuencias de alcance nacional. Se presentan las causas que han originado ese estado de cosas, su sentido, sus implicaciones para el futuro.

Relato objetivo. En un esfuerzo por dar veracidad al relato, el novelista se abstiene de la crítica social directa, dejando que resulte obvia por medio del análisis objetivo. Cuando el autor se entromete, el testimonio de la novela pierde efectividad y no convence.

Conformidad o disconformidad con la situación. La actitud general es de pasividad e indiferencia en todos los sectores. Unos se muestran conformes con esta abulia, como ocurre con la generación que hizo la guerra triunfalmente; otros manifiestan insatisfacción, desilusión y pesimismo, y para escapar del vacío recurren a la acción, a la lujuria, al alcohol, a la violencia, en un esfuerzo por evadirse. Entre éstos están los jóvenes rebeldes contra su familia burguesa. Tanto en un caso como en el otro, el resultado en última instancia es el fracaso, la caída una y otra vez en la abulia y la inutilidad.

Personaje-clase. Para mostrar cómo es un grupo determinado, se crea un personaje-clase característico. Es decir, que todos los personajes participan de un carácter general.

Rasgos individuales. Los rasgos individuales se superponen a las idiosincrasias generales, que por otra parte aquéllos confirmarán y ampliarán.

Vida que llevan los personajes. Se pone énfasis en mostrar cómo viven los miembros de un grupo, qué hacen, cómo emplean el tiempo, cuál es su vida íntima.

Actitudes que toman los personajes. Los miembros de cada sector toman una actitud frente al resto de la sociedad, especialmente respecto a quienes están en conflicto con ellos, como los hijos rebeldes contra sus padres burgueses, los ricos contra los pobres, los enriquecidos por el favor oficial contra el mundo exterior al que prefieren ignorar.

JUAN GOYTISOLO inicia, en el período de la postguerra, la novela social de la abulia. *Juegos de manos* (1e) es la primera que presenta una visión de la desorientación y desarraigo de la juventud perteneciente a familias acomodadas. Lo que Goytisolo ha querido novelar es el fracaso moral y espiritual de la burguesía española, que, habiendo cerrado los ojos a la realidad nacional, ha optado por una posición pasiva y conformista. Los miembros de esta clase han marcado a sus hijos un camino a seguir, dándoles unos valores ya aceptados y unos ideales ya establecidos. Los jóvenes al enfrentarse con la vida se dan cuenta de la posición falsa en que se encuentran, puesto que esos valores e ideales pertenecen al mundo de sus padres y responden al concepto que éstos tienen de la existencia. Por eso, aquéllos se quejan de que "es tan difícil demostrar algo. Todo

(1e) Barcelona: Editorial Destino, segunda edición, septiembre de 1960. La primera data de diciembre de 1954.

Otras obras de Goytisolo: *El mundo de los espejos* (Barcelona: Editorial Janés, 1952); *El soldadito* (1955); *Duelo en el Paraíso* (Barcelona: Planeta, 1955); trilogía *El mañana efímero* formada por *Fiestas* (Buenos Aires: Emecé, 1958), *El circo* (Barcelona: Editorial Destino, 1957), y *La resaca* (París: Club del libro español, 1958); *Problemas de la novela*, ensayos (Barcelona: Seix Barral, 1959); *Campos de Níjar* (Barcelona: Seix Barral, 1960); *Para vivir aquí*, relatos (Buenos Aires: Sur, 1960); *Chronique d'une île* (París: Gallimard, 1961); *La isla* (Barcelona: Seix Barral, 1962); *La chauca* (París: Librería española, 1962); *Fin de fiesta* (Barcelona: Seix Barral, 1962); *Señas de identidad* (México: Joaquín Mortiz, 1966). Actualmente reside en París, trabajando en la Editorial Gallimard. Nació en Barcelona en 1931.

lo encontramos hecho. Nunca somos verdaderamente nosotros" (pág. 24).

El fracaso de la burguesía española se hace patente en
sus hijos: son una juventud que ha sido acostumbrada a
encontrarlo todo hecho, sin el más mínimo esfuerzo, y,
como resultado, son seres inútiles, faltos de propósito, parásitos. Sus padres no sólo les han dado la existencia, sino
también los pretextos para justificarla, los mismos con que
ellos justifican la suya. La vida de esos jóvenes es una
trampa de doble fondo: un vacío absoluto y una continua
derrota. Para evitar caer en ella buscan escapar por cuantos medios están a su alcance, principalmente el disfraz,
el alcohol, la lujuria, la violencia, etc., pero inevitablemente vuelven a caer en lo mismo. Por eso se preguntan:
"¿Hasta cuándo huiremos por los senderos de la angustia?" (pág. 55). Su propio modo de ser, la justificación de
la existencia que han aprendido de sus padres, es la razón
de su derrota. No es extraño, por lo tanto, que quieran
destruir el mundo de sus progenitores al que dicen odiar,
pero sin darse cuenta que ellos mismos son parte de la
burguesía acomodada, puesto que llevan una vida de "señoritos", sin trabajar ni preocuparse por nada. En realidad, su postura no obedece a un convencimiento de la necesidad de alterar el orden establecido. El cambio que quieren llevar a cabo los personajes de *Juegos de manos* no
viene motivado por razones de justicia social sino simplemente por el deseo de tomar una posición que sea diferente, que les distinga del resto de los compañeros de universidad, algo que les dé identidad y carácter. Así, el título de la novela viene a ser bien significativo: los personajes hacen *juegos de manos* con el propósito de evadirse
del círculo vicioso en que viven, por medio de trucos (su
supuesta anarquía, sus asociaciones clandestinas, sus actos
de destrucción).

Como en todas las novelas de esta tendencia, la trama
de la acción es muy simple. Eduardo Uribe "Tánger", Raúl
Rivera, Cortézar, Luis Páez, Ana, y los demás componentes
del grupo se creen anarquistas y se proponen asesinar a
una persona importante, Francisco Guarner, quien "a los
ojos de los burgueses —el mundo cerrado de los padres

del que todos se sentían desvinculados— encarnaba el antiguo estilo, los modales y la concepción sosegada de la vida" (pág. 91), creyendo que con el atentado conseguirían alterar el orden establecido: "Matarle —dijo— equivaldría a dar un golpe de muerte a la concepción de la vida que representa" (pág. 91). A David le toca matar a Francisco Guarner, pero, por cobardía, fracasa, y el grupo, sintiendo "una derrota en toda la línea", le considera un traidor y uno de sus compañeros lo asesina. Esta acción final es un fracaso más, pues al enfrentarse "por una sola vez con su conciencia y su ser auténtico, les mostrará la nulidad y la radical ficción de su pseudo existencia parasitaria" (2), con lo que caen en el mismo vacío que quieren eludir: "Es como si al matar a David nos hubiésemos matado a nosotros, y como si al negar a Agustín hubiésemos negado nuestra vida" (pág. 266).

Eugenio G. de Nora cree que *Juegos de manos*, "sin ser la mejor ni la más personal de las novelas de Goytisolo, es probablemente... la más representativa: a un tiempo perspicaz y fantástica, deliberadamente estomagante (en cuanto al tema) y evasiva, apoyada en vivencias típicas de gran significación sintomática, y que, consciente o inconscientemente, desfigura o escamotea el fondo mismo de los problemas, su sentido y articulación finales" (3). Se puede añadir que *Juegos de manos* inicia y entra de pleno en la novela que busca mostrar el vacío y la abulia de la sociedad actual, pero que no logra transmitir la esencia de la situación y de las actitudes de la juventud, así como tampoco convencen su disconformidad, su rebeldía y su escapismo, debido a que el autor no deja que sus personajes muestren su verdadero modo de ser; además, hay un exceso de fantasía (en las situaciones de "Tánger") sobre todo en el uso del disfraz como procedimiento de escape, siendo el uso de este recurso excesivamente repetitivo; por otra parte, la raíz del problema de esta juventud y sus posteriores consecuencias es algo que, aunque esté ocasionalmente intuido, no se explora; en su lugar se dan los resul-

(2)   Eugenio G. de Nora, *La novela española contemporánea*, II, ii, pág. 321.
(3)   Ibídem, pág. 320.

tados exteriores (el disfraz, la violencia, el anarquismo, etc.) (4a).

Considerando lo dicho en los párrafos anteriores respecto a la falta de enfoque sobre las actitudes y la raíz de los problemas con que se enfrenta esa juventud, cabe preguntarse hasta qué punto el grupo de personajes que Goytisolo presenta en *Juegos de manos* es representativo de la juventud española de los años cincuenta (4b). Naturalmente, podría tratarse de un pequeño grupo de anormales, pero en este caso no encaja en el ambiente en que el autor ha colocado la novela. Más bien parecen caracteres sacados de otro lugar y trasplantados, o si se quiere totalmente fantásticos, pero en todo caso distantes de la realidad. Procede esta impresión de irrealidad de una peculiar mezcla. Goytisolo trata de llevar a sus páginas situaciones y personajes sacados de la realidad o por lo menos inspirados en ella, pero al imaginárselos en el proceso creador, deja que la fantasía (o el exceso de imaginación) los adultere pues "le conduce a terrenos imprevistos y, con frecuencia de la realidad como es, pasa a la realidad como debiera ser. Esto no revestiría demasiada gravedad de no hallarse combinado con otro peligro más serio. El de que la realidad inventada dependa, a veces, de concepciones previas a la experiencia. Al partir de tan caprichosas premisas la conclusión no nos da lo que la cosa es en sí. Ni siquiera lo que es posible que sea, sino lo que quisiéramos que fuese. Semejante camino conduce a una profunda tragiversación de los cimientos básicos del realismo y debilita la fábrica

(4a) «La obra novelística de Juan Goytisolo responde claramente a una intención de denuncia social, partiendo del "relato-testimonio"... teñido... de un juvenil apasionamiento, no exento en ocasiones de cierta ingenuidad. En este sentido, muchas de sus novelas, en especial las primeras..., valen más por la fuerza poética o por la riqueza imaginativa de ciertos episodios aislados que por su exactitud como documento revelador de un estado de cosas». José García López, *Historia de la literatura española*, pág. 686.

(4b) «Writers such as Juan Goytisolo, in spite of their success in French and American translations, do not seem to me representative of our present novel. Their works present events and people drawn from literature rather than from life... a conventionalized version of reality». Ricardo Gullón, «The Modern Spanish Novel», *Texas Quarterly*, IV (Spring, 1961), 81.

que lo sustenta" (4c); por eso la realidad, y el testimonio que pueda haber en ella, resultan poco convincentes; las situaciones y personajes son superfluos, y en todo caso, son difíciles de aprehender. El mismo Goytisolo, que al parecer ya ha superado este defecto de sus obras (esperamos que definitivamente) con la aparición de *Señas de identidad* (1966), reconoce que en sus primeras novelas "exponía una serie de preocupaciones... pero lo hacía con un desconocimiento bastante flagrante de la realidad exterior, de lo que le rodeaba" (5).

Los atracadores (1955), de TOMÁS SALVADOR, presenta varios puntos de contacto con *Juegos de manos*. Se trata de un grupo de adolescentes que forman una banda y se dedican al atraco. El jefe del grupo, el "Señorito", hijo de un prestigioso abogado catalán, es muy parecido al Luis Páez de Goytisolo (recuérdese que el padre de éste es también abogado; en ambos casos las madres son débiles y excusan la actitud de los hijos). En efecto, aquél muestra idénticas tendencias hacia el sadismo y la crueldad, y la causa de su "descarriamiento" es la lenidad de los padres. Al igual que ocurre en *Juegos,* el protagonista de *Los atracadores* adopta una postura agresiva y provocativa contra sus padres, sin que éstos se atrevan a hacer nada para contrarrestarla. El padre del "Señorito", durante la defensa del único superviviente de la banda, expone ante el Tribunal Militar que lo juzga la situación en que se halla la juventud española:

> Ellos son los que se han encontrado con la juventud perdida, censurada, prohibida... con el fracaso de nuestra generación... Y ellos lo saben, y piden un puesto de responsabilidad... ellos son el producto de una guerra, de unos tiempos difíciles. (pág. 260)

(4c) José Francisco Cirre, «Novelas e ideología en Juan Goytisolo», *Insula*, N.ª 230 (enero, 1966), pág. 12.
(5) [Emir Rodríguez Monegal], «Juan Goytisolo. Destrucción de la España sagrada», *Nuevo Mundo*, N.ª 12 (junio, 1967), pág. 46.

Sin embargo, esa situación es equívoca, no se explora como debiera, ni se presenta como base de los hechos que se narran, sino más bien como epílogo, en forma totalmente inconclusa y marginal. En ciertos momentos parece como si el novelista acusase al "Señorito" y a su padre (representativos de la burguesía) de ser los causantes de esa "desgarradura social de los atracadores". Algunas veces esa acusación es directa:

> Ese muchacho, el Señorito, era vuestro cerebro, un cerebro frío, lógico e inhumano. No atracaba por necesidad, sino por divertirse, por encontrar sensaciones nuevas. (pág. 251)

En otras ocasiones las alusiones son más oscuras, pero a pesar de todo, la novela no lo plantea claramente. Además, los miembros de la banda de atracadores pertenecen a diferentes sectores de la sociedad y sus acciones se presentan como resultado de unas leyes y de una actitud colectiva. Por eso, esta novela aparecerá en la sección titulada *La alienación*.

Los rasgos y características peculiares de *Juegos de manos* se repiten en otra novela de Juan Goytisolo, *La isla* (6), excepto que aquí la acción de fondo no existe en absoluto. La novela se limita a exponer la clase de vida que lleva, en Torremolinos, un grupo de gente rica perteneciente a la generación que hizo la guerra y que se enriqueció por medio del favor oficial. El título ya indica de qué se trata: son personas que viven en un grupo aislado del resto del mundo, incapaces de comprender o de interesarse por aquellos que caen fuera de su esfera. El horario de su vida vacía, así como el de su ocio, "era de los más largos y agotadores del mundo" (pág. 97). Este horario incluye, únicamente, tres actividades: la lujuria, la bebida y la fiesta. Toda la novela se reduce a una repetición de estas tres actividades, y como no existe otro elemento de acción, ni otros sucesos que interesen, *La isla* llega a cansar. La intención testimonial, la denuncia social, el propio tema, son

(6)   Barcelona: Seix Barral, 1961.

los mismos de *Tormenta de verano*, siendo *La isla* el punto de partida de García Hortelano. La diferencia consiste en que Goytisolo no profundiza en la situación, ni da dimensión a sus personajes, ni explora los motivos que los empujan a ser de ese modo. Como en otras novelas suyas, los personajes quedan anulados por su mismo creador; el novelista hace que ejecuten ciertas acciones, que digan ciertas cosas, pero todo ello superficialmente, de modo que sus hechos, sus palabras, justifican lo que él quiere decir, pero sin que sea el resultado de una personalidad, de una situación, o de un estado de cosas. En *La isla* contribuye a esa falta de dimensión una cierta precipitación narrativa, que se aprecia en párrafos como éste:

> El marido se adelantó a pagar la nota y nos dirigimos al patio donde estaban los automóviles. Román se quedó bailando con Laura.
> Había olvidado por completo su amenaza y cuando unas horas más tarde —estuvimos bebiendo hasta las tres y me acosté rendida— percibí un ruido extraño en la ventana, la primera idea que me vino a mientes fue la que me las había con un ladrón.
> (pág. 53)

RAFAEL SÁNCHEZ FERLOSIO ofrece aspectos opuestos a Goytisolo, en la forma, el fondo y el tema, en *El Jarama* (7). En esta novela se da una visión de la vida, desprovista de todo propósito que no sea el trabajo, peculiar de la clase media baja. El tema es casi inexistente: un grupo de once jóvenes madrileños, chicos y chicas, van a pasar un día de campo a orillas del Jarama, cerca de la taberna de Mauricio, donde también concurren algunos clientes habituales. El ambiente que envuelve a los excur-

(7) Barcelona: Editorial Destino, 2.ª edición, 1956. La primera edición es de febrero de 1956. El libro recibió el Premio Eugenio Nadal 1955. Sánchez Ferlosio sólo ha publicado otra novela: *Industrias y andanzas de Alfanhuí* (Madrid: Talleres Cies, 1951). Está casado con Carmen Martín Gaité, también novelista. Nació en Roma en 1927 y cursó estudios de Filosofía y Letras. Reside en Madrid.

sionistas es de franco aburrimiento, puesto de manifiesto
por lo que dicen, lo insignificante de su personalidad y su
pobreza mental:

> —Anda, cuéntame algo, Tito.
> —Que te cuente ¿el qué?
> —Hombre, algo, lo que se te ocurra, mentiras, da
> igual. Algo que sea interesante.
> —¿Interesante? Yo no sé contar nada...
>
> (págs. 227 s.)

El domingo va transcurriendo sin que ocurra nada, excepto la tirantez que hay entre los diferentes componentes
del grupo a causa de que todos tienen pareja menos uno,
Daniel. Hay algunos choques y riñas: Daniel se niega a
ir por la comida; Tito arroja a Fernando al agua y éste
se enfada. También ocurren pequeños sucesos: Mely y Fernando van a dar una vuelta y una pareja de la Guardia
Civil los para porque ella anda en pantalones y con el
escote del traje de baño; Tito y Lucita se encuentran ma-
reados por exceso de vino y se besan. En general, todo se
reduce a comer, a beber, a bañarse, a hablar, a ir y venir de
acá para allá. De pronto, la situación cambia: Lucita se
ahoga. Entran en acción los guardias, el juez y el secretario, que se muestran tan insignificantes y pobres de espíritu como los excursionistas lo fueron antes.

La novela tiene un marcado propósito testimonial pero
la intención, e incluso el contenido, son sólo vagamente sociales, quedando esto reducido a lo que se desprende de
los sucesos narrados, en lo que tienen de documento de
la situación nacional (8a). Su importancia dentro de la
literatura social no reside en la intención propiamente dicha, sino en el modo de mostrar la anodina realidad de los
personajes por medio de sus reacciones y palabras. Éstos,
como en el caso de las novelas de Goytisolo, buscan el es-

(8a)   «Sánchez Ferlosio nos da aquí una imagen... el interés de
la cual estriba precisamente en lo que tiene de documento y en su
radical autenticidad... Sánchez Ferlosio ha sabido ofrecernos en *El
Jarama* una significativa parcela de la realidad actual». José García
López, op. cit., pág. 675.

cape, pero en vez de recurrir a la fantasía, los personajes de Sánchez Ferlosio recurren a la diversión:

> Quieren coger el cielo con las manos, de tanto y tanto como ansían divertirse, y a menudo se caen y estrellan. Da la impresión de que estuvieran locos, con esas ansias y ese desenfreno; gente desesperada de la vida es lo que parecen, que no la calma ya nada más que el desarreglo y que la barahúnda.
>
> (pág. 357)

La abulia se refleja en su falta de interés por los sucesos que ocurren a su alrededor:

> —Pues, no. La política a mí... Yo sólo leo las carteleras de los cines.
> —Pues hay que estar más al corriente, Mely.
> —¿Más al corriente? ¡Anda éste! ¿Y para qué?
>
> (pág. 153)

La forma de presentar la vida del grupo de excursionistas es también diferente. Goytisolo "no llega a solidarizarse lo suficiente con sus personajes como para conquistar un punto de vista realmente adecuado" (8b). Sánchez Ferlosio, por el contrario, los muestra haciendo ver su modo de ser por medio de su conducta, técnica que da una impresión de simplicidad, pero que en realidad representa un consciente esfuerzo por ceñirse a un realismo escueto y objetivo.

Sánchez Ferlosio con *El Jarama* va a influir en la novela social, con el realismo objetivo, la simplicidad técnica, el diálogo vivo y adecuado a las circunstancias y, especialmente, con su "behaviorismo", todo ello con el propósito de dar una impresión de veracidad en el testimonio.

La fiebre (9), de RAMÓN NIETO, es la continuación de las novelas de proyección histórica de Zunzunegui y Delibes. Nieto presenta la abulia bajo un triple aspecto: pe-

(8b) Eugenio G. de Nora, op. cit., II, ii, pág. 321.

trificación e insuficiencia de la vida burguesa, desorientación e inconformismo de los hijos, exploración histórica de ambas. La acción se desarrolla en "cualquier capital de provincia española con un censo que oscile entre los 50.000 y los 100.000 habitantes" (pág. 9), y contiene un doble plano. Uno: Daniel vela el cuerpo de Engracia, su mujer; luego toma el tren y, finalmente, llega a Madrid. Comprende un largo lapso de tiempo que, hora por hora, va alternando con los capítulos de la novela; y dos: simultáneamente se presentan, por medio de una evolución histórica que va desde 1930 hasta 1953, las actitudes de la familia de Daniel, arquetipo de la burguesía española de provincias.

El propósito del novelista ha sido ofrecer un testimonio de esa clase social. El proceder egoísta de la familia de Daniel, su concepto de la religión, la política y la casta, están detalladamente expuestas, pero sin aventajar a un Zunzunegui o a un Delibes. Las implicaciones de la situación se quedan en débiles e insuficientes barruntos de una situación representativa, aunque por causas muy diferentes de aquéllos: ya no se trata de una visión concebida dentro de ciertos límites, pues el propósito de Nieto es evidentemente ir más allá de los convencionalismos conservadores, sino de la incapacidad creadora del escritor que no acierta a plantearnos situaciones y personajes que signifiquen algo. La desorientación de Daniel, su insuficiencia, se traduce en una conducta ñoña y lacrimosa en exceso, muy poco convincente; esto se agrava por lo que dice, que con harta frecuencia no conduce a nada. Como luego veremos más adelante, es una de las características de los personajes que crea Nieto: hablan sin propósito, lo que dicen carece de finalidad y transcendencia.

JUAN GARCÍA HORTELANO combina las características técnicas y el procedimiento narrativo que se sigue en *El Jarama* con las intenciones de crítica que presenta un Goytisolo, llegando así a crear la novela crítico social de la abulia en su forma definitiva. Las dos obras de García Hor-

(9) Madrid: Ediciones Cid, 1959.

telano tienen un claro precedente en otras dos de Goytisolo, aunque superándolas en mucho.

En efecto, la primera, *Nuevas amistades* (10), coincide en varios aspectos con *Juegos de manos*. Por otra parte, *Nuevas amistades* revela un novelista de sorprendente madurez (sobre todo en la técnica y en los procedimientos narrativos) que cree en un escueto y absoluto objetivismo como medio para analizar una capa de la sociedad española. Su segunda novela, *Tormenta de verano*, se inspira directamente en *La isla*. En comparación con su primera obra, los personajes están más desarrollados en su realidad interior y exterior; se observan cuidadosamente las sensaciones, el paisaje, el tiempo; la técnica es más compleja y cuidada.

Ambos libros forman una unidad. Los dos analizan y exponen una misma clase de gente (excepto por la edad y la situación). Para poner de manifiesto cómo son, se emplea un elemento de acción, ya sea el aborto de Julia (*Nuevas amistades*) o los incidentes que siguen a la aparición de un cadáver (*Tormenta de verano*). El enfoque es idéntico también, a través de la crisis de Javier (*Tormenta de verano*) o de las reacciones de Leopoldo y Gregorio (*Nuevas amistades*), que, como si fuesen "lentes", dejan ver las actitudes de la clase ante el mundo que queda fuera de su círculo .El acierto consiste en lograr que esas actitudes ofrezcan implicaciones de carácter nacional. En *Nuevas Amistades* el vacío de la juventud coincide con el vacío nacional; la abulia general se encuentra duplicada en el tedio personal de los personajes, lo mismo que ocurre en *Tormenta de verano*. Los personajes de las dos obras están concebidos de acuerdo con un mismo patrón. Hay un personaje que está en contradicción con el ambiente y que trata de escapar de él. Hay un momento en el cual parece que se va a librar del vacío mediante la acción. Sin embargo, en los dos casos, una derrota le coloca en la

(10)   Juan García Hortelano nació en Madrid en 1928. Es abogado y trabaja actualmente en un Ministerio. Hasta la fecha sólo ha publicado *Nuevas amistades* (1959), y *Tormenta de verano* (1962), novelas, y *Gente de Madrid* (1967), cinco narraciones.

misma situación que pretendía superar. Estos dos personajes principales (Javier en *Tormenta de verano* y Gregorio en *Nuevas amistades*) son además "personajes-puente", pues sirven de enlace entre las diferentes capas de la sociedad, entre los otros personajes, y entre su pasado y su presente. Sus actitudes ante el resto de la sociedad presentan aspectos similares. Incluso las personalidades son idénticas en ambas obras y el conjunto de los rasgos individuales da idea de una idiosincrasia colectiva que define a un "personaje-clase." Los sucesos se desarrollan de igual modo en ambas obras. Se inician con una mención "casual", luego, a medida que la novela avanza, cobran importancia, se desarrollan y pasan a ocupar el primer plano de la narración. Por último, señalaremos que ambas novelas contienen un elemento de sorpresa al final, hacia el cual la narración se encamina con ritmo acelerado.

* * *

El tema de *Nuevas amistades* (11) es, a pesar de su sencillez, doble. Por una parte, Gregorio se encuentra en Madrid. Su padre va a trasladar los negocios a la capital, y él llega en el verano para ambientarse antes de que el curso empiece en la universidad. Se aloja en casa de su amigo Leopoldo y, por medio de él, va conociendo a un grupo de "nuevas amistades", al cual Gregorio se unirá. Por otra parte, hay un elemento de acción: Julia y Pedro llevan siete años de noviazgo. Cuando están pensando en empezar los preparativos para la boda, Julia queda embarazada. Para evitar el escándalo y la posible pérdida de la ayuda familiar, deciden recurrir a un aborto. Leopoldo se hace cargo de la situación, pero no tiene suficiente valor para enfrentarse con los detalles. Gregorio, entonces, se pone en contacto con una mujer, Emilia, que le hará una operación a Julia. Concluida, la trasladan a un chalet de la sierra para que convalezca, pero en lugar de mejorar, empeora. Surge la posibilidad de que pueda morirse y, asustados, deciden llamar a Darío, un primo de Leopoldo que

(11)   Barcelona: Editorial Seix Barral, 1959.

es médico. Éste examina a Julia y descubre que no ha habido tal embarazo y que han simulado un aborto por el procedimiento de infligirle unas heridas superficiales.

El doble tema es un pretexto para exponer la vida y el modo de ser de la juventud de la alta clase madrileña. Efectivamente, por medio de los nuevos conocimientos que hace Gregorio, y del supuesto embarazo-aborto de Julia, el lector va "viendo" cómo reaccionan los diferentes personajes, cuáles son los valores que estiman, a qué aspiran en la vida, qué género de existencia llevan, qué ideas tienen. La idiosincrasia del grupo resulta mejor expuesta cuando se muestra el desprecio que sienten hacia los que no pertenecen a su clase privilegiada. Con el propósito de lograr un contraste, el tema del humilde aparece subcondicionado al de la clase pudiente; pero aún así, dos de los personajes procedentes de la clase pobre tienen importancia para el desarrollo de la novela: Emilia, la mujer que hace la operación a Julia, y Juan, ex amigo de Leopoldo cuya amistad abandonó por conflictos personales y económicos. A pesar de que las nuevas amistades lo odian, recurren a él para que los ponga en contacto con alguien.

Gregorio y sus "nuevas amistades" son, casi todos, universitarios, y en su mayor parte estudian para abogados. Sus edades quedan comprendidas entre los diecinueve (Gregorio) y los treinta y seis (Jacinto). Todos ellos presentan peculiaridades de clase comunes, que se manifiestan en los rasgos exteriores de la vida que llevan en "grupo". En primer lugar desconocen su propia realidad, se creen importantes, pero se sienten encerrados en un círculo. Leopoldo manifiesta que "no sabemos salir de un número fijo de sitios" (pág. 32), y Pedro asegura: "Nos creemos el centro de las relaciones sociales, porque vamos a tres o cuatro fiestas todos los meses. Pero no conocemos a nadie" (pág. 105). Al mismo tiempo, Isabel confiesa que "he descubierto que Madrid es muy grande. Hay algo más que la Gran Vía, Serrano, Recoletos y la calle de Goya" (pág. 57).

El grupo, por su incapacidad para la acción, no logra orientar su existencia fuera de los límites de su esfera. Este aspecto de la realidad exterior social se refleja en el interior de los personajes y en su conducta. Por eso, buscan el "escape" por diferentes medios, según su personalidad: Gregorio y Leopoldo mediante la acción, Isabel mediante el alcohol, Jacinto mediante el dinero. Todos, y cada uno de ellos, sienten un vacío ("De pronto, sientes que tu vida ha estado vacía, sin sentido o hueca" (pág. 267), un aburrimiento ("No podía resistir la desesperanza y el hastío, que presagiaba" pág. 47), que se traduce en una necesidad de acción ("Sí; todos necesitamos hacer algo... Que ocurra algo" págs. 133-134). El escape del aburrimiento, del vacío y de la apatía, es un esfuerzo vano, pues siempre vuelven a lo mismo, como ellos lo reconocen: "Nunca se puede quedar en nada. Se habla, se habla, nos analizamos o nos dejamos analizar, y, al final, resulta imposible quedar en algo" (pág. 283). Esta continua derrota los lleva a una desesperanza, la cual se refleja en un sentimiento de rebeldía, acusando a "alguien" de su inutilidad. Isabel ante su padre, reacciona con "rencor y tristeza", se siente "irascible" y en el fondo cree "que alguien, no sé quien, todos quizá, me han defraudado algo. Algo que tampoco sé en qué consiste" (pág. 87) y que en realidad es una falta de dirección o meta.

Los personajes principales participan de las características generales de "clase", a las cuales se añaden sus peculiaridades personales. El resultado son caracteres vivos, reales, que se van manifestando a medida que la novela se desarrolla. Los más logrados, por su complejidad y evolución, son Leopoldo y Gregorio. Ambos se parecen en varios aspectos: en la insatisfacción y en el gusto por la velocidad, en el deseo inconsciente de escape buscando liberarse de la abulia por medio de la acción con el fin de ser admirados por los demás. La diferencia entre estos dos personajes consiste en el modo como tratan de lograr ese escape.

Las amistades aseguran que "Leopoldo es un insatisfecho" pues siempre se queja de que "no puedo hacer nunca nada de lo que deseo" (pág. 84). El hastío que siente procede del ambiente en que vive, de todo Madrid, hasta el punto de asegurar que "no resisto más de quince días en esta aldea medieval" (pág. 214). "Las fiestas, los libros, las mujeres y el dinero, me aburren", confiesa en el colmo de su insatisfacción. Prueba de su deseo de evasión, es el hecho de que no puede dormirse sin tener consigo un atlas, "su maravilloso y asqueroso atlas", como le llama Jovita. Lo que parece que va a librarle de la abulia es la noticia del estado de Julia, "lo más excitante que había sucedido en muchos meses" (pág. 73). Abandona entonces los proyectos de irse al extranjero y empieza a sentir que "él era el fuerte, pues que sólo a él habían recurrido" (pág. 77). Para lograr la admiración que busca, quiere que cuenten con él sólo por su valer, no por su experiencia. Por eso toma la iniciativa de resolver la situación en que se encuentran Julia y Pedro, y se esfuerza por demostrar que él es el único capaz de actuar, continuamente manifestando que "si no fuese por mí, habría que improvisar, no uno, sino todos los detalles" (pág. 159). Pero su propia incapacidad anula sus propósitos. Poco a poco, Gregorio va haciéndose cargo del caso y Leopoldo va sintiendo la derrota, paso a paso, hasta que acaba, ya casi al final de la novela, por volver a su atlas y a sus proyectos de viaje. La vuelta a la abulia es lenta y progresiva, y se va poniendo de manifiesto por los comentarios de desagrado con que recibe las acciones de Gregorio y que, por fin, terminan en insultos expresados a gritos.

Gregorio, lo mismo que Leopoldo, busca escapar de su insatisfacción y de la abulia mediante la admiración, la acción, y la velocidad. Sus nuevas amistades le dicen la opinión que tienen de él: "Eres un hombre de acción" (página 282). Cuando lleva a Emilia en el coche, ésta le pregunta:

—¿No va muy de prisa?
—¿Tiene miedo? —preguntó Gregorio, casi triunfal.
—No. Conduce usted bien.
—Me gusta la velocidad. Dicen que es una prueba de insatisfacción. (pág. 246)

Gregorio se va haciendo cargo de la situación creada por el aborto de Julia, mientras que Leopoldo pierde el control de ella. Por esa causa es admirado como "un tipo magnífico". Sus acciones son artificiales, aprendidas en el cine.

Su conducta se adapta a la idea de lo cinematográfico. La paliza que da a Darío, el médico que le censura su participación en el aborto de Julia, está pensada y ejecutada como si estuviese representando ante las cámaras. Antes de enfrentarse con el médico, Gregorio ya ha probado que él sí es capaz de obrar, y parece que se va a librar de la abulia. Sin embargo, llega a la conclusión de que todo es "inútil" y "absurdo", y de que la "vida era algo más confuso, más inestable, que cualquier hecho aislado o cualquier propósito" (pág. 313). El resultado es, como en el caso de todas sus nuevas amistades, el fracaso y la vuelta a la pasividad.

La importancia de Gregorio es considerable por ser el personaje "puente" que mantiene unidos los dos diferentes mundos que aparecen en la novela: el de los hijos de las familias pudientes y el de las chabolas donde residen Emilia y Juan. Su presencia también sirve para establecer una relación entre el presente y el pasado de otros personajes, pues siendo nuevo en el grupo, se va enterando de sucesos anteriores a su llegada a Madrid que explican la idiosincrasia de personas como Isabel (su evasión mediante el alcohol, su histeria, su rebeldía, su fracaso amoroso). Los comentarios que los demás personajes hacen sobre su tendencia a la acción vienen a formar un todo homogéneo, representativo de la clase que el escritor analiza.

El resto de los personajes, aunque sean importantes para la totalidad de la novela, solamente muestran una faceta de su personalidad. Una de las más logradas, es la histeria de Julia. A pesar de que el aborto es un punto de suma importancia para la narración, el lector solamente conoce a la novia de Pedro por sus reacciones psicológicas, que son, además, peculiares de los demás personajes que forman el grupo. Después del supuesto aborto, Julia siente dolores. A medida que el tiempo va pasando, empieza a obsesionarse y llega a creerse a las puertas de la muerte, quejándose "en un grito único, enronquecedor y ululante" (pág. 286). Sus ataques histéricos son parecidos a los que sienten las personas que están a su alrededor. Pedro exclama "se ha desmayado" (pág. 286), sin que tal cosa haya ocurrido; Leopoldo añade, poco después, que "se está muriendo", y más tarde que "se está desangrando" (pág. 287), mientras Pedro "arrodillado en el suelo, mordía un pliegue de la colcha", y Neca "gemía", y Meyes aseguraba que "tiene náuseas". La situación se resuelve, de pronto, en "una carcajada... estentórea e ininteligible" de Julia, cuando el médico le hace saber que no tiene nada. Las reacciones de los personajes de *Nuevas amistades* son, por lo tanto, perfectamente adecuadas a la situación en que se encuentran. Otro caso que podría citarse es el disimulo de Emilia, que pretende haberle hecho la operación a Julia. Cuando le preguntan por la herida externa, comenta con una sonrisa: "No entiendo a qué se refiere" (pág. 250).

Técnicamente, el aspecto más interesante de *Nuevas amistades* es el diálogo de breve línea, de concisión extraordinaria, por cuya razón fluye rápido, llevando al lector de personaje a personaje, y de suceso en suceso, sin innecesarias digresiones. La tendencia es a eliminar los "dice", "dijo", como sistema de identificación del personaje que habla, incorporándolos en el párrafo de autor que precede, en vez de explicar quién habló después de las correspondientes palabras. Es frecuente que dicha identificación se haga por medio de una acción del personaje que va a hablar. Se establece de este modo una relación entre lo que se hace y lo que se dice, que hace innecesaria una posterior aclaración de los interlocutores:

> Jacinto se levantó también y, rodeando la mesa, se colocó al lado de Leopoldo.
> —Deberías de descansar...
>
> (pág. 34)

También es frecuente que el diálogo se separe por una acción intercalada, por ejemplo, entre la pregunta y la respuesta, y que asimismo sirve para establecer la identidad:

> —...¿Qué ha sucedido?
> Se sentó en el borde de una mesa, dejando balancear una pierna.
> —Nada.
>
> (pág. 35)

La intromisión de la acción en el diálogo, puede interrumpir las palabras de un mismo personaje, insertándose su descripción en la frase que éste dice, a modo de pausa, sirviendo simultáneamente para aclarar quiénes hablan: "Verás —movió la silla hasta tocar la de Isabel—. No me faltaba nada" (pág. 56).

Esta técnica también puede usarse en relación con el personaje que escucha, generalmente en forma de reacciones. Jacinto le dice a Isabel: "—...Y me sobra dinero. No se lo digas a nadie —Isabel sonrió—, pero me sobra" (página 56).

También puede tratarse de las palabras de un segundo personaje que se insertan entre las del primero, o viceversa, como si fuesen dichas simultáneamente. El propósito es, en primer lugar, evitar la identificación por medio de una aclaración adicional. En vez de esto, la frase que se intercala suele dar el nombre del interlocutor. En segundo lugar, el propósito de estas intromisiones habladas es reflejar la conversación en toda su realidad, tal como se podría oír si el lector escuchase sin ver a las personas. Isabel conversa con Gregorio, y éste, interrumpiendo lo que ella dice, introduce una observación que revela el nombre de aquélla:

> —A mí me gustaban, en aquellos lejanísimos años...
> —Isa, tienes mucho sueño.
> —...los llamados hombres de acción.   (pág. 282)

Otro aspecto del diálogo que supone una técnica cuidada, es la tendencia a combinar varios sucesos, generalmente simultáneos, de modo que queden entrelazados. Una parte que muestra esta forma de narrar es cuando Julia y Pedro llegan a una sala de fiestas donde Isabel y Gregorio los esperan. Julia tiene la cremallera del vestido trabada y, después de manifestar que "estoy loca con esta cremallera", invita a Gregorio a que trate de arreglársela. Los esfuerzos de Gregorio por componerla sirven para presentar su voluntad de acción, y se combinan con observaciones sobre el espectáculo y la música, de una parte, y por otra, con los detalles del veraneo, alternándose, formando un conjunto finamente entrelazado. Lo mismo ocurre en el capítulo inicial de la novela. Se alterna el suceso de la mujer que duerme encima de la mesa de un bar, con otro que sirve de unión al anterior: mientras Joaquín consume un vaso de horchata, habla con el dueño del local, haciendo comentarios sobre la mujer y su posible identidad, combinándolos con referencias a la bebida y al calor.

Los diferentes sucesos se inician como si fueran algo superficial o accesorio y luego, más adelante, se desarrollan hasta que alcanzan toda su importancia. En el caso de la mujer embriagada (que es Isabel, una de las nuevas amistades), los dos hombres que están en el bar examinan su bolso para ver si encuentran alguna referencia sobre su identidad. Efectivamente, dentro hay una nota en la cual se pide que llamen a un teléfono y pregunten por Leopoldo. Cuando telefonean, la criada contesta: "¿Es usted el señorito Pedro?... ¿No conoce usted al señorito Pedro? Él también le está buscando" (pág. 15). Esta mención tan poco trascendental, aparentemente, es la primera noticia de la búsqueda para exponerle el problema que Julia y él tienen, lo cual no ocurre hasta la página 68 cuando, finalmente, Leopoldo aparece en su oficina. Sin embargo, antes de este encuentro, hay repetidas referencias acerca de las llamadas de Pedro en las páginas 15, 28, 29, 31, 37, 47, 57 58, 60, 67, 68. La situación de Julia se desarrolla mediante una técnica de intriga. En las anteriores menciones sobre la búsqueda, no se explica para qué Pedro quiere hablar con Leopoldo. Una vez que se encuentran y aquél le confiesa que "Julia está embarazada", ambos se ponen a pensar, a hacer planes, a tener conversaciones sobre una "posible solución", pero sin mencionar de qué se trata, dejando que el lector lo deduzca por lo que dicen. Los planes para el aborto, que han de ser totalmente reservados, ofrecen una evolución lenta, pero progresiva, que revelan la habilidad del novelista. Se empieza por planear la "solución" como un secreto entre tres personas: "—Oye, Pedro, es esencial el secreto. Julia, tú y yo" (pág. 109). Luego tienen que recurrir a Gregorio, que insiste en la necesidad del silencio, pero al volver de una entrevista para fijar la fecha del examen médico, los anteriores se presentan acompañados de Jovita, que se entera después de prometer silencio. Leopoldo, en un momento de embriaguez, comete una indiscreción e Isabel acaba por saberlo también. Así, poco a poco, todo el grupo llega a tener conocimiento del "secreto".

Nuevas amistades interesa por lo que cuenta y por el modo de contarlo, así como por el análisis de una capa de la sociedad española. El libro, a pesar de su intención social, se encuentra libre de juicios condenatorios, y el novelista deja que los personajes vivan y pongan de manifiesto cómo son, qué sienten, qué quieren, qué esperan.

El enjuiciamiento de una clase social cuya principal característica es la abulia, es difícil de desarrollar; pero a pesar de la técnica lenta, de lo difuso del tema, de la insistencia sobre unos cuantos aspectos de la vida de "las nuevas amistades", el novelista narra sin salirse del cauce y sin perder el hilo de lo que cuenta, omitiendo divagaciones, atento únicamente a los detalles que conducen a la sorpresa final.

* * *

En su segunda novela, *Tormenta de verano* (12), García Hortelano analiza un grupo injustamente privilegiado y cínicamente pasivo ante el mundo que lo rodea. Se trata de gentes que hicieron la guerra civil del lado vencedor y que, después, gracias al favor oficial consiguieron enriquecerse mediante negocios fabulosos.

Un doble tema de acción crea situaciones que sirven para el análisis. De una parte, la aparición del cadáver de una mujer y las posteriores complicaciones que ocurren. De otra, las relaciones amorosas del personaje principal. Simultáneamente, se desarrolla el verdadero propósito de la novela: el enfoque, análisis y crítica social de esta clase, expuestos a través de la crisis emocional de Javier.

La acción se sitúa en una colonia veraniega de la Costa Brava, llamada Velas Blancas, que ha planeado y construido Javier, el cual pasa allí el verano con su mujer Dora y familia; están allí también Andrés, primo, socio y amigo de aquél, y su mujer Elena, que es la amante de Javier; San-

(12) Barcelona: Seix Barral, 2.ª edición, 1962. Recibió el premio Formentor el 1 de mayo de 1961. Pocos meses después apareció la primera edición.

tiago y Claudette; Emilio y Asun; don Antonio y doña Pura y otros.

El verano empieza metido en temporal. De pronto, un incidente viene a alterar la reposada existencia de los residentes de la colonia. Un grupo de niños, hijos de los anteriores, encuentran en la playa el cadáver desnudo de una mujer joven. Javier tiene ocasión de contemplarla varias veces y, acosado a preguntas por los niños, repara que "no sabemos nada de esa muchacha; ni su nombre, ni su familia, ni dónde vivía, ni lo que deseaba ni por qué ha muerto, ni siquiera su edad" (pág. 84). Este pensamiento crea una crisis de conciencia en él.

Los niños se comportan extrañamente. Joaquín, hijo de Elena y Andrés, rehuye constantemente la presencia de sus padres, y un día aparece atado a un árbol por no haber querido revelar a los otros dónde esconde el "tesoro". Dicho incidente, unido a la acre censura que Emilio dirige a Javier por haberles explicado detalles de la anatomía femenina, crean una situación violenta, ocasionando choques entre ambos, e incrementando la crisis de éste.

El tiempo continúa lluvioso. En la sala de fiestas del pueblo Javier conoce a Angus, una prostituta madrileña, y comienza a visitarla con frecuencia a medida que se siente incapaz de continuar tolerando las falsedades de los residentes de la colonia.

La policía detiene a cuatro pescadores de la aldea vecina. Cuando Javier decide ayudarles, su interés se recibe con incredulidad por parte del inspector, de la gente del pueblo, de los miembros de la colonia, y hasta por los mismos pescadores. La única que lo comprende es Angus. Javier se da cuenta, entonces, de su desacuerdo con las personas de su condición y, decidido a romper con todo, se va a vivir con Angus.

A los pocos días, un criado le lleva la noticia de que el inspector de policía está en Velas Blancas con el propósito de interrogar a los niños. Entonces, vuelve presuroso. Cuando los padres se niegan al interrogatorio, el inspector les envía una citación judicial. Airados, Emilio y Javier se dirigen a Barcelona para hablar con las personas influyentes que conocen allí. Una vez en la capital, consiguen que el asunto judicial quede anulado y sin efecto.

Después de regresar a Velas Blancas, el inspector vuelve, también, en tono conciliatorio. Explica que la mujer, una prostituta, había muerto de una embolia por ingerencia excesiva de alcohol y que sus acompañantes la abandonaron en la playa. La razón por la cual quiere interrogar a los niños se debe a una discrepancia en las declaraciones de las personas relacionadas con el caso: "La chica estaba desnuda. Los otros dicen que la dejaron vestida... sus hijos fueron los que descubrieron el cadáver" (pág. 312). Javier comprende, y empiezan a buscar a todos los niños. Joaquín, el hijo de Elena y Andrés, confiesa que él la desnudó y que, con las ropas y el bolso, hizo un tesoro que esconde "en la bolsa de viaje de mamá" (pág. 316).

El último capítulo de la novela posee carácter de epílogo. La tormenta pasa y con el buen tiempo todo vuelve a sus cauces normales: el incidente del cadáver queda resuelto, Javier se olvida de Angus, supera su crisis y reanuda las cordiales relaciones con sus amigos. Nada hay ya que altere la tranquilidad de la colonia. Para asegurarse (inconscientemente) de ello, colocan un cartel a la entrada : "PROHIBIDO EL PASO, CAMINO PARTICULAR" (pág. 321).

El análisis de esta capa de la sociedad muestra, como testimonio, la clase de vida que los componentes de este grupo han llevado durante los últimos treinta años:

Hicimos la guerra, la ganamos y nos pusimos a cuadruplicar el dinero... Pero basta ya. Cuadruplicando dinero, teniendo hijos, yendo a cenas y a fiestas, echándome queridas y aguantando idiotas para conseguir permisos de importación o contratos del ochenta por ciento, he perdido de vista otras cosas.

(pág. 250)

La vacuidad, la abulia y el tedio se ponen en evidencia por medio de lo que hacen los habitantes de Velas Blancas. Éstos se pasan el día bebiendo y hablando interminablemente de los mismos asuntos, dándose duchas, dormitando en sillas, paseando. Sus actividades se resumen así: "No

43

hicimos nada de particular; bebimos unas copas, bailamos, nos acostamos tarde... Ya sabes que siempre es lo mismo" (pág. 75). Lo inútil de su existencia se va poniendo de relieve a lo largo de la novela. Amadeo se regodea en ello confesando que "me alegro mucho de ser un inútil" (pág. 161).

A los miembros de esta clase privilegiada se les acusa, sobre todo, de cimentar su existencia sobre la mentira. El asco que siente Javier se basa en tener conciencia de la mentira social que viven: "Es falsa toda esta vida nuestra, Elena, llena de mentiras, que, incluso a veces, pueden ser cómodas, pero que a la larga se vuelven contra nosotros" (pág. 249). Cuando Javier se decide a abandonarlos, dice a Elena que lo hace para "librarme de vuestras pamemas y falsedades" (pág. 283).

Los residentes de Velas Blancas tienen conciencia, como en el caso de Andrés, de que algo está cambiando: "Está sucediendo algo alrededor nuestro, que no sabemos qué es. Vosotros parece que ni siquiera sepáis que sucede algo" (pág. 163). Sin embargo, no pueden entender o ajustarse a la realidad de una evolución social y, por lo tanto, el mecanismo psicológico les induce a defenderse ignorando el mundo exterior y lo que en él pasa, que es lo que les perturba, confesándose que "no sucede nada", actitud que se condensa en la cínica negación de don Antonio: "Es mentira que todo marcha mal, como aseguran los resentidos y los fracasados" (pág. 322).

A lo largo de este análisis, el autor se mantiene alejado de la crítica y no se entromete, sino que la proyecta en sentido objetivo, exponiendo lo que pasa dentro de esta esfera de la sociedad, dejando que los personajes hagan y digan para que el lector deduzca por sí mismo.

El personaje principal, Javier, añade a la idiosincrasia de clase sus rasgos personales. Su crisis llena toda la novela y se va desarrollando paralelamente a la tormenta; aquélla se declara cuando el régimen de lluvias se desencadena. Al acabar la crisis, la tormenta pasa y, entonces, "hace un tiempo espléndido" (pág. 322). Por eso se puede afirmar que el título de la obra es ambivalente: tormenta de verano en el ánimo y conciencia de Javier, y en la atmósfera.

La crisis presenta una evolución que se expone, paulatinamente, mediante los sucesos que motivan la conducta del personaje, mostrando también sus reacciones. De este modo, el interior de Javier (su asco, su hartura, su estado de ánimo) es un reflejo del exterior (sus relaciones, las fiestas, los viajes) y viceversa. Así el lector llega a comprender la psicología de Javier y las causas que le empujan a la acción, al deseo de encontrarse a sí mismo, al escape de la irrealidad en que vive.

La crisis de conciencia se inicia cuando Javier se da cuenta que no sabe quién es la muerta y, generalizando la sensación de desconocimiento, piensa que en realidad "ellos" viven en un mundo formado por gentes que les son extrañas, por "otra raza de personas... en las que nunca se piensa, que son casi como objetos" (pág. 84). A partir de este primer suceso, su estado de ánimo irá aumentando en importancia hasta alcanzar el desenlace final. La aversión que empieza a sentir hacia sus amistades se inicia, asimismo, por un suceso que actúa sobre su ánimo: el choque que tiene con Emilio y en el cual "estaba en pleno ataque de ira" (pág. 40) y que, luego, pasando de lo particular a lo general, iría en progreso incluyendo a su mujer, con quien no se había "acostado en los últimos años ni una sola vez" (pág. 22), y contra quien siente "como un deseo irrazonable de golpear" (pág. 38). La irritación se extiende contra Elena y demás residentes de la colonia.

Un segundo aspecto de la crisis empieza a manifestarse cuando ésta se le convierte en su sentimiento de asco y en un deseo de escape. De nuevo, la causa es un hecho exterior que condiciona la evolución interior del personaje. La primera exteriorización ocurre durante una reunión donde, como acostumbran, beben excesivamente y hablan insustancialmente hasta la saciedad. Cuando Elena le reprocha que se haya marchado, huyendo de ellos, contesta que lo hizo porque está "harto": "De ti, de mí, de la vida que llevamos, encerrados como ratas" (pág. 171).

Coincidiendo con este deseo de evasión, se hacen más frecuentes las visitas a Angus para, le dice, "venir a contarte lo jorobado que estoy" (pág. 186). Angus, en su papel de confidente y amante, es la única que comprende su estado de ánimo. Con ella llega a sentir "una sensación de calma... de felicidad... de... bienestar" (pág. 193).

Cuando nadie comprende su ayuda a los pescadores detenidos, excepto Angus, se da cuenta de la barrera que separa a los residentes de la colonia de la realidad exterior que, por razones psicológicas, ignoran. Entonces, decide escapar del círculo en que está encerrado. Sintiendo que "me da miedo morirme con tanta mentira dentro y tantas ganas de vivir limpiamente" (pág. 251), le propone a Elena que los dos se vayan a vivir juntos, a lo cual se niega, pretextando que es "por mi honra" (pág. 250). Ante la negativa, se afirma en su "decisión de abandonarlos a todos ellos. Incluida Elena" (pág. 253). La determinación final es provocada por un suceso exterior parecido al primero que inició la evolución del sentimiento de evasión. Un día, Javier coincide, inadvertidamente, con los residentes de la colonia que están tratando de ver pasar un satélite americano. La situación y los comentarios son tan vacuos y tan absurdos que, asqueado, le provocan un vómito. Inmediatamente se dirige a casa de Angus con el propósito, le dice, de "quedarme a vivir contigo" (pág. 273). Elena acude al pueblo a pedirle que vuelva, pero la rechaza decidido a liberarse, diciendo que prefiere "vivir honradamente... con una puta" (pág. 283) a vivir de mentiras.

Hasta este punto, la novela ha ido mostrando paulatinamente cómo Javier se va alejando de sus socios y amigos, de ese mundo donde se "piensa de los otros con ideas ya hechas" (pág. 249), abandonando el amor de Elena, cómodo y fácil pero fundado en una mentira, por el de Angus, incierto y azaroso pero más limpio. Así, llega a la ruptura definitiva. Entonces se nos presenta un Javier feliz, contento. La habilidad de García Hortelano se muestra en este punto cumbre. Cuando Javier se va a vivir con Angus, todo parece indicar que ha alcanzado lo que buscaba y que va a continuar así. Luego, en poquitísimas páginas, lo que ha venido desarrollándose a lo largo de la novela cambia, rápida e inexorablemente, y Javier vuelve, con la mayor naturalidad, a formar parte del grupo al cual se encuentra unido por lazos más fuertes que su conciencia, la cual sufre una derrota. La claudicación ofrece una fina matización psicológica. Desde el momento en que Javier inicia el regreso a la colonia, empieza a pensar que "todo volvería a ser igual" (pág. 294) que antes. Pero recuerda a Angus con tanta frecuencia que parece ha de volver. En Barcelona se relaciona de nuevo con personas de su clase, experimentando "una especie de solidaridad" (pág. 308) con ellas, y la conferencia que pone para llamarla no se celebra. Al regreso de la capital, yendo hacia la colonia, el lector todavía conserva la esperanza de que Javier vuelva a casa de Angus. Efectivamente, al llegar al pueblo donde ella vive, abandona la carretera y para el coche en un punto desde donde "distinguía los perfiles del chalet", pero empieza a dudar, no se decide, y "con los faros apagados, da la vuelta" (pág. 310). El próximo y último pensamiento que se le ocurre es que, "al fin de cuentas, Angus no es más que una prostituta" (pág. 317).

Las últimas páginas del libro confirman la derrota del personaje, demostrando que todo sigue igual que antes de la aparición del cadáver. Desaparece la desazón que experimentó, volviendo a aceptar todos los convencionalismos, todas las mentiras de ese mundo que dijo detestar. A Elena le manifiesta que "todo ha vuelto a ser como antes... Estoy muy contento" (págs. 319 y 320), y, aislándose dentro de la esfera a que pertenece, su actitud vuelve a ser distante y negativa respecto al mundo que lo rodea, del cual se defiende por medio del nuevo cartel que manda poner a la entrada de la colonia, y que es toda una síntesis de la realidad social de este grupo.

La novela se narra en primera persona y el análisis de esta capa de la sociedad se hace desde el punto de vista de Javier. Éste es el único que presenta una realidad total, visto por dentro y por fuera, por lo que hace, lo que dice, lo que siente, lo que piensa, y también por lo que dicen de él o hacen junto a él, y por la conformidad o disconformidad entre todos estos detalles. Esta forma de enfoque limita necesariamente a los demás personajes, ya que el autor no puede colocarse en una posición omnisciente. Pero estas limitaciones se salvan, hasta cierto punto, mediante el diálogo, que hace posible que los personajes se revelen por medio de lo que dicen a Javier. Naturalmente, los demás personajes no poseen los matices psicológicos de éste y solamente ofrecen un aspecto de su personalidad, como Dora, que aparece como una mujer cuya "mirada olvidada... patentizaba su debilidad, su casi inerme estupidez" (pág. 38), y es un caso definido de histeria, estando sus acciones encaminadas a mostrarlo; o como Elena, la amante de Javier, que deja ver solamente la duplicidad y la cobardía de su carácter. Angus presenta rasgos más acusados y su personalidad está mejor desarrollada, si bien queda incompleta. Dentro de su papel de cortesana fina y confidente, se llega a comprender la nobleza de su carácter y el desinterés de sus acciones. Sus reacciones y emociones en determinados momentos (el ramo de flores, el esparadrapo que oculta unas letras tatuadas) son posibles en una mujer de su condición y carácter. El verdadero propósito de los personajes es, sin embargo, dar una idea de cómo es la clase a la cual pertenecen. El grupo está bien observado y sus idiosincrasias se exponen mediante las características, muy uniformes, de cada uno de los residentes de la colonia.

El resto del mundo, esas "gentes raras" (pág. 251), "la gentuza", según definición de Elena, cumple una función muy diferente y sólo se presentan esquemáticamente. Entre esas gentes se encuentran las personas que adulan a Javier con el propósito de obtener negocios o concesiones ventajosas; como Raimundo, que pretende conseguir un permiso de importación para dos camiones, o como Vicente, que quiere una exclusiva para vender en la colonia. Luego quedan "el pescador", "el criado", "el maletero", etc. Todos ellos están vistos a distancia y son un recurso de fondo para que resalte la conciencia social de los ricos, cuando se enfoca la crítica sobre éstos. Dicha conciencia se pone de manifiesto por el procedimiento de comparar miembros de diferentes grupos (como en el caso de las reacciones de Elena y las de Angus) con el propósito de que el lector se dé cuenta de las características de clase, así como de las diferencias.

Tormenta de verano se aparta de la tendencia, frecuente en la mayoría de las novelas de esta generación, a dar descripciones del aspecto o fisonomía de los personajes. Por el contrario, se concentra en los caracteres de las personas y de la clase que analiza, formando un todo coherente con las acciones y los pensamientos, como medio para revelar la personalidad. Otro aspecto que contribuye a esto, es el modo de hablar. Los residentes de Velas Blancas se dedican mutuamente alabanzas: "hueles a gloria"; "Marta, eres un encanto"; "Ernestina, cariño, carezco de secretos"; "estás guapa, guapa a reventar", y otras por el estilo que muestran su carácter superficial.

Las reacciones encierran también palabras que se ajustan al modo de ser del personaje. Nada más lógico que el que una persona del carácter de Emilio se asuste afirmando que "da miedo cómo evolucionan los jóvenes" (pág. 309). En otros casos, el atuendo coincide con el modo de hablar y, sin una nota marginal, queda así completamente delineada la personalidad. El Señor Director, que Emilio y Javier encuentran en Barcelona, viste un "chaleco... ribeteado de piqué blanco" (pág. 305) y a cada observación de sus interlocutores, responde: "¡Ah, amigos míos!... Ah, el descanso... Ah, las flores... Oh, esta tierra" (págs. 304 y 305). Otro tanto ocurre con Alberto Foz, influyente personalidad catalana, cuyas repetidas exclamaciones al enterarse del asunto de la mujer muerta, son peculiares de un carácter afectado: "Esas pobres criaturas... ¡Adorables niños!" (pág. 307).

Junto a expresiones como las anteriores, los habitantes de Velas Blancas usan un vocabulario que corresponde a una falsa idea de la distinción. En su afán por ser "superclase", emplean palabras selectas, como *boutades, comptoir, maître*, y otras; y naturalmente, nombres de bebida como *scotch* y *gin-tonic*.

El empleo de expresiones y de un vocabulario peculiar, define con acierto a la clase pudiente, pero en el uso normal de la lengua no hay apenas diferencias entre la manera de hablar de los pescadores y de los habitantes de Velas Blancas. Sí la hay en el habla de Angus, que usa, frecuentemente, frases apropiadas a una persona de su condición, tales como "estoy de mala uva", "te juro por mi madre", "soy una burra".

Otro aspecto sobresaliente que contribuye al realismo de *Tormenta de verano* es la técnica. Lo mismo que en

Nuevas amistades se deja que el diálogo identifique a las personas que hablan. Esta tendencia, ya lograda en aquella obra, se perfecciona, llegando el diálogo a independizarse totalmente de muletillas que lo soporten, deduciéndose del contexto la identidad de los interlocutores:

—Sólo hemos costeado desde la aldea hasta aquí. ¿Se encuentra bien, don Antonio?
—Muy bien, Amadeo. ¿Qué, Javier, no entra un momento?
—Voy a ducharme —me precipité a contestar—. Hasta luego. (págs. 153 y 154)

No siempre, sin embargo, se mencionan los nombres de los interlocutores, pues la conversación se presenta de tal manera que no es necesario. Así, Andrés, Javier y Ernestina, que acaba de llegar en tren, van a una sala de fiestas mientras llueve. Javier hace la siguiente observación sobre el tiempo:

—Toda esta gente, los turistas —aclaré— deben de sentirse defraudados.
—Considérame una turista.
—Bueno, pero aquí se está bien.
—Andrés, ¿cómo puedes decir...? (pág. 61)

Nótese que en el ejemplo anterior no hay posible confusión acerca de la persona que dice "considérame una turista", a pesar que no se la identifica. Esto se puede hacer, también, por medio de una acción que queda intercalada en el discurso y que suele tener poco o nada que ver con lo que se dice, como ocurre cuando Marta habla con Javier: "—Sólo pretendemos tenerte entre nosotras —Marta chocó su sillón contra el mío—. Y que nos chismorrees tú cosas" (pág. 140). O en el caso de Elena cuando se dirige a Javier: "—No me hables de Andrés, hijo —Elena se recostó en mi sillón—. Ha debido tomarse un kilo de pastillas para dormir" (pág. 140).

Otras veces la identificación de los interlocutores no se

intenta sino parcialmente, sobre todo cuando se trata de la reproducción de una conversación:

—Los flamencos están donde Claudette —dijo Amadeo.
—Dora te buscaba. ¿Sabes qué hora es?
—No he podido venir antes.
—Lo malo de la fiesta es que hay muchos tipos que...
—Es la una menos cuarto, Asunción.
—...se empapan de whisky.
—No, si ya sé la hora.
—Dicen que es islandés. De Islandia, no de Irlanda, ¿comprendes?
—¿Te vas?
—Un momento, Asun. Voy a echar un vistazo por ahí.   (pág. 233)

Esta tendencia a la no identificación presenta formas radicales en casos donde el propósito es presentar la confusión de una situación en la cual todos hablan simultáneamente:

—Allí, allí.
—¿Dónde?
—¿Pero, dónde?
—Tío Amadeo, ¿éste es uno de los que van a la luna?
—¡Que se callen esos niños!
—Yo no veo nada.
—¡Sí, sí, mujer! Mira, lanza destellos.
—Pero, tío Amadeo, ¿éste puede ir a la luna?
(pág. 265)

En este caso se trata de la observación de un satélite. En otros momentos, se recogen situaciones mucho más complejas. El siguiente ejemplo reproduce la conversación, a la hora de la comida, entre Javier, Dora, su hija Dorita, la sirvienta Rufi y, ocasionalmente, la radio:

(JAVIER) (13)	—Sí, debo ir al pueblo. A media tarde, supongo que volveré. Ah, por cierto...
(DORITA)	—Yo no quiero fiambre —dijo Dorita.
(RUFI)	—Comió aceitunas.
(DORA)	—¿Aceitunas? —chilló Dora.
(RUFI)	—Sí, aceitunas —Rufi acabó de servirle las lonchas a la niña—. Y ahora no tiene hambre.
(DORA)	—Pero, ¿quién te ha dado las aceitunas?
(DORITA)	—Leles.
(DORA)	—Ay, Dios mío, hija, ¿no sabes que las aceitunas te hacen daño?
(DORITA)	—Pero me gustan mucho.
(RADIO)	—"...acabado nuestro Diario Hablado..."
(RUFI)	—¿El señor va a tomar pescado?
(JAVIER)	—Sí, gracias, Rufi. Te decía, Dora, que..
(DORA)	—Ah, sí, perdona, Javier. Me decías que... (pág. 209)

Las complejidades técnicas del diálogo van más allá de la simple captación de una conversación. El diálogo es meramente expositivo y de acuerdo con esta función se evita todo cuanto resulte obvio. Siguiendo este procedimiento, puede ser que una pregunta quede sin respuesta, por ser ésta ya conocida, como ocurre durante la visita que el inspector de policía le hace a Javier, preguntándole aquél:

> ¿Quiere decirme cómo se enteró de la aparición del cadáver en la playa?
> Se sujetó las gafas de montura invisible. De cuando en cuando, tomaba alguna nota, mientras yo hablaba.   (pág. 73)

La respuesta se omite, quedando intuida en el párrafo explicativo que sigue a la pregunta. El mismo procedimiento se aplica, pero al revés, en ciertos casos en los cua-

---

(13) Los nombres que figuran en paréntesis, al margen, están agregados por el autor de este estudio.

les la respuesta hace que el lector imagine la pregunta. Tanto en uno como en otro caso, la técnica da lugar a variadas combinaciones, pero para ilustrar el último aspecto podemos referirnos al momento en que Marta quiere saber lo que tienen que hacer los guardias civiles que vigilan el cadáver durante la noche, diciendo uno de los interlocutores: "Cenar, pueden cenar en cualquier casa. Sí, Marta, tienen que quedarse en la caseta, con el cadáver" (pág. 21). En este caso, la frase "Sí, Marta, tienen que quedarse en la caseta", supone por parte de ella una objeción o pregunta. El supuesto conocimiento del antecedente (nunca expuesto) ofrece también pasajes técnicamente logrados. Javier le pregunta a Elena:

—¿Sigue durmiendo Andrés?
—Pero, Javier, cariño… Andrés se fue esta mañana al pueblo.
—¿Se fue?
—Te lo he dicho. Hace una hora que te lo he dicho en casa de Claudette. (pág. 45)

Pero es solamente un supuesto, pues no se ha dicho nada anteriormente y, por primera vez, el lector se enfrenta con el pasado del que se le supone enterado. Otro aspecto digno de mención dentro de la técnica del supuesto, consiste en suprimir la conclusión de una frase cuyo final no importa para la comprensión, sea porque queda interrumpida por lo que otros dicen, o porque se adopta un tono confidencial que implica un descenso en la intensidad de la voz haciéndose, por lo tanto, inaudible. En el primer caso tenemos frases como "luego Amadeo nos pone la película de…" (pág. 143), sin que se aclare qué película, aunque anteriormente (pág. 139) se había dicho que se trataba de "la película que hicimos cuando la excursión a Montserrat"; en el caso de las confidencias, se dice casi al oído: "Mire, es el Director —bajó la voz— de…" (pág. 305).

El aspecto más sobresaliente de la técnica del supuesto, consiste en comenzar un diálogo sin informar de la materia que trata, dejando que se aclare a medida que la conversación avanza. Un criado le comunica a Javier que la piscina tiene desperfectos que es preciso arreglar. La conversación se inicia sin ningún antecedente, así:

—Bueno, haz lo que quieras. Llama a los albañiles, si crees que es necesario.
—Yo le digo lo que he visto. Y usted puede verlo también, si se molesta en ir a la piscina.
—De acuerdo, llama a los albañiles. Y vacíala antes.   (pág. 9)

En otros casos se empieza por donde debiera acabar. Joaquín aparece ante Javier y dice: "—Nada." Tres líneas después se explica reincidiendo en lo que anteriormente se había dado por supuesto: "Volví a preguntarle qué hacía por allí solo" (pág. 14).

En algunos momentos, esta propensión al supuesto y a la economía narrativa resulta, por exceso de eliminación, en una falta de transición en la narración, que hace al lector perderse. Consideremos el siguiente ejemplo para ilustrar este aspecto de la forma que tiene el novelista de narrar:

—¿Por qué no te acuestas y sales mañana temprano?...
—Prefiero conducir por la noche, que hace menos calor.
—Todo amontonado sin resolver... Te digo que, cuando autorizo las nóminas, firmo un robo. ¡De mi propio dinero!
La noche estaba clara. Por la ventanilla, ya fuera de la ciudad, penetraba un aire frío.   (pág. 340)

El precedente ejemplo es una conversación entre Emilio y Javier. La transición, entre la última observación de Emilio y la descripción del viaje de Javier, es inexistente. Javier sale de carretera pero no se explica, ni se dice, solamente se dan observaciones como la de que "la noche estaba clara".

La falta de continuidad queda, en su mayor parte, resuelta por una constante unión narrativa, mediante la repetición de un motivo al que se van haciendo frecuentes referencias. Detalles tan insignificantes como el estado de la piscina se mencionan brevemente desde el principio al fin de la novela; lo mismo ocurre con otros pormenores más importantes, tratados y narrados alternativa y simultáneamente.

La técnica de la intromisión, por medio de la cual se intercala en el diálogo una observación con el propósito de identificar a los interlocutores, se perfecciona. Aunque este procedimiento destinado a evitar la mención marginal de la persona que habla ya se empleó en *Nuevas amistades,* ahora se usa con mayor frecuencia. Son numerosos los casos en que lo dicho por una persona alterna con una frase dicha por otra:

> —Que le quiera...
> —Elena le quiere mucho.
> —...con esa pasividad. (pág. 36)

Esta forma de interrumpir el discurso llega a ser doble, combinando dos intromisiones simultáneamente:

> —Te advierto, Luisa, que está...
> —Me han dado muchos recuerdos para vosotros, y que les...
> —...inaguantable.
> —...mandéis los críos a Zarauz. (pág. 168)

La intromisión de una frase o frases dichas por persona diferente, aparece también intercalada entre pregunta y respuesta, quedando éstas separadas:

> —¿Qué película?
> —Buenas noches, don Antonio...
> —Espero que haya ido bien ese viaje, Javier.
> —Sí, mujer, la película que hicimos cuando la excursión a Montserrat... (pág. 139)

La misma persona que habla puede cortar su propio

discurso para referirse a un asunto diferente, como ocurre cuando don Antonio conversa con Javier, haciendo una pausa para llamar al criado:

—¿Usted no baja?
—Más tarde daré una vuelta. ¡Eusebio! ¿Ha leído los diarios? (pág. 110)

También puede interrumpirse el fluir normal del diálogo, intercalando una pregunta o comentario diferente que no contesta a la pregunta formulada, la cual se responderá más adelante:

—¿Quién es Vicente?
—Deme usted el chisme ése del aire.
...
—Vicente es el de los comestibles. Quería hablarle esta mañana.
—¿Para qué?
—Eso no me lo dijo... Las ruedas van bien de aire. (pág. 50)

La combinación de preguntas y respuestas da lugar algunas veces, a dobles respuestas que recogen dos observaciones o dos preguntas previas:

—¿De qué lado estuviste?
—¿Cómo?
—Me parece que vas demasiado de prisa. Ya no hace calor aquí dentro.
—Ponte algo, si sientes frío. Con los nacionales, naturalmente. (pág. 195)

Estas intromisiones pueden llegar a ser bastante extensas, incluyendo una conversación completa que queda en medio de lo que otros están diciendo (pág. 147). Sin embargo, suelen ser breves, corrientemente de dos o tres líneas nada más, o tal vez de una línea, como en el caso de las palabras de una canción que se dejan oír mientras los interlocutores hablan:

—Y ¿qué han hecho esos chicos?
La pena y la que no es pena
—No lo sé.
todo es pena para mí
—¿Por qué fuiste entonces?
ayer penaba por verte
—Tampoco lo sé. El inspector, que lleva el caso,
no estaba.
hoy peno porque te vi. (pág. 236)

Cuando la intromisión se debe a una acción, ésta puede darse por supuesta, y no se menciona, excepto en la reacción del que habla:

Muy simpático el Director. No, gracias, antes de comer no fumo. Dispepsia. No te lo he presentado, porque siempre teme que le pidan una recomendación. (pág. 306)

La acción puede describirse por medio del apunte de un gesto o de un breve acto, que sirve para dar a entender lo que se quiere decir; casos ilustrativos, también, del realismo detallista de *Tormenta de verano:*

Las cosas son muy sencillas. O de aquí —resbaló varias veces el pulgar sobre el índice— o de aquí —se señaló la bragueta—. Con perdón. (pág. 32)

Tiene unas piernas y unas... —trazó una esfera en el aire, sobre su pecho— que la denuncian.
(pág. 69)

Muchas de las particularidades técnicas ya citadas aparecen también en los párrafos descriptivos, sobre todo el supuesto y la intromisión. Las descripciones pueden servir para ambientar la escena, o simplemente para preparar la situación que ha de desarrollarse por medio del diálogo. La tendencia es a describir lo que los personajes hacen, a modo de instantánea:

A proa, Claudette y Santiago habían despertado a Andrés, que se restregaba los ojos y hablaba de su resaca y de su hígado partido en trocitos. Don Antonio leía el periódico. Amadeo, con el entrecejo fruncido, miraba indeterminadamente hacia adelante.

(pág. 219)

La técnica, por lo tanto, se ajusta a un realismo selectivo, lo mismo en los diálogos que en las descripciones. Parte de este realismo es la observación del tiempo y de los cambios atmosféricos, que crean un estado de ánimo en los personajes. Aparecen combinados con el paisaje visto en términos objetivos, en breves notas que raramente exceden de dos líneas, que se van repitiendo en los momentos oportunos. El viento, las nubes, la lluvia, la luz, están tan bien acoplados con el relato que, a pesar de su continua presencia, pasan casi desapercibidos.

Las sensaciones se dan con precisión y concisión. En todo momento están presentes sensaciones de calor ("fuera, la tierra crepitaba de calor", pág. 319), luz ("la luz brillaba en los tarros de plata, se deshacía en el espejo", pág. 256), humedad ("el aire estaba húmedo", pág. 70), ruido ("sonaban ruidos de agua, de viento por habitaciones abiertas, de arena, de palabras, de risas", pág. 21), olor ("su cuerpo olía, como agrio o salado", pág. 189), silencio ("el silencio estaba punteado de pequeños choques, de rumores indistintos, de una especie de vacío lejano, que sonaba como un eco del silencio", pág. 101), sabor ("sentí la sal, la arena y la fatiga en el paladar", pág. 200), visuales ("las piernas de Claudette, una sonrisa de Elena, la espalda de Marta, formaba un acoso de instantáneas sensaciones visuales, clarísimas, dolorosas", pág. 206), etc., que revelan en García Hortelano una sensibilidad casi voluptuosa. Sobre todo, el novelista busca crear en el lector una sensación de aburrimiento, de tedio, de desgana, paralela a la que sienten los personajes. Es decir, trata de transmitir la atmósfera de Velas Blancas para que el lector la viva como lo hacen sus habitantes. Conseguirlo, y García Hortelano lo consigue plenamente, y mantenerla desde principio a fin del libro, no es tarea fácil. Así, la sensación de tedio que embarga a Javier se transmite mediante el modo de narrar, lento, reincidiendo en los detalles más prosaicos, las duchas, los whiskies, las idas y vueltas por la playa, los paseos alrededor de la colonia. La impresión se va creando progresivamente, fluctuando de acuerdo con los cambios en el ánimo del personaje, aligerándose la sensación de aburrimiento cuando se inclina a la acción, o bien haciéndose más intenso cuando cae en la desgana.

Tormenta de verano es, en resumen, una novela de méritos indiscutibles, aunque no agrade al lector "masa" o perturbe al lector acomodado y satisfecho a quien se dirige la crítica. El interés con que se lee reside en la penetración del análisis social y en la pulida técnica que se emplea para exponerlo por medio de la ficción novelesca.

* * *

El tema de la abulia y del vacío de la sociedad española actual ha sido tratado también por otros novelistas, pero sin superar en nada las narraciones de García Hortelano.

Juan Marsé presenta, en *Encerrados con un solo juguete* (14), una juventud desilusionada, rebelde, harta de una vida desorientada. El ambiente es vacuo, mezquino, y los personajes se debaten, en un fútil esfuerzo por escapar de él. Se trata de hijos de familias que han sido víctimas de la guerra, fracasadas o venidas a menos, muchachos que han caído en la inacción y el parasitismo, que buscan una meta pero a quienes todas les parecen igualmente inexistentes o falsas:

> Pertenecía a esa generación a la cual se le ha dado ya, al parecer, todo hecho —símbolos, victorias, hé-

(14) Barcelona: Editorial Seix Barral, 1960.
Otras obras de Marsé: *Esta cara de la luna* (Barcelona: Editorial Seix Barral, 1962). Concluido este estudio, ha publicado *Últimas tardes con Teresa*, señalada por la crítica como novela social, y por la cual recibió el Premio Biblioteca Breve 1965, de la Editorial Seix Barral.
Nació en Barcelona en 1933. Fue operario de un taller de joyería hasta 1955. Luego se dedicó a escribir para revistas como crítico de espectáculos. Actualmente reside en París.

roes que venerar, mármoles que besar— y sin posibilidad de una nueva senda, siquiera sin derecho a buscarla. (pág. 10)

La novela relata la vida de Andrés Ferrán, un operario de un taller de joyería, cuyo empleo pierde, y de una amiga, Tina Clement, que pasa los días "haciendo algo completamente inútil" (pág. 11). El padre de Andrés murió durante la guerra a causa de sus ideas. El padre de Tina se fue al Brasil, desde donde les envía dinero. Las dos madres viven de cara al pasado y se niegan a reconocer la realidad del momento presente. Tina y Andrés, como otras amistades suyas, sólo tienen una posibilidad de escape: irse al extranjero. Ella tiene esperanzas de que su padre la reclame. Andrés se da cuenta de que ésa no es la solución, y se niega a aceptar la idea de la ida. Por el contrario, poco a poco va comprendiendo que la única posibilidad de orientarse es quedándose: "Debemos quedarnos, hay que luchar aquí, si es que en verdad hay que luchar por algo" (pág. 256).

El padre de Tina escribe diciendo que no la reclamará ni mandará ya más dinero. La madre, agotadas sus esperanzas, se muere. Entonces Andrés, acepta plenamente su responsabilidad "de ahora en adelante", busca trabajo, y encuentra su propia meta en el amor: "Te quiero, Tina. Te necesito. Nunca he sabido querer a nadie ni a nada" (pág. 263).

El novelista proyecta a un plano nacional la discrepancia que existe entre los padres (incapaces de colocarse mentalmente más allá de la guerra) y los hijos (incapaces de encontrar una dirección) que son una "maldita generación de cobardes y maricas" (pág. 143). Las referencias al conflicto entre ambas generaciones son frecuentes, pero el escritor *expone*, sin dejar que los personajes lo muestren. Lo mismo ocurre en lo que se refiere a la vida política nacional, estancada en una quietud permanente. Las consecuencias de esto no se deducen de los sucesos, sino que se definen: "Hace demasiado que no pasa nada en este país" (pág. 122).

Los sucesos que le sirven a Marsé para exponer el modo

de ser de esa juventud recuerdan las novelas de Juan Goytisolo, a quien sigue en el tono de irritación ante la realidad, y en los procedimientos para exponerla, recurriendo excesivamente a la violencia, a la rebeldía, a la embriaguez, a la lujuria, al masoquismo, a la frustración y a la angustia; y extrema todo esto, hasta caer en la monotonía, en *Esta cara de la luna* (1962). Ahora se trata de la reacción de unos "señoritos" contra los convencionalismos y la hipocresía de sus bien situados "papás", cuyo mundo de mentiras odian. Como escape y como negación de ese mundo, los hijos disipan su existencia y se declaran en rebeldía: "Miguel se siente alto, confortable, sucio y rebelde" (pág. 104). El tema de *Esta cara de la luna* es casi inexistente. Miguel, un joven periodista que se "las da de inconformista y bolchevique" (pág. 33), hijo de una personalidad barcelonesa que dirige un periódico, se niega a trabajar con su padre. Funda una revista que la censura clausura. Recurre a amistades adineradas que le niegan los medios para iniciar una nueva. Resentido, adopta entonces una posición cínica. Por medio de una estafa, consigue un empleo en Semana Gráfica (la clase de publicación que él dice odiar), que "lleva puntualmente las fornicaciones principescas y cinematográficas de todo el mundo a la más humilde barraca de Somorrostro" (pág. 105). Lavinia, casada con un impotente, se enamora de Miguel y los dos deciden irse a vivir juntos tan pronto como ella arregle la situación. Mientras tanto, Miguel se convierte en el compañero de Guillermo Soto y, juntos, se embriagan continuamente. Miguel intenta recurrir de nuevo a la estafa para conseguir la dirección de la revista, pero, embrutecido por el alcohol, llega a olvidarse de sus propósitos. Cae enfermo y es entonces cuando Lavinia viene a buscarlo, salvándolo por medio del amor de su derrota física y moral; o tal vez contribuyendo a ella, pues Miguel piensa (con sentido equívoco) en el momento de irse con Lavinia: "Todo ha terminado" (pág. 269).

El libro trata de mostrar también la vacuidad del mundo periodístico e informativo, en su "tarea común de idiotizar a la gente del país" (pág. 138), distraer la mente y embotarle la conciencia:

¿Cómo meterle de nuevo un alma a la gente con
esas porquerías a todo color que idiotizan semanal-
mente a miles y miles de lectores...? ¿Cómo levantar una conciencia si les estáis atiborrando de tóxico,
grandísimos puercos, hijos de...?   (págs. 138 y 139)

También expone lo que los jóvenes sienten acerca de
unos padres que equiparan el valor personal al dinero, pero
que pierden de vista el estado de cosas:

¡Rediós! No he visto nada tan ingenuo como nues-
tros papás. Esta generación de hamaca y balancín
con fábrica al fondo cree de veras que una economía
fuerte salvará a la juventud de este país. ¡Marranos!
¡Mercaderes! ¡Capados!   (pág. 78)

El curso (15), de JUAN ANTONIO PAYNO, presenta el
mundo, las ideas y actitudes de los estudiantes universitarios. El tema de la novela son, simplemente, los incidentes
del curso académico, pero sin que haya una acción que los
una. La crisis de Darío sirve para presentar puntos de vista sobre los valores intelectuales y sociales de estos estudiantes, a la manera de Gregorio en *Nuevas amistades* o Javier
en *Tormenta de verano*, y refleja las ideas del autor sobre
la juventud universitaria madrileña. Éstas coinciden, fundamentalmente, con las observaciones que aparecen en las
obras de Goytisolo, Marsé o García Hortelano:

¡Pensar que sean Fry y sus amigos y los demás
como ellos los que dentro de unos años van a formar
la alta sociedad de España! Los hijos de los grandes
industriales, banqueros, políticos, son esos grandes
idiotas que andan por ahí, venga a tomar medias
combinaciones y a correr en coche con una al lado.
Y son más idiotas cuanto más importante sea el padre... ¿A dónde vamos a ir? Lo más probable, a la
mierda...

(15) Barcelona: Ediciones Destino, febrero de 1962. Recibió el
Premio Eugenio Nadal 1962. Payno nació en Madrid en 1941. Es
estudiante universitario.

La vida ¿qué saben de ella esos bobos? No conocen más vida que la de dar patadas a un balón. Viven un sueño drogado por los colegios y los "papás".
Les han cortado las alas de su vivir y no saben moverse... Gentes que no tienen creencias de ningún
signo. Han adoptado las que le han ofrecido por ley
de mínimo esfuerzo.
(págs. 94 y 95)

La crítica sobre las jóvenes españolas que "son prostitutas de afición... que venden su compañía de una tarde
por ir al cine gratis" (pág. 105), las actitudes hacia el ero-
tismo, el panorama general intelectual de "mentes dormi-
das" (pág. 116), "las salidas de las carreras, que son pocas" (pág. 76), todo ello se basa en los hechos que la novela relata, de acuerdo con la técnica testimonial. Sin embargo, la obra cansa a veces. Hay partes, como la estancia
en Cuenca de un grupo de amigos, o la excursión por el
norte de España, que son completamente marginales. Darío fluctúa constantemente en su crisis, tan pronto cae como se libra de ella. Los mismos sucesos del curso son frag-
mentarios, y la reincidencia en las clases, las reuniones,
es a veces monótona. Sin embargo, hay que tener en cuenta que se trata de una obra primeriza de positivos méritos,
sobre todo en la técnica del diálogo y en la lograda visión
de la juventud universitaria española, "intelectualmente
pachucha" (pág. 118), y del ambiente en que vive.

Siguiendo las características generales de esta novelística, MANUEL ARCE da, en *Oficio de muchachos* (16), una
visión de la juventud actual durante un verano en San-

(16) Barcelona: Editorial Seix Barral, 1963.
Otras obras de Arce: *Testamento en la montaña* (Barcelona: Ediciones Destino, 1956), Premio Concha Espina 1955; *Pintado sobre
el vacío* (Barcelona: Ediciones Destino, 1958); *La tentación de vivir*
(Barcelona: Ediciones Destino, 1961); *Anzuelos para la lubina* (México, 1962).
Su obra poética incluye varios libros: *Sombras de un amor* (Santander: La isla de los ratones, 2.ª edición, 1961); *Biografía de un
desconocido; Lettre de paix à un homme étranger* (Antología. París:
Pierre Seghers, 1953).
Nació en 1928 en San Roque del Acebal, Asturias. Reside en
Santander desde 1936. En 1948 fundó la revista de poesía *La isla de
los ratones* y la colección poética que lleva el mismo nombre.

tander. Se trata de un grupo de veraneantes de familias ricas, ociosos y sin preocupaciones de ninguna clase excepto la de divertirse, al que se unen dos muchachos santanderinos: Nacho y Lucas. El primero se identifica con el grupo de veraneantes por afinidad con sus puntos de vista. El vacío de sus vidas parasitarias es notorio, pero así como los veraneantes se libran de aquél mediante el dinero, Nacho, que no cuenta con medios, se evade mediante el sexo y acaba por convertirse en el amante de la madre de uno de los compañeros. El resultado es la caída en otro vacío mayor y, por consiguiente, en la desorientación:

> ¿Qué había detrás de Elvira, de Merche, de Tina o de Mariona...? Uno buscaba bajo sus ropas esperando hallar algo; algo que llenase nuestro vacío, y sólo encontraba un vacío mayor, más profundo. ¿Cuál era nuestro oficio de muchachos?... ¿Buscar?...
>
> (pág. 225)

Al final del verano la conciencia de Nacho despierta, y "terminaba aceptando cada noche que era un desgraciado" (pág. 231). Entonces adquiere, por primera vez, un sentido de responsabilidad y se pregunta qué "podía tener en común, no sólo con Lucas, sino con todo el mundo" (pág. 232), llegando a la conclusión de que es "el derecho a ser libre".

Lucas es más consciente de la realidad y tiene "preocupaciones sociales y políticas" que le llevan a asociarse con fuerzas activas que buscan establecer una "nueva estructura" en el país. La policía descubre sus actividades propagandísticas y lo detiene.

El tema de acción se encuentra en la estafa que Juan, por medio de un anónimo, hace a su madre, amenazando con descubrir las relaciones que mantiene con Nacho.

La influencia de *Nuevas amistades* se deja notar en las reacciones de los personajes y en sus actitudes que, como en el siguiente caso, se parecen: "Lo que le pasa a Lucas era que envidiaba a la gente bien. Le gustaría ser rico, como nosotros. Eso es lo que pasa" (pág. 50).

Oficio de muchachos posee una adecuada ambientación.

Se desarrolla en El Sardinero, lo cual es de interés para los lectores que conocen el lugar de la acción. El parasitismo de Nacho muestra una situación, tanto en el ámbito local como en los demás "Santanderes" del país, en que la juventud tiene limitadas posibilidades de estudio o empleo, y acaban por convertirse en seres inútiles. Sin embargo, la conclusión final no es derrotista, como en García Hortelano, sino de esperanza. Nacho, en última instancia, cuando ha tomado conciencia de sí mismo, se inclina a seguir el ejemplo de Lucas. El sentido de esta situación no es claro, y las posteriores consecuencias de la decisión de Nacho no están adecuadamente establecidas (17). En la conclusión de la novela, un personaje se le acerca en un bar y le pregunta su nombre, añadiendo: "Lucas nos habla de ti... Nos veremos cualquier día en algún bar... Ya hablaremos. Hasta la vista" (pág. 232).

Las situaciones de Lucas y Nacho implican, también, una comparación tácita. El derecho a ser libre y a pensar libremente es patrimonio de todo el mundo; pero Lucas tiene "ideas y conciencia del estado de cosas" y acaba en presidio, mientras que Nacho, careciendo de ellas, vive en una abulia permanente y se encuentra seguro.

(17) «Pero los personajes que significan algo (Lucas, su hermana, sus amigos) apenas se esbozan, y las verdades de Lucas quedan en barrunto de verdades». G(onzalo) S(obejano), «Oficio de muchachos, de Manuel Arce», *Papeles de Son Armadans*, N.º 105 (diciembre 1964), pág. 340.

Entre las tendencias de la novela social, la que se ocupa del campo es una de las más interesantes, tal vez porque es dentro de la sociedad rural donde existen las mayores injusticias y desigualdades. Su carácter es intensamente testimonial, siendo el resultado una visión desoladora de pobreza y miseria, tanto moral como material.

Los primeros antecedentes, en la literatura castellana, se encuentran en la novela costumbrista, especialmente en las partes que tratan de mostrar aspectos de la vida rural. Las novelas y los cuentos valencianos de Blasco Ibáñez poseen, a veces, un contenido testimonial, sobre todo cuando exponen los sufrimientos y penalidades del que trabaja, y la usura y abusos del poderoso. Posteriormente, en la época que antecede a la guerra civil española, aparecen novelas sociales con un contenido ideológico, a veces marxista, entre otras la de Joaquín Arderíus, *Campesinos*, y las de César M. Arconada, *Los pobres contra los ricos* y *Reparto de tierras*. En el período de la postguerra, Camilo José Cela es el primero en mostrar aspectos de la vida en el campo. *La familia de Pascual Duarte* (1942), ofrece una visión de la miseria y de las condiciones de vida a las cuales se ve sujeto Pascual como resultado de la injusticia que predomina en el ambiente rural español (1), poniéndolas de manifiesto por medio de una técnica realista y dando énfasis a ciertos aspectos truculentos. Pero todavía han de trans-

---

(1) «En último análisis... la responsabilidad de ese mal que envenena a nuestro personaje no puede imputarse a persona alguna concreta; debe referirse a una estructuración colectiva defectuosa, a una injusticia genérica de la que la miseria, la ignorancia, la brutalidad... se derivan. De este modo el trasfondo ideológico del libro... es difusamente social, de crítica de una estructura determinada». Eugenio G. de Nora, *La novela española contemporánea*, II, ii, páginas 115-116.

currir doce años para que la primera novela social, tanto en el tema como en el procedimiento, aparezca.

Con *Los bravos*, de JESÚS FERNÁNDEZ SANTOS (2), se inicia el género del realismo social de la postguerra. Considerada "en opinión de la crítica una de las novelas más significativas escritas en España durante los últimos lustros" (3), es para Eugenio G. de Nora, "la primera obra plenamente representativa de la nueva generación" (4). Su importancia reside en que dicta las características del realismo social en la novela. Con el propósito de determinar hasta qué punto sirve de modelo a obras posteriores, vamos a considerar, brevemente, sus peculiaridades más sobresalientes.

El precedente de *Los bravos* podría señalarse en la novela de Luis Landínez, *Los hijos de Máximo Judas* (5), que expone la miseria, en todos sus aspectos, que existe en un pueblo castellano. Sin embargo, el sentido de la obra de Fernández Santos es más amplio, tal como lo indica la siguiente cita, de J. Wassermann, que figura al frente de *Los bravos* (6): "El destino de un pueblo es como el destino de un hombre: su carácter es su destino". En esto consiste el tema, o sea, en el destino de un pueblo de queder siempre sujeto a un cacique, como consecuencia de su

(2) El tan prometedor principio de Fernández Santos no ha tenido continuación, hasta la fecha, en el campo de la literatura social. Su segunda novela *En la hoguera* (Madrid: Ediciones Arión, 1957), «Primer Premio Gabriel Miró», aunque está en parte situada en el campo, sólo contiene ligeros toques sociales, siendo el verdadero tema la angustia de Miguel que se debate «entre un gran deseo de vivir y un gran deseo de morir». Publica después un libro de cuentos sobre sucesos de la guerra civil, *Cabeza rapada* (Barcelona: Seix Barral, 1958). *Laberintos* (Barcelona: Seix Barral, 1964) trata del vacío y del caos en que ha caído un grupo de artistas.

Como en el caso de otros escritores de su generación, su mejor obra es la primera. Igualmente, su producción tampoco es tan copiosa como sería de esperar.

Nació en Madrid en 1926. Posee título de director de cine. Cursó estudios en la Facultad de Filosofía y Letras de Madrid, y en esa época fue director del Teatro de Ensayo universitario.

(3) *En la hoguera*, Cubierta posterior.
(4) Eugenio G. de Nora, op. cit., pág. 312.
(5) Barcelona: Ediciones Arimany, 1950.
(6) Valencia: Editorial Castalia, 1954.

carácter abúlico y pobre. Primero es don Prudencio el que tiraniza a los habitantes del lugar. Entonces llega al pueblo un médico joven que, al enfrentarse a la gente, se gana su odio a la vez que los somete a su voluntad. Cuando muere don Prudencio, parece que se han librado de la tutela; pero, en vez de ser así, caen en manos del médico, que vendrá a ocupar el puesto del difunto. Los del pueblo vecino dicen, refiriéndose a aquél:

> —Pues tiene agallas el médico ése para lo joven que es...
> —Y luego dicen que no sabe lo que se hace —continuó Pedro—; ése en un par de años se hace dueño del pueblo.
> —Y si no, al tiempo. Ahí le tenéis: se empeñó en que no le tocabais al otro un pelo de la ropa y ni presidente, ni secretario, ni nada. ¿Quién pudo con él?
> César rió tan fuerte que el viajante del café volvió la cabeza.
> —Lo que debió pensar: Para presidente, yo; para secretario, yo.
> —¡Y para don Prudencio, yo!
> —Eso es. Ya puede morir tranquilo el viejo.
>
> (pág. 205)

El poder que ejercía don Prudencio se deja traslucir por el simple hecho de que su casa queda en lo alto. Desde el balcón, sentado en una silla, "desde la penumbra de la persiana veía el pueblo a sus pies". Además, tiene de amante a la moza más guapa del lugar. El médico empieza por quitarle a Soledad. Ya seguro de su capacidad para someter a la gente, compra la casa de aquél, cuando se muere. Así instalado, puede empezar a ejercer su tiranía sobre la pequeña población de doce casas y sesenta o setenta vecinos, idea que se pone de manifiesto por una acción idéntica a la que acostumbraba a hacer don Prudencio: "El médico salió al balcón. Colocó en él una silla y, sentándose, contempló el pueblo a sus pies: la iglesia hueca, la fragua y el río" (pág. 222).

La novela pone de relieve la abulia de las gentes, la miseria, ruindad y decadencia que existen en aldeas como ésta, imprecisamente situada en las montañas astur-leonesas. Para dar testimonio de todo ello, se muestra la existencia de los principales vecinos, durante un caluroso verano. Aparte del médico, de don Prudencio y de Soledad, aparecen entre otros, los siguientes: Pepe, concesionario del correo y del transporte de viajeros hasta la estación; Manolo, el dueño de la taberna-pensión; Amadeo, el presidente del pueblo, que tiene un hijo inútil en cama; Antón Gómez, representante del secretario del Ayuntamiento, eternamente perseguido por su mujer, gorda y fea; Alfredo, aficionado a la pesca furtiva de truchas; y otros de menor importancia.

Un día, un forastero, pretendiendo ser representante de un banco, llega al pueblo, y con el aliciente de un supuesto cuatro por ciento de interés, se lleva los ahorros de la mayor parte de los vecinos. Cuando lo descubren en un lugar más allá y lo devuelven al pueblo, el médico se hace cargo del estafador y, enfrentándose a todos, evita que se apoderen de él.

El modo de mostrar el lugar, lo que pasa a las gentes, los detalles peculiares del pueblo y de sus habitantes, procede del costumbrismo (7). Junto a los sucesos del pueblo y con valor testimonial, en forma casi de paréntesis, se pone de manifiesto la vida de los pastores trashumantes que cuidan el ganado en los valles de Asturias. Esta parte se enlaza con el resto del relato por medio del médico que va a atender a uno de los pastores que ha caído enfermo con pulmonía. Mientras sana, el médico tiene ocasión de contemplar el paisaje, de hablar con su compañero y, por medio del diálogo, se va exponiendo la clase de existencia que llevan esos hombres. Este procedimiento (8) es muy

(7) «Como en *Peñas arriba*, mas sin la idealización de la existencia campesina típica de un Pereda». José García López, *Historia de la literatura española*, pág. 685.

(8) El procedimiento de ofrecer detalles de una profesión o de la vida de un grupo determinado de gente como fondo de la narración, ya lo usó Galdós. Recuérdense a este respecto, las páginas dedicadas al comercio de telas madrileño que aparecen en *Fortunata y*

peculiar del proceso narrativo de la novela social, y sus escritores lo usan para poner de relieve las condiciones en que viven las gentes.

Los personajes no son caracteres de gran complejidad, excepto en un caso, ya que se tiende a captarlos de un solo golpe, bajo un solo aspecto; el que interesa para el efecto total de la novela. Por otra parte, no hay apenas diferencia entre los vecinos del pueblo, pues todos ellos tienden a coincidir (dentro de ciertos límites, naturalmente) con rasgos comunes que hacen de ellos una personalidad con múltiples cabezas. Por lo general, se muestran por medio de lo que dicen, con un mínimo de explicación por parte del autor, lo cual, hasta cierto punto, limita la realidad de su interior. Sin embargo, el médico está magníficamente visto, y su personalidad es compleja, está finamente intuida y expuesta, dejando que el personaje se manifieste por sí mismo, por lo que piensa, por lo que dice y por lo que hace. Su conducta obedece a un complejo de inferioridad, que le lleva a escapar de la realidad, encerrándose en un lugar miserable. Al ir a asistir a un pastor enfermo que se encuentra en las montañas, piensa que "había huido de la ciudad al pueblo, y ahora huía del pueblo también..., sentía cómo su alma se replegaba en sí mismo, encerrando al corazón en el frío límite de su propio ser" (pág. 175). Poco a poco, progresivamente, se va poniendo de manifiesto la falta de confianza en sí mismo. "¿Era él un buen médico?" (pág. 169), se pregunta. Al pensar en sus compañeros de profesión, cree que "quizá los otros valían más que él" (pág. 173). Hasta en las miradas de la gente ve la duda de su valer, pues supone que su aspecto no debía "hablarles ni de una larga práctica, ni de su sabiduría en el oficio. Era lo de siempre desde su llegada allí" (pág. 11). Empieza entonces a dudar si ha de marcharse o quedarse en el pueblo. De pronto, cuando les quita de las manos al estafador, se da cuenta que puede enfrentarse con ellos, de que es superior, y en ese momento es cuando encuentra su propia personalidad:

Jacinta, aunque el propósito de Galdós en este caso no era, naturalmente, social.

Hasta entonces, su vida con ellos, se había ido encadenando con suavidad y ligereza, siempre como algo exterior, ajeno, advenedizo, ahora venía la ocasión de irrumpir en su mundo, obligándoles a aceptarle de igual a igual entre sus hombres. (pág. 200)

Poco después ocurre un incidente que muestra claramente la personalidad del médico y su evolución psicológica. Cuando se ha dado cuenta de su superioridad, y va pensando "me quedo, me quedo para siempre", alguien pasa y le saluda afectuosamente, por lo cual le maldice, pues la amabilidad del transeúnte "en un momento le había hecho odiar el pueblo de nuevo" (pág. 201).

El diálogo es, en sus mejores momentos, expositivo, vivo, fluyendo con rapidez a causa de su concisión. Se emplea para hacer que el lector "vea" la realidad de los personajes. Así se inicia el tema de la enfermedad de don Prudencio:

—Dejadle en paz, que bastante tiene ya.
Todos volvieron la cabeza asombrados:
—Pues, ¿qué le pasa?
Apareció secándose las manos rojas en el delantal.
—¿Por qué creéis que ha pedido el coche? Pues porque está malo y tiene que verlo el especialista.
—Siempre estuvo malo; no es de ahora.
La voz de la mujer se tornó sombría:
—Esto es distinto. Es aquí —se llevó la mano al pecho izquierdo.
—¿Del pulmón?
—Del corazón, que es peor. Como que no tiene arreglo. (pág. 108)

La técnica narrativa y la estructura de la novela están cuidadosamente elaboradas. El breve trozo que se acaba de citar forma parte de la técnica del "anticipo", por la cual se tiende a iniciar un tema a distancia, mediante una ligera referencia, para luego desarrollarlo páginas más adelante. La próxima referencia sobre la enfermedad del cacique no aparece hasta la página 122 y siguientes, donde se trata del viaje que hace don Prudencio a la capital y la visita al especialista. Esta técnica, junto a la de narrar por partes dejando un incidente en el aire para iniciar otro, volviendo luego al primero, son las que dan esa impresión de un todo finamente unido, donde los sucesos se van escalonando, alternando unos con otros. Pero, además, hay una interrelación entre los diferentes sucesos y entre los diversos personajes, por medio de la cual una acción desemboca en otra, sin interrupción, en una concatenación que lleva al lector de página en página, de hecho en hecho, de personaje en personaje. Lo que ocurre entre la llegada del pseudo representante del banco y el momento en que se pone a convencer a la gente del pueblo, servirá para ilustrar el procedimiento: llega, por primera vez, al pueblo y Manolo, el dueño de la taberna, lo ve, abriéndose todo el amplio suceso de la estafa con este sencillo comentario: "Manolo desde su puerta, fue el primero en ver al forastero" (pág. 41). No se dice en absoluto a qué viene, ni quién es. Se pone a hablar con Antón, el representante del secretario del Ayuntamiento, y le pregunta dónde vive el "presidente" *(sic)* del pueblo. Cuando desaparece, Antón y Manolo especulan sobre quién pueda ser, y a través del diálogo se ponen de manifiesto algunos detalles que lo van aclarando. Aparece la mujer de Manolo y pregunta por la identidad del recién llegado. Inmediatamente va a ver si el médico, que se hospeda en la pensión, se ha levantado ya. Cuando éste baja a la calle, habla con Antón, el cual quiere saber si va a visitar a su mujer. El médico contesta: "No, voy a ver al chico de Amador" (pág. 44). La respuesta sirve para enfocar la situación de Amador y del dinero que se ha gastado en el cuidado de su hijo. "¡Dichoso su padre que lo tiene!", comenta Manolo. Antón añade que "él y don Prudencio son los únicos que tienen algo en el pueblo" (pág. 45). Así se inicia el asunto de don Prudencio, tal como poco antes se hizo con el de la mujer de Antón, con el del hijo de Amador, y como se hará a continuación con el de Socorro. Ya en camino, al pasar cerca de la casa del cacique, éste le llama desde la huerta: "¡Doctor!" Entra y examina a Soledad, la amante de don Prudencia, que pasa por ser su criada. Cuando acaba la visita, va a ver al hijo de Amador. Allí vuelve a aparecer el forastero, aunque muy brevemente. Amador le dice: "Mire... haga lo que quiera, ya sabe que tiene mi consentimiento". Pero todavía no se ha establecido su identidad ni sus propósitos, que no se aclaran hasta la siguiente página. Allí empieza el relato de los pasos que da para convencer a la gente, diciendo simplemente: "Usted nos da su dinero y nosotros se lo guardamos" (pág. 52).

El modo de presentar la llegada del estafador hasta su total identificación es parte también de la técnica de la intriga mediante la cual se mantiene el interés del lector por el procedimiento de no revelar una situación o un personaje, sino dejando que se vayan mostrando lentamente por sí mismos. Es decir que se cuenta yendo de lo ambiguo a lo concreto. Véase, por ejemplo, el comienzo del siguiente párrafo:

> Se detuvo al borde del agua y empezó a beber pausadamente, hasta hartarse. Quedó con la boca abierta, como en espera de un invisible bocado, mirando a la otra orilla. El agua bajaba templada, plagada de insectos y restos de hierba en los remansos. Se adelantó y fue introduciendo el cuerpo en la corriente, hasta mojar el vientre; luego dio una vuelta completa sobre sí, gozándose en aquel placer repentino. De nuevo en la orilla se estremeció con violencia y miró hacia los puertos. Aunque él no las veía, allí estaban las montañas azules, nítidas, con el sol próximo al ocaso proyectando largas sombras sobre cada aguja, cada cresta, sin la más pequeña nube cubriendo sus cumbres...
>
> Se echó a un lado y emprendió un trote corto por la cuenta hasta entrar en el pueblo; le vino el olor de los hombres, olor a humo y voces. En el portal de la primera casa dos niños jugaban... El mayor le dijo: "toma"...
>
> Le silbó quedo, y él fue más allá con el vientre pegado al suelo, rozando la hierba.
>
> —Toma, toma.   (pág. 87)

Se trata de un perro, algo difícil de entrever al principio, pero que, poco a poco, se irá aclarando hasta que no queda ya duda.

En resumen: si por el tema *Los bravos* muestra el camino hacia lo plenamente social, su técnica y su prosa escueta tienen características del realismo de Pérez Galdós, de la unilateralidad de carácter de los personajes de Unamuno, del diálogo conciso de Baroja, y de las truculencias de Cela (9), que influirán en la novela española posterior, y así fija el procedimiento de narrar en la literatura testimonial. La diferencia primordial que separa a *Los bravos* de las novelas posteriores es la falta de intención crítica explícita (al modo de Grosso), aunque exista "latente en la siempre sobria presentación de los hechos" (10), o de intención expositiva con un propósito manifiesto (como lo hace López Salinas).

Los novelistas que empiezan a publicar unos años después que Fernández Santos, dan una visión del campo en la cual es aún mayor el contenido crítico y testimonial. A finales de la década, *La piqueta* (octubre, 1959), de Antonio Ferres, muestra el problema de un campesino andaluz que ha emigrado a Madrid por falta de trabajo. Armando López Salinas, más directamente, coloca la primera parte de *La mina* (marzo, 1960) en un pueblo de Andalucía, que el protagonista se ve forzado a abandonar a causa del hambre. Además, los libros de viaje como *Caminando por las Hurdes* (1960), atraen la atención sobre las regiones más abandonadas y empobrecidas de España. De este modo, el procedimiento narrativo de *Los bravos* se fusiona con una intención crítica, dando lugar a que la novela social del campo posea, en mayor o menor proporción según los casos, las siguientes características:

Tema difuso. El verdadero propósito es mostrar glo-

---

(9) No parece acertada la opinión de Nora sobre las influencias que obran sobre la prosa de *Los bravos:* «El *Viaje a la Alcarria* (1948) es posible que haya contribuido a formar el fino y tenso estilo de *Los bravos*» (II, ii, pág. 313). Es clarísima la influencia de Baroja, y la de Cela, si se quiere, a través de *La familia de Pascual Duarte.*

(10) Eugenio G. de Nora, op. cit., pág. 316.

balmente la vida y el carácter de los habitantes de un pueblo. Sin embargo, todas estas novelas ofrecen un "pretexto" que sirve para exponer la existencia de las gentes. En el caso de *Los bravos* o *El cacique,* se trata del despotismo de una persona; en *La zanja* es la construcción de la misma; en *Con las manos vacías* es un error judicial; en *Ajena crece la hierba* es la pérdida del tren; en *Dos días de setiembre* es la vendimia y la elaboración del vino.

Visión caleidoscópica. Los sucesos son múltiples y se van desarrollando paralelamente. Éstos no se refieren a una parte de la sociedad rural, sino a toda ella, dando a conocer, de este modo, facetas de cada grupo (el terrateniente, el jornalero, el cura) que muestran los conflictos que existen entre ellos. En *Los bravos* se presenta la lucha entre dos fuerzas opuestas, de una parte el cacique, de otra los habitantes, que, aun odiándolo cuanto pueden, son incapaces de librarse de su tutela; *La zanja* presenta frente a frente a los ricos propietarios y a los jornaleros, a la juventud y a las familias ricas de la colonia junto a los pobres del pueblo, al tísico sin medios para curarse y al tuberculoso con ellos; *Dos días de setiembre* ofrece una visión múltiple, mostrando cómo son, piensan y actúan los cosecheros, los intermediarios, los obreros y los jóvenes y, en resumen, el pueblo todo con las correspondientes interreacciones entre estos grupos.

Crítica social. Se trata de mostrar las injusticias que cometen los terratenientes y las demás "fuerzas vivas", y los abusos que padecen los jornaleros y, en general, los pobres. Para ello se exponen los hechos que lo prueban. A veces, la crítica es partidista y parcial, puesto que sólo se ve la situación desde un punto de vista, el del jornalero, hacia quien se muestra simpatía, mientras que al terrateniente se lo condena sin dejar que se manifieste como individuo, como ocurre en *La zanja* o *Con las manos vacías.* Por el contrario, *Dos días de setiembre* examina las diferentes capas de la sociedad, mostrándolas con un criterio más objetivo, que, si no lo es totalmente, por lo menos está exento de un juicio crítico que condena al rico *a priori,* sin que la realidad aparezca deformada por la ideología o por los sentimientos del autor, que se le escapan de la pluma cuando se indigna ante la explotación. La conclusión que ofrece *Dos días de setiembre* es, exactamente, la misma que *La zanja* o que las demás novelas: la condena del rico y de las "fuerzas vivas". La diferencia consiste en el procedimiento que se emplea para poner la injusticia en evidencia.

Exposición mediante el diálogo. En las mejores novelas de esta tendencia, los personajes muestran los hechos que son la base del contenido testimonial y social que el novelista quiere hacer patente. Esto requiere un diálogo vivo, tal como el de *Los bravos,* que aún se hace más expositivo en obras posteriores donde el testimonio posee más importancia, como, por ejemplo, en *La zanja* o *El cacique.*

Integración de la narración y de la materia documental. La vida de los pastores trashumantes que describe *Los bravos* es un "documento" social presentado por medio de una ficción. Esta forma de exponer la realidad aparece frecuentemente en novelas posteriores, y se incorpora a la narración por medio de sucesos o de personajes. En *Los bravos* el episodio de los pastores es casi un paréntesis, y si se suprimiese, no restaría nada al problema central del cacicazgo y subyugación del pueblo bajo el nuevo poder. *La zanja* presenta las diferencias laborales entre los obreros que trabajan en Francia y los que trabajan en Andalucía, pero formando parte de la misma narración, de modo que son inseparables. En *Dos días de setiembre* se describe el trabajo de las bodegas y no es posible eliminar las referencias a la pisa o al trabajo de los arrumbadores, porque son parte inseparable del todo, y sin estos aspectos laborales no se podría comprender la muerte de Joaquín o la vida de los capataces, ni incluso la de los cosecheros. En este sentido, los libros de la novela social del campo logran una integración total de la narración y de la materia documental.

Personajes con características de "clase". En los personajes interesan más las características comunes, definidoras del "tipo" o de la clase, que las individuales. Así, en *Los bravos,* todos los habitantes del pueblo muestran el mismo carácter abúlico y pobre. Esta falta de variación en la personalidad es necesaria para exponer el conflicto social que existe dentro de la sociedad rural. A veces, la antipatía que el novelista siente hacia "las fuerzas vivas" hace que los personajes de este grupo se juzguen sumariamente como "clase" y no como individuos. Esto ocurre, por ejemplo, en *La zanja* donde el terrateniente, el cura, el guardia civil, el alcalde, el juez, están vistos únicamente como miembros de una clase que oprime al pueblo, mientras que la justicia, las influencias, la Iglesia, el dinero, e incluso la Providencia, están de parte del rico y en contra del pobre. En *Dos días de setiembre* los personajes, en los mejores casos, van dejando ver detalles de su personalidad, su apecto, sus costumbres y, a la vez, las idiosincrasias que poseen como seres que pertenecen a una clase social, hasta llegar a dar una total impresión de cómo son.

Vocabulario apropiado. La realidad de los personajes se refuerza mediante el uso de expresiones populares adecuadas a éstos y, a veces, se emplea también un vocabulario propio del campo. *La zanja* ofrece riqueza de léxico popular; *Dos días de setiembre* hace uso de un vocabulario apropiado al campo y a los trabajos de la bodega.

Prosa concisa. La prosa de frase breve que caracteriza a *Los bravos* se hace, en *La zanja,* más concisa aún, sucediéndose en forma de instantáneas, superponiéndose, hasta lograr una visión plástica e imaginativa de lo descrito por medio de brillantes metáforas y atrevidas imágenes. Las demás novelas siguen, por lo general, la tendencia a la concisión, destacando entre todas ellas, *Dos días de setiembre.*

Técnica y estructura compleja. La técnica y la estructura de *Los bravos* marcan un punto de partida que van a seguir las posteriores novelas de esta tendencia. El diálogo tiende a desarrollarse sin identificar a los interlocutores, reduciendo a un mínimo los repetidos y monótonos "dijo". Se va contando por capas, trabando un suceso con otro, fina y cuidadosamente escalonados, empezando por breves menciones de un suceso que páginas después se desarrollará. Además, esta técnica del "anticipo" contribuye a dar a la novela continuidad y trabazón, habiendo también una tendencia hacia la "intriga" como procedimiento para mantener el interés del lector, uno de cuyos mejores ejemplos es la llegada del supuesto agente bancario, o el magnífico párrafo dedicado al baño del perro. Si se comparan estas características de *Los bravos* con *La zanja*, por ejemplo, lo primero que salta a la vista es que la técnica y la estructura presentan algunas coincidencias notables. En *La zanja* también se narra por capas, uniendo unos sucesos con otros, haciendo que la acción fluya de un personaje a otro; se recurre a la técnica de la "intriga" yendo de lo ambiguo a lo concreto, hay introspección de los personajes, evolución psicológica. En *Dos días de setiembre* se emplean muchos de los procedimientos técnicos y estructurales ya mencionados, a los cuales se añade una selección de los momentos que contribuirán a mantener la total visión que se busca crear, desarrollándolos lentamente; mostrando, en suma, la realidad por medio de una serie de detalles, el resultado de todo lo cual es como una síntesis del ambiente. En ambas novelas, los sucesos se desarrollan paralelamente, a la vez que se combinan con unos cuantos motivos, sean los efectos de la luz, del viento, del calor, o de la tormenta (11), que fijan el transcurso del tiempo y el progreso de la narración.

Alfonso Grosso (12) en *La zanja* (1961) recoge to-

(11) Son varias las novelas actuales que usan estos efectos como punto de referencia para fijar el transcurso del tiempo. Además de *Dos días de setiembre* y de *La zanja*, el procedimiento se emplea en *La piqueta*, de Antonio Ferres, y en *Tormenta de verano*, de Juan García Hortelano.

(12) Además de *La zanja*, Grosso ha escrito las siguientes obras: *Un cielo difícilmente azul* (Barcelona: Seix Barral, 1961) que narra la vida de carretera, trágicamente acabada, que hacen un par de conductores de camión, junto a menciones de crítica social y de carácter testimonial, entre las que encuentran un viaje a las Hurdes para recoger carbón. Publica luego *Germinal y otros relatos* (Barcelona: Seix Barral, 1963), colección de cuentos, algunos de fondo social. *Testa de copo* (Barcelona: Seix Barral, 1963), relata los antecedentes y la vuelta de Marcelo Gallo, tras cinco años de cárcel debidos a un error

das las características anteriormente enunciadas, elaborándolas hasta alcanzar la complejidad que requiere la creación de una buena novela que se ocupa en tan reducido período de tiempo (las horas que van del amanecer al anochecer de un único día) de un tan amplio tema (la vida de todo un pueblo). La intención testimonial y el fondo social contienen una acerba crítica, en la misma línea de Ferres o de López Salinas; a la vez que se expresa el convencimiento y la esperanza, como lo hacen otros novelistas de esta generación, de que el momento de la reivindicación social ha de llegar, únicamente, mediante la acción directa del pueblo (13).

* * *

La zanja (14) se sitúa en un pueblo andaluz de la sierra, Valdehigueras, imprecisamente localizado en las cer-

---

judicial, a la comunidad marinera de origen italiano que, asentada al lado español del Estrecho, se dedica a la pesca del atún. Esta novela forma trilogía con *El capirote* (basada en la Semana Santa) y *En romería*, que se anuncian como de próxima aparición en México (Joaquín Mortiz, editor) bajo el título *A la izquierda del sol*. En colaboración ha escrito también tres libros de viaje, dos de ellos inéditos: *Por el río abajo* (París: Editions de la Librairie du Globe, 1966), *Hacia Morella* y *A poniente desde el estrecho*. El reportaje *Los días iluminados* (Barcelona: Editorial Lumen, 1965) rememora en fina prosa la Semana Santa sevillana, añadiéndole una bella selección de fragmentos poéticos (los Machado, Juan Ramón, Caballero Bonald, etc.) perfectamente adaptados a las fotografías de Ontañón y al espíritu del libro.

(13) La actitud crítica y el deseo de acción de Grosso se manifiestan hasta en libros como *Los días iluminados,* donde, junto a la evocación de la Semana Santa, se encuentran comentarios de esta clase:

«El arrabal no asalta —como terminará haciendo sin duda algún día— el centro de la urbe» (lunes).
«La voz del pueblo no canta sólo las tristezas y la injusticia del Gólgota, sino sus propias injusticias y tristezas también» (martes).
«Falta un año, todo un largo año, para que el telón vuelva a levantarse, y nos muestre de nuevo los personajes de la antigua —o de la moderna— farsa» (jueves, viernes).

(14) Barcelona: Editorial Destino, mayo de 1961.

canías de una base americana. En la novela no se presenta un aspecto de ésta o aquella clase, ni se sigue la existencia o hechos de un personaje dado, ni se trata de un determinado problema social, sino que el tema es la vida de un pueblo en "un día como otro cualquiera".

En lo que va del amanecer al anochecer, el autor muestra lo que ocurre en la localidad, casi siempre con intención testimonial, en un día sin importancia, dentro de una sociedad desigual. La vida de los habitantes transcurre hora a hora, a medida que el lector va volviendo las hojas del libro: aparecen los obreros del campo, parados durante el verano, tratando de formar una comisión para ir a pedir trabajo al alcalde; Eugenio, que trabaja en Francia en la fábrica Citroën, está de vuelta para pasar las vacaciones y se reúne con sus amigos Toto y Antonio; aparecen los ricos del pueblo formando parte del somatén que va al ejercicio de tiro; llega el teniente de la Guardia Civil, don Roque Prado, con el objeto de supervisar a los anteriores; Garabito y Pilote, vagos ambulantes que se ganan la vida tocando el manubrio de pueblo en pueblo, pasan por el lugar y el primero muere atropellado por un coche de turismo francés; la respetada señora doña Eduvigis, devota y limosnera, reside en la localidad sin que nadie sospeche que es una patrona retirada de burdel, ex esposa del infeliz Garabito a quien él supone en el Brasil, bien ignorantes ambos de su cercana presencia; el obrero Carlos, tuberculoso, ahora vigilante de las obras de la zanja, cuyos faroles enciende al anochecer y apaga al amanecer; Andrés, tísico también, pero hijo de familia rica; Lisi, hermana del anterior, que va de excursión con los jovencitos de la colonia; Mari, la criada de la familia de Lisi y Andrés, que mantiene distantes e imposibles relaciones con el obrero Toto; la mamá de Lisi y Andrés, que se pasa el día apoyada en la baranda en espera de una llamada telefónica de su ex amante; Santiago, el ex amante, disipador de una herencia, que llega al pueblo para estafarle y que se aloja en la pensión del pueblo; doña Mercedes, incontinente propietaria de la pensión, que, viéndose rechazada al intentar meterse en la cama de Santiago, lo denuncia llamando al teniente de la Guardia Civil; Rosarito, la humilde prostituta del pueblo, siempre en espera de un visitante; los americanos que viven en la colonia, entre ellos San Cheehw *(sic)* y su mujer Linda, y el borrachín y afectuoso Robert Strick; Florencio, el propietario del café-bar donde se **reúne todo el** mundo que no lo hace en el casino.

No se reduce la novela a la presentación objetiva de los sucesos que se desarrollan a lo largo del día, sino que el autor los expone de modo que sirvan para subrayar una idea. No parece acertado lo que se dice en la solapa de la guarda del libro en el sentido de que la zanja en construcción "simboliza la separación de las clases sociales". La zanja no simboliza nada, es simplemente el término de las aspiraciones del peón campesino, ya que, como dice el capataz de las obras, "por la mitad de lo que tú ganas hay muchos que se partirían los cuernos dando piochazos" (pág. 66). Estos hombres, sujetos perpetuamente al trabajo temporal, saben, como Toto sabe, "que nunca irá a ningún sitio... que seguirá con el piochín" (págs. 226 y 227), y por eso sus ambiciones acaban ahí. La zanja sirve, además, de punto de referencia dentro de la novela. Mientras Toto suda cavando bajo el sol ardiente, su amigo Eugenio, el obrero que trabaja en Francia, se toma, sentado a la sombra, unas coca-colas y una jarra de cerveza; un poco más allá, "a la mitad de la calle", los socios del casino "charlan apaciblemente, satisfechos y tranquilos" (págs. 155 y 156); los hombres parados se recuestan "sobre el lienzo de cal de la fachada" de la taberna, también a poca distancia de la zanja.

Si la zanja es el punto de referencia para mostrar el trabajo (o la falta de trabajo) de los obreros, el ejercicio de tiro del somatén es el punto de enfoque para traer a primer plano la vida que llevan los ricos. La excursión en bicicleta de los hijos de las familias que residen en la "colonia", muestra cómo es la existencia de las personas que viven en ese barrio. El paso por el pueblo de Garabito y Pilete con su manubrio, y la muerte del primero, se usa para poner de relieve el procedimiento judicial, y la actitud de las parejas de la Guardia Civil, de esos pueblos.

Todos estos sucesos contienen una nota de tono social, que señala cómo la existencia en estos pueblos es injusta y desigual, cómo el pobre no tiene derecho a nada porque el rico los posee a todos, cómo aquél es explotado sin compasión por éste. El rico tiene a su lado incluso la Providencia. Consideremos un caso para ver cómo se pone esto de manifiesto. Carlos, el vigilante tísico que cuida los faroles de la zanja, los enciende en medio de un furioso aguacero. Su madre se gana el sustento lavando ropa, y el tuberculoso, mientras soporta el agua, piensa en la ropa puesta a secar "que la lluvia, la dulce y bienhechora lluvia que engordará la aceituna, manchará de salpicaduras de barro" (pág. 230). Él tiene que trabajar de noche, carente de medicinas y alimentos adecuados, y a pesar de su enfermedad el seguro le niega la debida asistencia médica. El caso de Carlos implica una comparación con el caso de Andrés, el hermano de Lisi, otro tuberculoso, pero que recibe adecuado tratamiento porque su familia tiene medios.

La desigualdad social no se muestra únicamente por medio de una correlación de hechos, sino que Grosso posee convicciones que pone en boca de sus personajes, haciendo que digan lo que él siente. Para Grosso, el que trabaja nunca sale de pobre, y el que se sienta a mandar acaba enriquecido. El transportista Chico-Mingo, le dice al capataz del tajo arenero: "El que trabaja no gana dinero, capataz. Ni los que están ahí abajo cargando... ni yo nos pondremos nunca ricos. Usted sí que acabará rico. Usted ahí sentado" (pág. 114). Eugenio, el obrero de Citroën, concluye con un pensamiento parecido: "El que trabaja lo explotan en todas partes. Tendrás que ganarte el dinero a pulso" (pág. 209). Es evidente que, para Grosso, la riqueza está mal repartida. Pilete, refiriéndose a las bombas atómicas, manifiesta:

A lo mejor es una cosa que le conviene a la humanidad. Puede que después de la explosión a los hombres se les abran los ojos y se acabe para siempre el egoísmo y el afán de reunir dinero y de amontonar más dienro y de tener al prójimo fastidiado. (pág. 111)

Grosso ve al obrero rural andaluz oprimido, aplastado por unos pocos señoritos que lo quieren todo para sí. Uno de los somatenes, después de decirle al teniente que "un dinero muy curioso se le va a sacar este año a la aceituna", se queja en estos términos:

> Lo peor son los puñeteros jornales que vamos a tener que pagar, cosa a la que no hay derecho y a la que había que poner coto como fuera: diez duros por hombre. Menos mal que uno tiene su mijita de picardía y no contrata más que mujeres y zagalones que con medio jornal se avían. (pág. 37)

Frente a este estado de cosas, los obreros parados van a ver al alcalde, el cual los recibe con buenas palabras diciéndoles que prepara un oficio para pedir que se resuelva la situación, cuando en realidad, lo que solicita son guardas para proteger los olivos. La reacción de los obreros tiene doble sentido. De un lado, proyectan la protesta como único medio de obtener trabajo, acordando una especie de huelga de silencio a la puerta del sindicato. Por otra parte, caen en la cuenta de que "todo eso es un sueño", que "no sirve para nada", llegando a la conclusión de que, una vez pasado el verano, las cosas se pondrán mejor con el verdeo, la apertura de la tonelería y del almacén para la exportación. Entonces pagarán el pan y lo que deben en la tienda. La acusación contra el propietario es fulminante: "Matarnos de hambre del todo no nos matan. ¿Quiénes iban a cogerles las aceitunas?" (pág. 224). Uno de los obreros, el más agresivo, dice que la protesta "es el único camino para empezar"; pero los demás sienten que "son malos los aires que corren". Sin embargo, existe bajo los ánimos una esperanza latente, la creencia de que "algún día podremos hacer eso, pero no ahora" (pág. 224). El futuro traerá la oportunidad deseada, porque a pesar de todas las coacciones "matar el gusanillo no han podido". Hasta los guardias civiles perciben la existencia de una fuerza latente en el pueblo, que pudiera explotar algún día, y entonces, concluye el guardia, "es muy posible que a fecha fija muramos todos, estando poniéndose las cosas como se están poniendo" (pág. 165).

Los personajes están presentados, en su mayor parte, esquemáticamente, dándose únicamente aquellos aspectos de su personalidad que se relacionan con los conflictos sociales que refleja la novela. Por el contrario, en ciertos casos el autor se esfuerza en presentar el personaje de tal modo que se le vea por lo que dice, por el diálogo, o por lo que hace cuando otros le hablan, reflejando en sus acciones lo que siente por dentro. A veces, lo que hace o dice no coincide con lo que siente, en cuyo caso se da una mayor dimensión a su carácter, como ocurre en la conversación que sostiene Carlos, vigilante de la zanja, con el transportista Chico-Mingo; éste ("baja el tono de voz y enciende el cigarro") le dice repetidas veces que, desde luego, los faroles están apagados por la noche, "que ni les das una vuelta, ni les echas aceite". Y responde Carlos: "—No tengo yo la culpa que el viento apague los faroles —sonríe". En la palabra "sonríe" reside la sutileza del autor, porque Carlos sigue negando pero "continúa sonriendo", y sin manifestarlo, sólo con sonreír, se sugiere que las amigables acusaciones del conductor son ciertas. Otra parte que revela la finura narrativa de Grosso es la que corresponde al ejercicio de tiro del somatén, bajo la inspección del teniente de la Guardia Civil, don Roque Prado. Para indicar el aburrimiento y el fastidio que siente el militar, Grosso se limita a hacer que no diga apenas palabra. Toda la conversación la llevan los somatenes. Empiezan por proponerle dar una batida a un lobito y "el teniente asiente con la cabeza y fuma despacio" (pág. 33); luego sugieren comerse una caldereta, y el guardia "escucha y promete la asistencia" (pág. 34); continúan insistiendo en lo de la batida, y "el teniente sigue fumando sin contestar" (pág. 34). En la única ocasión en que habla ("sin hacerle caso" a su interlocutor), es para echar la arenga de todos los años:

> Comprueben una vez más la absoluta limpieza del arma (15) que manejan, que prevendrá en caso ne-

(15) Las armas están completamente sucias.

cesario cualquier contingencia y defenderá —deja resbalar las palabras sílaba tras sílaba— la in-te-gri-dad-ddd, en un momento dado, de los hombres de orden de este pueblo español. (pág. 35)

Lo antecedente, dicho entre bostezos, es todo lo que habla el teniente, a pesar de que los somatenes señalan que "si para el verdeo se dejara usted caer por el pueblo, sí que lo íbamos a pasar en grande" (pág. 37). Don Roque no suelta palabra. Al final del ejercicio de tiro, se resumen todas las proposiciones anteriores añadiendo una más, la de una noche de "juerga": "—Si no para el verdeo ni para la caldereta ni para la batida, para las fiestas sí que podía echar usted este año unos días con nosotros" (pág. 38).

El estado de ánimo de los personajes presenta, a veces, una evolución, un cambio de actitud que se va desarrollando a medida que el tiempo pasa. Eugenio va haciéndose a la idea de llevarse a Francia a su amigo Antonio, hasta que por fin se aviene a prestarle el dinero para el viaje. Otra situación que muestra la evolución de un estado de ánimo, son las ansias que siente doña Mercedes (¿Nombre simbólico?) Ante la presencia del bien parecido Santiago, empieza "latiéndole en el pulso una desazón de arrebato juvenil" (pág. 94). A la hora de la comida hay un cruce de miradas y en "los ojos centelleantes de doña Mercedes se enciende una lucecita lúbrica" (pág. 96). La luz se convierte en llama, y "al llegar a la cocina le palpita aprisa el corazón", no sabe lo que se hace, arroja la sal a puñados en los pucheros, y llama a gritos a la criada que acaba de mandar a un recado. La progresión del deseo va en aumento, "le corre por las sienes como un caballo a galope, como un ternero desmandado" (pág. 138). Sube y baja por la escalera, desorientada, "temblándola el pecho, convulsos los labios", hasta que decide tentar la suerte y acercarse a la habitación de su huésped.

De todos los personajes, el que presenta una más fina matización psicológica es el obrero Toto. Lo que le pasa por dentro se revela por lo externo, por sus acciones que, sin comentario adicional, dejan traslucir los sentimientos y su evolución. Toto es básicamente un envidioso que, en el fondo, sabe que "nunca irá a ningún sitio"; un pobre infeliz que se da cuenta que Eugenio, recién llegado de Francia, puede hasta quitarle a Mari, la criadilla a quien él quiere. Viendo que Antonio, el otro amigo, adula a Eugenio con el propósito de que lo lleve a Francia, intuye desde un principio que lo conseguirá: "A ver si te lo llevas y deja de llorar" (pág. 43), dice a Eugenio. Por eso concibe un doble resentimiento: contra Eugenio por su éxito y querencia hacia Mari, y contra Antonio que, adulando, llegará a obtener lo que pretende, algo que él no sabe hacer. Toto, "con la cabeza baja" (pág. 39), escucha las discusiones que los dos amigos sostienen sobre la fábrica Citroën, y, por lo mismo, reprocha a Antonio su curiosidad aduladora, diciendo: "—Pasa que eres un curioso que en todo quieres andar huroneando. Eso es lo que pasa" (pág. 39).

Los tres amigos empiezan a beber, y a medida que la bebida surte su efecto, Toto empieza a poner de manifiesto su resentimiento por medio de unas "ganas de gresca amistosa, de banderillazos bajo cuerda, de solapada garata" (pág. 84), que se dejan ver al solicitar que Eugenio hable en francés, cuando sabe, o supone, que no lo puede hacer; luego, manifestando que Antonio no gusta de trabajar, y afirmando que "una semana estuvo en las zanjas y lloraba como un niño" (pág. 85). Que Toto siente envidia se prueba, una vez más, cuando Antonio le acusa de que "desde esta mañana estás dale que dale y yo no soy de piedra" (pág. 89). Con la embriaguez de los tres, la situación desemboca, primero, en una pelea con Eugenio y, luego, en otra con Antonio. Ya resignado al hecho de que sus amigos se van y de que aún la criada es un imposible para él, se apacigua, a la vez que los efectos del vino se disipan. Cuando por fin Eugenio y Antonio parten, regresa a su casa y se pone a pensar "cosas que nunca le pasaron, ni nunca le han de pasar, cosas que no tienen ni pies ni cabeza, y es feliz" (pág. 228).

En plano secundario quedan otros muchos personajes que contribuyen con su presencia a formar el panorama total del pueblo, reforzando y añadiendo dimensión a los actos de las figuras principales. Aparecen referidos en las conversaciones de los demás, o bien se presentan sumariamente, como el cura, el juez, míster Humprey *(sic)* y otros.

En tercer lugar queda el personaje visto como grupo. El caso más notable es el de los ricos. Se les enjuicia, se les presenta haciendo el ejercicio de tiro, en la terraza del casino, pero el novelista se mantiene alejado de ellos. La actitud de los ricos, sus abusos, son patentes por el testimonio de los pobres, que están vistos con comprensión y simpatía. Al propietario solamente se le juzga como una casta que posee ciertas características y tendencias, ninguna de ellas buena.

A diferencia de algunas otras obras de ambientación popular, Grosso no trata de recoger rasgos fonéticos del habla del pueblo con el objeto de conseguir una impresión de veracidad. En vez de hacerlo, introduce giros y modismos, tales como "está en dólar" (pág. 125) para decir que tiene dinero, que aparecen en boca de los personajes, lo cual añade autenticidad, especialmente en el caso de obreros y vagabundos. Entre éstos, Garabito, el músico ambulante de manubrio, se expresa de un modo que se ajusta a su personalidad. En las conversaciones con su ayudante Pilete, aparecen toda clase de expresiones callejeras como, por ejemplo, "eso es cosa que a mí, como comprenderás, me la trae floja" (pág. 108), o "lo mismo es ver tú a un chiquimichi en el cuadrilátero que a un tiarrón" (pág. 107), a veces revestidas de un ligero matiz procaz que no desentona con el carácter del semi-vagabundo viejo, tales como "leche migada" o "eso es todo un cuento para mamoncitos, un revienta pañales de coña" (pág. 107). Los peones también ofrecen una amplia veta de popularismo lingüístico. Toto llama al dinero "tela marinera" (pág. 39) y dice que Eugenio viene "maqueado como un señorito" (pág. 39), refiriéndose a que viene bien vestido. Lo mismo hacen sus amigos. Antonio le dice a Toto, "estás trompa, macho" (pág. 123), y sus compañeros de zanja le gritan: "Toto, chalao" (pág. 66). Además, todo el mundo usa localismos como "avenate" o "cacaneo".

En otras esferas, la lengua de los personajes también coincide con su realidad. Nada más adecuado que la ex dueña de un burdel, haga referencias a "una noche de farra" (pág. 134). Hay también un consciente esfuerzo por dar veracidad a las conversaciones de los jóvenes de la colonia, mediante el uso de expresiones que les son adecuadas, y así dicen que "no quiero discos" (pág. 191) queriendo significar que no quiere quejas, o "cuando te haga clase" (pág. 56) para indicar cuando le parezca bien. En relación con los americanos, también se transcribe un determinado número de palabras inglesas, pick-up, blues, slip, living. Sin embargo, algunas son erróneas, como San Cheehw, scholl-children, jepp.

El intento de reproducir el giro adecuado a la clase de persona que habla, no siempre cristaliza en aciertos. Algunas veces, el personaje emite palabras que son impropias de su condición. Por ejemplo, parece excesivo que un simple peón diga "a la vida no se le pueden poner cortapisas" (pág. 147); o que un guardia civil raso deje escapar un "daba grima" (pág. 163); o que una criada de pueblo llame "trápalas" (pág. 184) a los borrachos que están a la puerta de la casa; o que el vagabundo Garabito asegure que la cabra tira al monte "de nativitate" (pág. 63).

La eficacia del empleo del giro adecuado al personaje, queda sensiblemente reducida porque Grosso no ha conseguido, en *La zanja*, establecer una separación entre las expresiones populares que emplean los personajes y las que aparecen en los párrafos de autor. En estos se encuentran expresiones como "desvirgar un paquete de «Chesterfield»" (pág. 28), o "por lo bajini" (pág. 92) que también usa Garabito ("a tu edad castigaba por lo bajini", pág. 62) y Toto ("matarla por lo bajini", pág. 143); o también "el avenate ha pasado" (pág. 144 andalucismo que repiten los peones de la zanja y el autor; lo mismo que ocurre con "por mor de" que emplean éste (pág. 102), Toto (pág. 88), Garabito y los somatenes. Todo esto parece indicar que la lengua popularizante de los personajes, más que observada es propia lengua del autor, castiza, no obstante el obvio esfuerzo por adaptarla a aquéllos.

Ciertas ambigüedades y alguna que otra expresión poco clara ("Que en bateas a mí damiselas, nada"), bien se olvidan por aparecer junto a felices metáforas, originales imágenes, sinécdoques, metonimias. Así se describe, o mejor dicho se sientetiza, el encendido de las luces del pueblo ("candilazo") y la puesta del sol:

> Candilazo. Ribazos cárdenos. Ribazos camuflados de manchas pardas y verdosas, militares manchas. Tornasol en las gavias vacías de tierra y hombre. Candilazos para el poniente quebrado de cristales, de ventanas inaguradas tres la siesta, de persianas subidas a peso de garruchas chirriantes. El sol pierde totalmente el equilibrio y resbala por el muro que apuntala la bóveda en occidente. (pág. 182)

Original es, entre otros muchos casos, hacer que el aguardiente que toma Carlos sea "la dinamita de granel" (pág. 14); o que las quemaduras que Santiago hace en el colcha, cuando fuma en la cama, parezca que "dibujan sobre ella dos grandes monedas vacías" (pág. 77); o cuando doña Rosa y su hermana, ya puestas previamente de acuerdo sobre el regalo que han de hacer a la hija del teniente Pardo, "se telegrafían con los ojos soluciones previstas" (pág. 127); como igualmente lo es designar el ruido que hacen unos zapatos de mujer en el silencio de un hospital, por su efecto: "Sus tacones tirotean el pavimento" (pág. 173). Imaginativo, a la vez que prosopopéyico, es considerar al reloj cortando el tiempo con tijeras, para indicar el transcurso de las horas, observando que "el reloj de la torre da un tijeretazo al tiempo, la campanada única, redonda, quiebra la geometría encalada" (pág. 92), sintetizándose de este modo la impresión que deja el eco del sonido.

La prosa de *La zanja* tiende hacia el barroquismo, no sólo semántico y sintáctico, sino también de estilo. Grosso presenta, además, una acusada tendencia al uso del gerundio, ya por sí solo, refiriéndose a lo que hace el grupo de jóvenes de la colonia en su vida diaria:

> Para escapar de la monotonía de los días... remoloneando la calle, yendo a cortar varetones al olivar, disparando con las escopetas de aire comprimido sobre los pájaros de las acacias, bañándose en el agua de

las minúsculas piscinas, jugando a las prendas bajo
la sombra de las pérgolas. (pág. 57)

o bien combinado con otros tiempos, lo que resulta en
frases parecidas a "habiendo como he cruzado" (pág. 56),
"estando como estás tú" (pág. 63). La sensación de lo barroco se incrementa por la tendencia al énfasis mediante el
uso de la repetición de detalles:

> Caminan los tres despacio... dando patadas a las
> pedriscas, a los envases inservibles, al cartonaje mul-
> ticolor, al superlujo de los papeles a diez tintas, a los
> vasos de papel parafinado, a los restos de las vituallas
> arrojadas a la cuneta. (pág. 143)

> Garabito... camino del limbo verbenero, el limbo de
> los apaches y de los ciegos que cantan romanzas, de
> los ladrones forzudos y terribles que roban bolsillos
> de señora, de los titiriteros que cruzan a fuerza de
> destreza y de hambre la estrecha cuerda floja de la
> vida, de los gitanos trotamundos que hacen bailar al
> oso en mitad de las plazas, de los payasos que hacen
> reír y llorar a los niños. (pág. 164)

En énfasis sobre una palabra que se va repitiendo, ampliando una idea, contribuye también a ese barroquismo
de expresión:

> Silencio. El silencio duele. El silencio salpica las
> pestañas de rabia mal contenida, de arrepentimiento.
> El silencio multiplica el canto lejano de las chicha-
> rras. (pág. 144)

Esa repetición de un motivo o de una palabra, puede
emplearse también para lograr efectos coloquiales:

> Luego, ya sabes: que si tenía que solicitar una
> prórroga, que si la solicitaba y no la solicitaba...
> total que, con una cosa y otra, pasó el tiempo; que
> si tenía que escribirla a máquina... (pág. 87)

El uso de repeticiones se combina, otras veces, con una serie de contrastes para lograr una mayor impresión coloquial. Refiriéndose a la tarea de vigilancia que desempeña Carlos, su primo Toto dice:

> Que toda la noche no está de vela, conforme. Que le echa a los faroles la mitad del aceite que tiene que echar, conforme también. Que se queda con él cuando se le presenta ocasión, ídem de lo mismo. Que trinca todas las semanas doce pesos más... pero que, muriéndose como está, demasiado hace.   (pág. 88)

A pesar de lo dicho, no hay en *La zanja* largas y enojosas enumeraciones. Por el contrario, la tendencia es a resumir las descripciones, prescindiendo de nexos y de todo lo superfluo, concentrando en breves líneas lo que podría resultar en un largo párrafo. Tomemos, por ejemplo, el momento en que Toto, Eugenio y Antonio han bebido demasiado. El exceso de bebida se resuelve por medio de una síntesis que, incluso, posee bellos matices:

> Soponcio a la cabeza. Humo y neblina. Turbias las aceras, turbios los tejados rojos y los maizales sin segar y la blanca flor del algodón. Arcadas. Toto arroja todo el fuego del vino que le quema la garganta.
>   (pág. 145)

La acumulación de notas descriptivas, concisas, recortadas, se utiliza para colocar la acción dentro de un marco preciso, o en un momento dado, o bien para concluirla, como en el ejemplo precedente. Esto presta al relato una agilidad que contrasta con las repeticiones de un motivo. La madre de Andrés y Lisi se arregla para acudir a la cita con Santiago, reduciéndose toda la preparación a un rápido apunte:

> Rectificación de todo el maquillaje, alargamiento del rabillo del ojo, faja tubular; repaso de esmalte a las uñas de los pies asomadas por la zapatilla de rafia descubierta. Setenta pulsaciones. Respiración normal.   (pág. 98)

La técnica narrativa es variada y compleja. Una de las formas más peculiares de contar, consiste en dar el resultado de un incidente sin previa introducción. Primero se cuenta el momento posterior del suceso, luego se inicia la explicación, deshaciendo la madeja narrativa: "Es un hilo delgado, gelatinoso, casi imperceptible que divide con un flujo plateado la garganta del muerto... El cadáver, con los ojos abiertos..." (pág. 156). Del citado modo se abre la parte que trata de la muerte de Garabito. Se cuenta hacia atrás, siguiendo la narración la dirección opuesta a la marcha lógica de los sucesos. Se sabe que hay un muerto, pero no quién pueda ser, ni mucho menos cómo ocurrió. Los detalles se irán descubriendo en las páginas sucesivas. Esta técnica se usa también en relación con la aparición de los personajes. Sin decir quiénes son, se va levantando poco a poco el velo hasta que su identidad se pone de manifiesto por sí misma. Es corriente que el autor no diga una sola palabra que aclare la situación hasta que el diálogo la defina. En el caso de los obreros Antonio, Toto y Eugenio, deja que la conversación muestre que Eugenio trabaja en la fábrica Citroën, y sólo entonces el autor se explica. Los hechos se van exponiendo en cadena, yendo de lo inconcreto a lo concreto. El capítulo que trata de los tres obreros mencionados se abre con la siguiente frase: "Entonces ¿cuántos cacharros crees tú que fabrican de sol a sol?" La conversación continúa, y hasta la mitad de la página no se sabe que se trata de la producción de la Citroën. Al final de la página aparece el párrafo de autor explicando quién es Eugenio y el porqué de la conversación. Se trata pues, de un esfuerzo consciente por mantener el interés del lector.

Otra forma de narrar consiste en combinar el momento actual con el recuerdo del pasado, entrelazando ambos en capas sucesivas. Cuando se trata de un recuerdo, se interrumpe el pensamiento mediante la interpolación de un detalle, sin importancia, que se refiere al momento actual. El resultado es que la narración del pasado cobra una viveza que, generalmente, no posee. Esta técnica se sigue cuando Santiago acostado en la pensión, fuma y contempla "las rosquillas azules del humo", momento en que empieza a repasar su vida: "Hasta la muerte de su tía Natividad... no recibió en alud el dinero" (pág. 75). Luego, va reconstruyéndola, interrumpiéndose en el momento de la compra de un automóvil, para volver al presente con la siguiente observación: "Se incorpora de la cama nervioso para sentarse ante la mesa con los codos sobre el hule, suelta la corbata, remangadas las mangas de la camisa" (pág. 76). Se reanuda la narración, refiriendo cómo disipó su fortuna, con el recuerdo del viaje que hizo a París. Así se va desarrollando el relato, combinando el pasado con el momento actual, y viceversa.

La estructura de la novela está concebida de un modo tal que los sucesos se narran a la vez que el tiempo va pasando. Éste es uno de los aspectos técnicos de *La zanja* mejor logrados. La hora está siempre presente en la narración y, sin embargo, nunca se menciona, excepto, tal vez, en un par de casos: "Lo saca ahora de su abstracción la campanada de la media" (pág. 140); "El reloj de la torre da un tijeretazo al tiempo. La campanada única..." (página 92).

El día transcurre y el aspecto del campo, del cielo, el sol, la temperatura y la atmósfera sirven para establecer el momento en que ocurre lo que se cuenta (16). La apertura de la novela (impresa en letra cursiva, páginas 9 a 19) trata de cómo Carlos apaga los faroles, y corresponde a una hora precisa, la del amanecer. A través de las observaciones y del diálogo se va poniendo de relieve cómo la niebla se disipa poco a poco, y cómo el panorama va apareciendo trozo a trozo, visión no expuesta de una vez sino extendida a lo largo de diez páginas, y que concluye con el toque de la misa del alba, cuando ya se levanta la brisa de la mañana. Las demás partes de la novela que se refieren a Carlos, están también escritas en letra cursiva, y constituyen un punto de referencia para fijar el transcurso del día: amanecer, hora de la comida, media tarde, anochecer, noche.

(16) Esta forma de empezar la novela midiendo el tiempo por medio de la luz y del calor, ya se encuentra en la novela de Antonio Ferres *La piqueta*, sólo que allí se trata del anochecer y aquí del amanecer (véase el estudio correspondiente a esa novela).

Igualmente se nota la progresión del día por medio de las salidas que la madre de Lisi y Andrés hace a la baranda. La primera vez, casi de madrugada, siente que "al dejar resbalar las manos por la baranda... se le mojan" (pág. 19) a causa del rocío de la aún no distante noche. El estado de la baranda sirve, mediante su grado de humedad, para determinar el paso del tiempo, paralelamente al desarrollo de los incidentes. Ocho páginas más adelante, "está ya seca y los dedos resbalan en el polvo dorado de la herrumbre" (pág. 27). Las vidas de los habitantes del pueblo continúan con el curso del día, los sucesos van ocurriendo. Cuando el sol tiene ya fuerza, "está completamente seca y, cuando deja resbalar sobre ella la palma de las manos, el polvillo del orín no se pega ya siquiera a los dedos" (pág. 80).

Otro aspecto importante de la estructura novelística es la forma de presentar los sucesos principales. Éstos se van alternando, combinándose para que haya entre ellos una conexión por medio de los diferentes personajes. Así, los sucesos donde aparecen el teniente de la Guardia Civil, don Roque Pardo, afectan además a otros personajes, y las acciones de estos segundos se relacionan con unos terceros, y así sucesivamente siguiendo una concatenación. Siguiendo este procedimiento, vemos que la dueña de la pensión requiere la presencia del teniente, suceso final que acaba con la detención de Santiago. Este incidente, a su vez, hace concluir la espera de la madre de Lisi y Andrés. Los dos hermanos están relacionados con las actividades de los chicos de la colonia, con las del mayor San Cheehw, y con las de la criada Mari, que, a su vez, tiene que ver con las acciones de Eugenio y Toto, y con la incapacidad, social y económica, de que un pobre como Toto llegue a tener una vida decente porque los ricos del pueblo se la niegan. Por otra parte, el teniente aparece con los terratenientes del somatén que no quieren dar trabajo a los jornaleros. Todos ellos se relacionan por medio de situaciones que se originan en uno y pasan a otro, dando lugar a una evolución circular, cerrada, donde los sucesos iniciales y finales se tocan.

En el siguiente esquema se observará cómo las apariciones de don Roque van alternándose en capas, incluyendo las breves apariciones de la motocicleta con sidecar en la que el teniente viaja, y que sirven para mantener viva su presencia, a la vez que da unidad a la estructura. De sus principales apariciones, parten una serie de temas que se extienden a lo largo de la obra. Para verlo, hemos elegido tres ejemplos: Doña Rosa, Rosarito "la prostituta", los terratenientes. Otros sucesos relacionados con el teniente, que se desarrollarán extensamente, son: el accidente de Garabito, la estafa de Santiago, las costumbres de doña Mercedes.

Apariciones de don Roque Pardo

págs. 33 a 38: Relacionado con el tiro de somatenes y con referencias a Rosarito "la prostituta".

pág. 71: Relacionado con la comida que le ofrece doña Rosa.

pág. 110: Aparición de la motocicleta con sidecar que le sirve de transporte.

págs. 126 a 130: Relacionado con la sobremesa en casa de doña Rosa.

pág. 151: Aparición de la motocicleta.

pág. 165: Los guardias que esperan en el lugar del accidente de automóvil hablan del teniente.

págs. 196 y 197: Aparece la motocicleta.

págs. 197 a 202: Relacionado con el incidente de doña Mercedes y Santiago.

Los siguientes sucesos que se mencionan en las anteriores apariciones de don Roque, se hallan, además, en las siguientes páginas:

Doña Rosa, reaparece en las páginas 71, 126-130, 165, 196.

Rosarito, reaparece en las páginas 74-75, 130-133, 211-215, 227.

Los abusos de los terratenientes del somatén, reaparecen en las páginas 68-70, 150-152, 155-156, 219, 221-225.

La técnica cuidada y la estructura elaborada hacen, pues, que no quede un solo hilo suelto. El rápido ritmo narrativo aligera de tal modo el contenido que la novela se lee sin cansancio. A los personajes se les ve vivir, quedando su personalidad patente aunque un poco en forma de síntesis. La tendencia a condenar al rico, sin dejar ver cómo es, y el exceso de simpatía por las clases obreras son detalles de carácter tendencioso que restan objetividad a la narración, pero que no justifican que sea tan poco conocida, siendo como es, técnicamente sobre todo, una de las mejores novelas de tendencia social, superior a otras mucho más populares.

* * *

Las mencionadas características generales se encuentran también en *Dos días de setiembre* (1962) del poeta JOSÉ MANUEL CABALLERO BONALD (17), a las que se añade el acierto de un logrado realismo, de una técnica lenta, de una visión total y de una casi perfecta integración de lo documental y del elemento ficcional; todo lo cual hace de esta extensa obra una de las mejores novelas actuales.

* * *

Dos días de setiembre (18) está dividida en dos partes que corresponden al 13 y 14 de septiembre de 1960, du-

(17) Es la única novela, hasta la fecha, de J. M. Caballero Bonald. Posee otras publicaciones en prosa, entre ellas un tratado de flamenco. También ha escrito numerosos artículos. Su obra poética es bien conocida, habiendo publicado los siguientes libros: *Las adivinaciones* (Madrid, 1952). *Memorias de poco tiempo* (Madrid, 1954). *Anteo* (Palma de Mallorca, 1956). *Las horas muertas* (Barcelona: Instituto de Estudios Hispánicos, 1959). *El papel de coro. Antología, 1955-1960* (Bogotá, 1961). *Pliegos de cordel* (Barcelona: Jaime Salinas, editor, 1963).

Nació en Jerez de la Frontera en 1926, y cursó estudios en la Facultad de Filosofía y Letras de la Universidad de Sevilla. Los años 1960 y 1961 los pasó en Colombia en cuya Universidad Nacional enseñó cursos de literatura española. En la actualidad reside en Madrid donde trabaja en una editorial.

(18) Barcelona: Editorial Seix Barral, 1962. Recibió el premio Biblioteca Breve de 1961.

rante los cuales se ofrece una visión de la vida de los habitantes de un pueblo andaluz de abolengo vinatero. Su existencia, así como los sucesos que acaecen en la localidad, vienen determinados por aspectos de la producción vinícola, desde la cepa hasta el envasado y la consumición.

Hay luego una serie de sucesos que se van desarrollando paralelamente, a veces quedando en el fondo de la narración, otras surgiendo a primer plano, pero manteniéndose a lo largo de toda la obra; como ocurre con la tormenta que, preparándose poco a poco, por fin rompe al final del libro. Del mismo modo, los obreros Lucas y Joaquín buscan desesperadamente medios de subsistencia, empezando por robar uva, hasta que consiguen trabajo en la finca de Valdecañizo, donde Joaquín muere aplastado por un pipa de vino. En plano diferente, pero también paralelamente, se van desarrollando las actividades de los hijos de los dueños y capataces de las fincas, que, ayudados por el hastiado y resentido Miguel Gamero, se preparan a extraer de las bodegas una partida de pipas de vino. Siguiendo una idéntica estructuración, se narra el pasado del arruinado Miguel Gamero, su depresión y desesperanza actual. Otros sucesos que se desarrollan también en sentido paralelo, son: la comida para los pobres que encarga don Andrés a su intermediario Ayuso; la "faena" que don Pedro Montaña hace a don Gabriel Varela quitándole los obreros por el procedimiento de ofrecerles dos duros más de jornal, con las consiguientes complicaciones e intrigas; las "juergas" nocturnas que muestran la vida de disipación e inutilidad que llevan los ricos; el trabajo de las bodegas; las escenas de una casa de vecindad del barrio del Albarán. El conjunto forma una novela compleja, densa, que trata múltiples sucesos los cuales se presentan hábilmente superpuestos.

La narración se embellece mediante la observación y descripción de la naturaleza y de los fenómenos atmosféricos, lo cual constituye uno de los mayores logros de la novela. Se trata de breves observaciones que, en una línea o menos, ofrecen un aspecto del campo o la impresión que crea en el ánimo del que lo contempla. Las observaciones se refieren, con frecuencia, a la viña. El mismo título de las

97

dos partes del libro es ya indicio de la importancia que
tienen los elementos atmosféricos dentro de la narración:
Primer día. VIENTO DE LEVANTE. *Segundo día.* LA
TORMENTA. El progreso de la tormenta se va dando en
breves y concisas anotaciones, lenta y metódicamente, observándose cómo el ambiente y el aspecto del campo van
cambiando con las horas, a medida que el calor y el viento
cobran intensidad, hasta que la tormenta se desencadena en
agua y descargas eléctricas; luego, poco a poco, se va
alejando mientras la lluvia cesa.

En la primera parte, la intensidad del viento va pro-
gresando. El título de esta parte ya lo indica. Apenas ini-
ciada la novela, aunque "las ramas de las moreras estaban
inmóviles" (pág. 12), Lucas observa: "—Mañana va a sal-
tar el levante". En el siguiente capítulo, Rafael y sus amigos notan que "soplaba por la otra boca del callejón una
racha de aire" (pág. 22), que luego cobra intensidad cuando "se oían los primeros silbos del levante" (pág. 52). El
viento, soplando sobre la villa, moviendo las cepas, da lugar
a observaciones finamente matizadas: "El alto sombrajo del
bienteveo, empinado sobre el oleaje de la viña" (pág. 158).

El levante mueve las hojas de las cepas, produciendo
un sonido peculiar, un "ris-ras" que se describe como "el
redondo y somnoliento hervor de la viña" (pág. 63), magnífica síntesis, sobre todo si se considera la asociación entre
lo que pasa en la viña y en la bodega cercana, donde el
mosto "hierve" con la fermentación. Luego, a medida que
el viento cobra fuerza, "removía toda la viña, a ráfagas cal-
mantes y violentas" (pág. 158). En una lenta progresión
que pone de manifiesto las dotes artísticas de Caballero
Bonald, las leves ráfagas de las primeras páginas van tomando "un inusitado coraje, a bruscas avalanchas, resonan-
do igual que un inmenso mugido" (pág. 185), ya hacia el
final de la primera parte. Todas estas observaciones recogen impresiones que se traducen en metáforas de una intensa fuerza descriptiva. Lo mismo se puede decir del calor que
va aumentando a medida que el día sigue su curso, o dismi-
nuyendo cuando descarga la tormenta. En el primer anochecer, cuando aún no soplaba el viento, ya "vaheaba la
calentura de la tierra... como una irrespirable pella de

bochorno" (pág. 18), preludiando la tormenta del día siguiente, calor que aumenta al caer "la noche húmeda y abrasadora de bochorno, como barrutando el hervor del caldero del levante" (pág. 52), durante la cual "las voces se hacían más agudas e irreales dentro de la tórrida majestad de la viña" (pág. 58), impresión exactísima de lo que se siente cuando, en las noches del verano andaluz, se habla en medio del campo. Luego, cuando el viento empieza a soplar, van alternándose los efectos de éste con los de aquél, poniéndose de manifiesto no sólo por las atrevidas y originales metáforas sino también por medio de lo que las personas sienten y por sus reacciones.

Ya se mencionó previamente el acierto que supone la integración del material novelado y del puramente testimonial, hasta el punto de que los detalles más superficiales, como el uso de la venencia y la técnica de dejar caer el vino en la copa, están tan bien fusionados con el diálogo que ambos no podrían ser separados. Sin embargo, estos aciertos quedan oscurecidos por la descripción del capítulo 5 (Segunda parte). Se trata de un soliloquio de Miguel Gamero durante el cual va recordando la producción de la viña, su rendimiento, el tratamiento del mosto, los cuidados que requiere el vino, dando un cúmulo de datos totalmente innecesarios como lo son, entre otros, los siguientes:

La aranzada, por estas trochas, viene a tener unos 4.750 metros cuadrados y las posturas de una aranzada oscilan entre las 1.800 y 2.000 cepas. (pág. 243)

Los trabajos de la vendimia se hacen a destajo. Los pisadores y tiradores de uva rinden hasta cinco carretadas por día, unas tres toneladas y media; los mosteadores y maquineros, igual, cinco carretadas, y los metedores, diez. (pág. 246)

Naturalmente, estos datos no se dan con propósitos enológicos, sino que se emplean para poner de manifiesto la riqueza que obtiene el cosechero, y la pobreza del hombre que trabaja en la viña y bodega. El contraste alcanza su punto cumbre cuando Miguel se acuerda de los años que siguieron a la guerra civil, cuando en "el Albarrán estuvieron siete meses largos comiendo cardos borriqueros y algarrobas" (pág. 243), mientras los terratenientes dejaban las tierras en baldío, o la uva sin recoger, para no tener que pagar jornales. De todos modos, a pesar del esfuerzo por incorporar los detalles técnicos al recuerdo de los años de la postguerra y al testimonio de la pobreza y miseria frente a la riqueza de otros, esta parte, en cuanto a la calidad y acierto, queda muy por debajo del resto de la novela.

Dos días de setiembre es, además, un obra compleja por el número de personajes y por el modo de manifestarse éstos. En un esfuerzo por darnos su realidad, a veces se presenta una breve descripción de su aspecto físico y, en muchos casos, se da su edad exacta o aproximada, como si el autor estuviese en conocimiento de su total existencia. Detalles de este género resultan superfluos porque el lector pronto se olvida de ellos. Mucho más acertado es dar un detalle de la persona, un gesto, sólo uno, que, repitiéndose, llega a fijarse en la mente del que lee, lo cual se hace en la novela con sumo cuidado y objetividad, dando un rasgo o la costumbre que definen al personaje sin necesidad de explicar cómo es. Ayuso es "tripudo y asmático" y su "barriga" aparece frecuentemente mencionada en la narración. Al jornalero Joaquín, se le conoce como "el hombre del lobanillo". Estas características personales se hacen resaltar por el procedimiento de repetirlas, como "la gota que le destila de la nariz... de pimiento morrón" a Julián Cobeña. Si nos fijamos en el caso de la mujer de Ayuso, notaremos que se insiste en su gordura y suciedad cada vez que aparece en la novela.

El autor deja que los personajes se muestren por dentro y por fuera para que veamos cómo sienten, cómo son, cómo actúan. Por eso no se revelan de pronto y de una vez, sino que su carácter y su personalidad se va desarrollando lentamente. Así, las acciones y la conducta de Miguel Gamero no llegan a comprenderse plenamente hasta el final de la novela. Otro tanto ocurre con Rafael Varela, hijo del cosechero don Gabriel. De este modo tenemos una realidad absoluta, interior y exterior, que hace de los personajes más importantes seres vivos, totalmente comprensibles. Si se considera el caso del comerciante Ayuso, se ve que es bastante lento para comprender las situaciones, pero es muy vivo para percibir dónde hay oportunidades de ganancia.

Para llegar a la realidad absoluta del personaje, se hace que las acciones, los movimientos, las posturas, coincidan con su carácter. Un muchacho de mono azul que aparece en una taberna, que se expresa "con esa íntima seguridad del que vive del aire", tiene movimientos y posturas propios de una persona carente de modales educados, pues "se rascaba... entre las ingles, levantando una pierna. Luego se metió un dedo por la bragueta del pantalón" (página 41). Los ejemplos son numerosos, pero entre todos ellos resalta, por su acierto, el carácter afeminado de don Andrés. Además, la conducta del personaje aparece siempre determinada por su pasado, siendo, por lo tanto, perfectamente consecuente su historia y su carácter, como ocurre en el caso del jornalero Joaquín.

Los personajes poseen también peculiaridades de clase, idénticas a las de otros miembros de su mismo grupo. Las características e idiosincrasias son parecidas en todos ellos, y así el obrero es y actúa como los demás obreros cuyas vidas, pensamientos y reacciones, son similares. El resultado es una doble dimensión: de una parte su pasado y sus rasgos individuales, de otra las características de clase que determinan su conducta. Este enfoque bi-dimensional varía en sus proporciones, según el caso, pero constituye la diferencia primordial entre los personajes principales y los secundarios. Los principales poseen características individuales y de grupo, ambas importantes y desarrolladas, mientras que en los secundarios el enfoque primordial es sobre las peculiaridades de grupo, quedando sus perfiles individuales obscurecidos o bien sin desarrollar.

A distancia de los anteriores hay una larga lista de personajes de menor relieve, obreros, capataces, mujeres, guardias, que hacen breves apariciones, unas veces con nombre propio, otras anónimamente, pero siempre reforzando las acciones y las actitudes de aquellos de mayor importancia. De este modo se repiten las situaciones, dándose un "eco" que se inicia en un personaje principal y

101

se extiende llegando a los secundarios, continuándose la expansión hasta alcanzar a uno o varios personajes de fondo. Un ejemplo ayudará a comprender mejor este procedimiento: don Miguel Gamero se siente harto del ambiente y, rebelándose, busca liberarse de él; lo mismo pasa con Rafael Varela, cuya actitud es idéntica a la de aquél. Otro tanto ocurre con Tana y Gloria, con el obrero Lucas que la resume diciendo: "Este pueblo, ya me tiene hasta donde dijimos" (pág. 215). Otros de brevísima aparición, como Piña, sirven igualmente para reforzar la actitud básica de Rafael Varela y Miguel Gamero.

Todos los antedichos personajes forman parte de la sociedad de un pueblo que aparece dividida en cuatro grupos: los ricos cosecheros, sus intermediarios, los hijos de los primeros, y los jornaleros. Entre dichos grupos hay una serie de interreacciones y de conflictos de signo moral y social, que se muestran testimonialmente para poner en evidencia las injusticias sociales y la correspondiente crítica. Éstas se exponen mediante la siguiente combinación: 1) Relaciones entre los cosecheros y sus agentes; 2) Conflicto entre los viejos y la generación joven; 3) Relaciones y conflictos entre los cosecheros y los jornaleros. Para ayudar a comprender mejor estas relaciones y conflictos, así como para establecer la realidad y el carácter de los personajes, analizaremos a continuación cada grupo y, dentro de ellos, sus principales miembros.

Los cosecheros. El grupo está formado por don Andrés y don Gabriel Varela, como personajes principales. En segundo término quedan don Felipe Gamero y don Pedro Montaña. Todos son ricos hacendados, que o bien habían heredado su fortuna y "el dinero... se había multiplicado por sus propias fuerzas" (pág. 34), o bien se habían enriquecido mediante turbias operaciones. Su vida se limita a pasarse las noches de "juerga", a beberse el vino de solera, y a recoger cada año el beneficio que les deja la bodega, negocio que "daba para que chupase a más y mejor un cumplido equipo de quitapelusas" (pág. 34). Ignorantes de todo cuanto no sean sus caprichos, se sirven de intermediarios para satisfacerlos, sin que les importe para nada lo que ocurre a su alrededor. Como "labrar una viña, pagando un jornal decente, cuesta dinero", muchos, en su egoísmo, "preferían suprimir la faena y recoger menos uva" (pág. 243). Este grupo, en prematura decrepitud por abuso del alcohol, constituye la aristocracia del pueblo. Permanecen encerrados en el casino, que era "como una barrera que interceptase la visión de la realidad" (pág. 251) de cuanto pasase en la calle. Para ellos, "el hombre que bebe vino en un vaso de vidrio turbio es muy distinto al que lo bebe en una copa de cristal fino" (pág. 251).

Don Andrés es el propietario de la finca "Las Talegas". Su modo de proceder pone de manifiesto tres aspectos de su personalidad: 1) riqueza lograda sin esfuerzo o razón; 2) desconocimiento total de la realidad; 3) afeminamiento. La vendimia "se le presentaba como una recua de mulas cargadas de oro" (pág. 28). Esta riqueza le producía desazón cuando "veía que le entraba el dinero por las puertas sin que tuviese que mover una mano" (pág. 28), por lo cual sentía "unos vagos escrúpulos de conciencia". Para tranquilizarse, proyecta dos actos de descargo de conciencia: dar una comida a los pobres y adquirir "un manto de exposición, bordado de arriba abajo", para regalárselo a la Verónica. De ellos se encargará su intermediario Ayuso, lo cual constituye una de las tramas que corren a lo largo del libro. En cuanto al desconocimiento de la realidad, don Andrés no sabe nada relacionado con la administración de su hacienda. Cuando Ayuso trata de interceder por un conocido para que le dé trabajo, contesta: "—Eso háblalo con el capataz, con Corrales. ¿Yo cómo voy a saber?" (pág. 37). Esto también se muestra en lo absurdo de sus acciones, haciendo, por ejemplo, que le lleven una arroba de su propio vino de solera al bar del pueblo, para su consumo personal, pero que le cobra el bar: "¿Sabes lo que me cobran?... Pues seis pesetas, barato, ¿no?" (pág. 307). El afeminamiento se manifiesta en su habla afectada, en su pulcritud exagerada y en sus actos: "Tenía el habla remilgada y se movía como obedeciendo a resortes fáciles de quebrar" (pág. 29). La afectación de su carácter se revela en los diálogos por medio del vocabulario que usa. Cuando habla con Ayuso le dice: "Qué calor, hijo" (pág. 29).

A Perico Montaña también lo trata del mismo modo: "Hijo, tú también eres especial". Lo mismo hace con el *Cuba:* "Hijo, Jerónimo, tú no te cansas" (pág. 236). Lo que hace mientras habla también es indicio de su personalidad. Cuando recibe a Ayuso está "reclinado como una maja... en un diván" (pág. 29), y "se limaba las uñas y extendía el brazo, entornando los ojos para apreciar mejor el efecto de su labor"; al dirigirse a su interlocutor lo hace "sin levantar la vista de sus uñas", o bien, de vez en cuando, se pasa "los dedos por las cejas, peinándoselas para arriba", y cuando se sofoca se da "aire en la cara con un minúsculo pañuelito de seda amarilla". Su atuendo coincide también con el afeminamiento que lo caracteriza.

Al contrario de don Andrés, don Gabriel Varela había hecho su fortuna en vez de heredarla. En sociedad con don Felipe Gamero "se forraron a base de acaparar el trigo y vender luego la harina al triple de la tasa o a más" (página 248). Con el beneficio obtenido de estas operaciones había adquirido la finca "Monterrodilla". Lujurioso, siempre persiguiendo a las criadas, "con los ojos supurados de vino, la boca rijosa y despreciativa" (pág. 180), a los cincuenta y cinco años de edad es ya una ruina física. Agotado por sus irregularidades y continuo trasnochar, después de pasar una noche en pie "se le caía un hilillo de baba sobre la camisa" (pág. 285). Como don Andrés y otros, además de mostrar su personalidad por medio de sus acciones, y mediante las observaciones realistas que da el autor, la esencia de su carácter se ve a través de sus propias palabras. En el caso de don Gabriel se trata de una persona autoritaria, despótica, lo cual queda establecido principalmente por el modo que tiene de mandar, siempre en un tono conminativo, diciéndole al cochero Mateo: "Venga, ya estás en la cochera" (pág. 91); o a Joaquín: "Venga, para el cuarto, que me aburro" (pág. 221).

Don Felipe Gamero es un personaje secundario que queda casi en la penumbra. Reúne todas las características de inutilidad de los anteriores, coincidiendo en los defectos de don Gabriel, con quien "por ahí se andaba en edad" (pág. 285). Siendo tutor de su sobrino Miguel Gamero, le había privado de su herencia mediante turbios manejos.

Otro de los cosecheros que confirma el carácter común del grupo es don Pedro Montaña, propietario de la finca de Valdecañizo y socio de la firma exportadora "Whyte y Montaña, Cía. Ltda." Aunque es el protector y amigo de Miguel Gamero y juntos pasan las noches de "juerga", su personalidad cumple la función de hacer resaltar la figura y los problemas de Miguel Gamero. "Era de la misma edad que Miguel y un poco más bajo, pero parecía más joven" (pág. 184).

Los intermediarios. Los miembros de este grupo se dedican a satisfacer los caprichos de los cosecheros, convirtiéndose en parásitos suyos. Presentan, asimismo, características comunes: son lentos de percepción, con la excepción de un caso, pero rápidos en ver posibilidades que redunden en su beneficio. Sus servicios no se limitan a los turbios manejos comerciales, sino que también hacen de intermediarios en asuntos de mujeres. Su fisonomía y carácter suelen estar bien estudiados. Dentro de esta categoría están los siguientes: Julián Cobeña y Marcelo Ayuso (éste secundado por su mujer Consuelo) como personajes principales, y el *Cuba* como secundario.

Julián Cobeña es un tanto romo de inteligencia y su figura corresponde a la de un lacayo. Por una parte se asegura que es "una especie de lagarto que había hecho de todo, hasta de alcahuete y tapapocilgas de don Gabriel Varela... a cuyo servicio estaba desde hacía veinte años" (págs. 54 y 55), habiendo servido también muchas veces en transacciones "para dar la cara cuando las circunstancias del negocio lo requerían" (pág. 91). Por otra parte, se ve que se siente en posición de inferioridad cuando se encuentra con el *Cuba*, cuya rapidez de imaginación no podía llegar a igualar, y por eso "nunca sabía si le estaba tomando el pelo" (pág. 289). De este contraste resulta su idiosincrasia, peculiar del grupo, ya que es lento en la imaginación, pero agudo en sus tercerías y en ver las posibilidades de ganancia. El aspecto de Cobeña, a quien "todo le sentaba mal, hasta la gorra" (pág. 292), contrasta con el del *Cuba* que "lucía un elegante traje claro de verano".

La descripción personal de Cobeña es también reveladora de su personalidad:

> Era un hombre de una edad indefinida, casi más ancho que alto, con una nariz amoratada y acribillada de agujeritos como una esponja. Se movía con una ridícula compostura y adoptando ese engolado aire de suficiencia de los espíritus serviles. (pág. 113)

Además de presentar el aspecto y el pasado de Cobeña, se le ve a éste en acción continuamente, lo cual hace resaltar su personalidad: intrigando en favor de su jefe, tratando primero de sonsacar a Serafín, el capataz de don Pedro Montaña, rival de don Gabriel; luego contratando "cantaores" para una fiesta; y, finalmente, entregando un sobre con dinero a la *Panocha* para que consienta que su hija Mercedes vaya de criada a la casa de don Gabriel.

Simultáneamente con Julián Cobeña, aparece Marcelo Ayuso, a quien se parece en muchos aspectos. Propietario de la taberna-comercio "El Espolique", es el agente de don Andrés, a quien le unían "unos extraños y particulares vínculos de vieja complicidad" (pág. 90), como los que había entre don Gabriel y Julián Cobeña, aunque menos tortuosos. Su modo de ser está descrito en los siguientes términos:

> Era montañés, del valle de Cabuérniga, pero ya llevaba en el pueblo casi treinta años... Tripón y asmático, de apariencia lerda y pasmada, era un lince para descubrir las más tortuosas fuentes de ingresos. Almacenaba el dinero... por puro instinto de miseria... Aparte de sus habituales chalaneos... había conseguido reunir sus buenas pesetas haciendo las veces de comisionista de apaños y correveidile de turbios y confidenciales manejos. (págs. 32 y 33)

El lento razonar de Ayuso se manifiesta en su modo de conversar. Mientras don Andrés le habla de la comida que piensa dar a los pobres, y de la cual Ayuso espera sacar "qué menos que un duro por barba" (pág. 84), se distrae continuamente porque está ocupado en calcular los posibles beneficios que va a obtener con el encargo:

—Vamos a ver... ¿Tú sabes qué comen los pobres?
Ayuso tragó saliva... Por un momento creyó que no entendía nada de lo que le decía don Andrés...
—Pues verá usted..., en fin..., vamos, lo que se presente.
...
—¿Quieres una copita?
—No, ahora no, gracias.
—Estás desconocido.
Ayuso no contestó. Miraba para el suelo.
—Podrás apañarlo en tu tienda, ¿no? —dijo don Andrés.
—¿Lo qué?
—La comida, ¿qué va a ser?   (págs. 30 y 31)

Su rapacidad se muestra, además, en todas sus acciones, como cuando añade agua a los barriles de vino, calculando, mientras echa el líquido, que "con el trasiego se sacaba de la manga treinta y tres setenta y cinco" (pág. 269). La avaricia es tan acusada en él que llega a confundir la caridad con los intereses. Cuando muere el jornalero Joaquín y su mujer se queda sola, piensa que le prestará lo que necesite, sintiendo una especie de remordimiento por "el kilo de habichuelas que no le quiso fiar su mujer" (pág. 346). Pero a la misma vez, se le pasa por la imaginación la idea de que "podría hablar con don Andrés para que estuviese al quite" (pág. 347), singular forma de ayudarla por medio de una tercería que le dejase algún beneficio.

Junto a Marcelo Ayuso, que es uno de los caracteres mejor perfilados del libro, aparece su mujer Consuelo Carrasco, gorda y sucia, que cuando andaba "se arrastraba como una foca" (pág. 74). El verdadero papel de Consuelo es hacer resaltar la personalidad y las acciones de Ayuso para que se muestren más nítidamente, dándole una interlocutora en sus momentos de intimidad. Los dos se encargaban del negocio, "Consuelo despachaba los comestibles y Ayuso el vino" (pág. 74).

Otro de los personajes que forman este grupo, aunque con carácter secundario, es don Jerónimo, conocido por el apodo del *Cuba,* a quien "lo llevaban siempre a todas partes de gracioso" (pág. 54). Su principal función consiste en aparecer frecuentemente junto a Julián Cobeña, para mostrar su falta de rapidez mental. Cobeña, "le tenía un poco de miedo en su competencia en las chapuzas y a su ventaja con la boca" (pág. 289). A pesar de ser personaje secundario y un tanto nebuloso, su presencia es un apunte de la realidad, pues personas como éstas, bien vestidas, que se conducen con "desenvoltura, como de llevar llena la cartera", pero que "no se sabía de donde había salido ni de qué vivía" (pág. 54), existen con frecuencia en los pueblos de Andalucía, siempre medrando a la sombra de los ricos. "El *Cuba* debía tener como unos cuarenta y cinco años" (pág. 54).

El obrero. Se incluye en este grupo a los jornaleros, a sus familias y a los que, sin ocupación específica, son pobres. Como características generales aparece, en primer lugar, su desprecio hacia los ricos, ante los cuales "conservaban un aire circunspecto y como distanciado" (pág. 67), mezcla de odio y envidia. Considerándoles únicamente preocupados por divertirse, un obrero comenta: "—Para eso están" (pág. 67). Otra característica común suele ser el trabajo irregular, abundante durante la vendimia "y luego cinco meses parao" (pág. 41). Por lo general sucios y mal alimentados, los que trabajan en las bodegas tienen que utilizar maderas podridas, lo cual es causa de accidentes de trabajo. El grupo en sí, constituye una masa amorfa y anónima, con múltiples personajes que únicamente hacen breves apariciones, a veces ni siquiera identificados por su nombre, sino designados por su aspecto o indumentaria, como "el muchacho del mono azul mahón", o "el viejo de la gorra marrón". Sin embargo, uno de los personajes más importantes es el jornalero Joaquín que "le decían el *Guita,* de apellido Navarro" (pág. 325). El mote no se sabía si era "por lo enjuto y pernilargo o porque también había trajinado en la mísera industria familiar del esparto" (págs. 112 y 113). Los rasgos esenciales de su fisonomía están cuidadosamente observados y repetidos con frecuencia: tenía "las orejas gachas y un protuberante lobanillo en la sien" (pág. 11). Este último detalle se emplea para identificarlo llamándole "el hombre del lobanillo". Joaquín es la imagen del pobre perseguido y abusado sin que, en realidad, haya causa alguna. De su presencia en el pueblo, se dice: "Había llegado al pueblo en 1944... sin oficio ni beneficio... después que lo soltaron del penal del Puerto de Santa María" (pág. 109). Indocumentado a causa de que "el alcalde de su pueblo no había querido darle los papeles" (pág. 110), le era muy difícil conseguir trabajo. Como medio secundario de ingresos se dedicaba al cante, ya que "era un buen cantaor, con la voz heredada de una casta de hombres duros y enigmáticos" (pág. 112). Su conducta aparece claramente determinada por su pasado, siendo su historia y carácter perfectamente coherentes. Cuanto siente irritación y rencor contra don Gabriel, es porque sus palabras y modos autoritarios le recuerdan al alcalde que, después de la guerra, lo expulsó del pueblo: "Se acordó del alcalde de su pueblo. Don Gabriel era de la misma calaña" (pág. 222). Don Gabriel concluye por despedirlo, usando unas palabras parecidas a las que le había dicho el alcalde: "—Y no vuelvas por aquí, no se te ocurra" (pág. 228).

Los amargos recuerdos que Joaquín tiene de la guerra se presentan con un doble propósito. De una parte, su pasado se reconstruye por medio de esos recuerdos. De otra, se utilizan en relación con el momento presente para explicar su reacciones psicológicas. Ya hemos visto cómo el trato que recibe del alcalde y de don Gabriel es similar, y cómo la comparación de ambos es la causa de que e lodio que sentía hacia el primero resulte en un sentimiento parecido hacia éste. Otro caso digno de mención son las referencias que hace a un primo suyo a quien, durante la guerra, "colgado de un árbol lo vareaban... hasta que se le salieron las tripas" (pág. 266). Este recuerdo actúa sobre su ánimo y en la noche del primer día, sueña que le "daban con una vara en la barriga" (pág 208) a él también, lo cual, a su vez, se explica por el hecho de que se encuentra enfermo del estómago. Joaquín es, por lo tanto, uno de los personajes de mayor complejidad psicológica. Un aspecto de esta complejidad son sus obsesiones que aparecen en forma de pensamientos u observaciones insistentes, uniendo así su pasado con su estado físico y con el momento actual. En relación con los padecimientos que le causa el estómago, el dolor lo acobarda "dándole una angustiosa sensación de acabamiento" (pág. 109), que aparece repetidamente reflejada en un pensamiento obsesionante de incapacidad e insuficiencia: "Ya no sirvo ni para coger coquinas" (pág. 109). Simultáneamente, como presagio de su próxima muerte, empieza a pensar: "Ya me llegará a mí la vez, tiene que llegarme" (pág. 258). A veces, estas obsesiones están tan bien precisadas que se ve claramente que si para Joaquín resultan trágicas, para los demás son cómicas. El mejor de estos casos tiene que ver con la enfermedad que padece del estómago, a causa de la cual no puede tolerar el vino que toma para acallar los dolores. Uno de los malos ratos que pasa con la bebida le produce una curiosa impresión: "Huele a mosto que apesta", cuando no hay ninguna viña o bodega en las cercanías. Joaquín, que confiesa tener treinta y nueve años, consigue por fin un trabajo en la bodega de la finca "Valdecañizo" donde muere aplastado por una bota.

Lucas es el amigo y compañero de Joaquín con quien trabaja desde la guerra. Aunque hace frecuentes apariciones, su carácter no está perfilado y queda como confidente de Joaquín para poner de manifiesto, por medio de los diálogos entre ambos, los problemas del jornalero.

Otro personaje secundario, que también sirve para complementar el carácter de Joaquín, es Lola, "una mujer todavía joven, de facciones duras, prematuramente ajada" (pág. 101). Respecto a su pasado, se dice: "Había nacido y se había criado en las viñas, y ya de mayor se fue a vivir con su hermana, que era la mujer de Vicente Corrales, el capataz de Las Talegas, uno de los pagos de don Andrés. Y allí fue donde la conoció Joaquín" (págs. 101 y 102), acabando por irse a vivir con él, y entonces "alquilaron una habitación en una vieja casa de vecinos del Angostillo". Allí es donde tienen su hogar durante los dos días de septiembre.

Hay, además, en este grupo personajes cuyo papel es

también hacer resaltar el de otros principales, contribuyendo con su presencia a darles dimensión. Entre aquéllos se encuentra Encarnita, la hija de Onofre y de la "señá" Ana, caseros que fueron del campo que tenía la madre de Miguel y que más tarde fueron empleados en Monterrodilla. Su principal función es en relación con la niñez de Miguel, especialmente en el episodio durante el cual éste aprende el significado del sexo. Años más tarde pasa a ser su amante, y aún después de haberse casado con Paco Páez, el *Tenazas*, seguía yendo a verlo "como si tal cosa" (página 255).

Mercedes, hija de la *Panocha*, vive en la misma casa vieja del Angostillo donde residen Lola y Joaquín. Su presencia sirve para mostrar los procedimientos que emplea don Gabriel para satisfacer sus instintos lujuriosos. "Era una muchacha de largo pelo suelto y piel aceitosa y oscura" (pág. 179) que se dejaba acompañar de varios hombres. Su madre, mujer de mala reputación, recibe un sobre con dinero por mediación de Julián Cobeña para que le mande a su hija de supuesta criada.

También relacionado con don Gabriel, Mateo aparece casi siempre en conversación con él, mostrando sus estados de ánimo y su carácter despótico. Como todos los demás de este grupo ha experimentado años de hambre y privaciones. Había entrado al servicio de don Gabriel como ayudante de cochero, y éste acabó "por dedicarlo a su vario y exclusivo servicio" (pág. 90). Mateo era "hijo de Julián Cobeña... debía andar cerca de los treinta años, era delgado, tenía más o menos la misma pinta que su padre, con las piernas un poco zambas... y una grimosa nariz de pimiento morrón". Su fisonomía se complementa con el aspecto de sus ojos en los que "de niño, le habían soltado un salivazo del aparato de sulfatar viñas y desde entonces se le quedaron marcadas en el blanco de los ojos unas motas violáceas" (págs. 88 y 89). Su personalidad es curiosa. Persona rara, mezcla de parásito, lacayo y rebelde, hacía "mal las cosas con el propósito de molestar". Un aspecto de su mala intención consiste en exagerar "la nota de sus despistes" (pág. 91), lo cual se ve repetidamente a través de los diálogos con don Gabriel, haciéndose el desentendido con preguntas como "¿eh?", "¿cómo?" o, simplemente, repitiendo las palabras mientras inicia un gesto de incomprensión o extrañeza:

—No, engancha la torda, que nos vamos a ir.
—¿La torda?
—Sí, la torda ¿o es que hablo en inglés? (pág. 91).

Muy a distancia quedan otros pocos vistos o simplemente aludidos de paso, sin que se penetre en su personalidad. Entre éstos están los capataces de las fincas, la señora Ana, y Serafín.

La generación joven. Dentro de este grupo se incluyen aquellos que aparecen en rebeldía contra el ambiente. Hay algunos también (Mercedes, Mateo, etc.) que se manifiestan pasivos o, por lo menos, tácitamente conformes, y a los que ya nos hemos referido. Grupo complejo, forman parte de él personas de diferentes procedencias. Unos están bastante definidos y perfilados, como Rafael Varela; otros quedan en la oscuridad como el hijo de Onofre, cuyo verdadero nombre se ignora, y los hay que, aunque contribuyen con su presencia a reforzar las idiosincrasias generales, aparecen en la novela únicamente como fondo contra el que se perfilan el carácter, las ideas y los sentimientos de los personajes más importantes. Un ejemplo servirá para ilustrar su función: Rafael Varela tiene un momento en el cual ya no puede soportar más el vacío en que existe y, entonces, se encuentra en la calle con conocidos que hablan del fútbol como si fuese la única y más importante cosa en la vida. Estas personas no poseen ninguna individualidad y, simplemente, se les designa como "uno que llevaba cachimba", otro como "el que bizqueaba de un ojo", y el tercero como "el picado de viruelas". El contraste entre la insustancial actitud de estos tres hombres, tan absurdos y tan comunes, y el hastío que siente Rafael, pone los sentimientos de éste en evidencia.

Algunos de los que forman parte del grupo son hijos de cosecheros que tratan de adquirir dignidad queriendo hacer algo en la vida. Suelen cultivar la amistad de los hijos de los capataces e incluso de los obreros sin tener en cuenta su aristocracia, más conscientes de la realidad que sus padres. A éstos les designan con el nombre de "pandilla de cretinos" (pág. 20). El personaje principal es Rafael Varela, hijo de don Gabriel. De unos veinte años de edad ("con veinte años menos" que Miguel Gamero), rebelde contra el ambiente en que vive, anda "esperando que pasasen las horas para volver a su casa lo más tarde posible" (pág. 23). Procura por todos los medios no caer en el género de vida que llevaba su padre, haciendo un diario esfuerzo para sobreponerse "a sus más atenazantes inclinaciones." En efecto, Rafael trata constantemente de dar una dirección diferente a su existencia. Cuando bebe vino "le da asco", porque le recuerda a su padre, y por lo mismo lucha contra la lujuria heredada como si fuese un "implacable contagio que había tenido que ir extirpándose como un pus" (pág. 180). Esta lucha de liberación va poniéndose de manifiesto "como una vengativa reacción contra todo lo que le rodeaba" (pág. 183). El hastío que siente frente a la vida en el pueblo, todos los días lo mismo, todo siempre igual, actúa sobre su ánimo, y por eso "le deprimía aquel escenario repetido de mil modos iguales dentro de su memoria hasta donde más podía estirarla" (pág. 183).

Reforzando las convicciones y actitudes del anterior aparecen Gloria y Tana. La primera es hija de don Gabriel y, por lo tanto, hermana de Rafael. Junto con su amiga Tana buscan una cierta independencia de acción y quieren probar que valen. Gloria se ha empleado en la base americana, contra los deseos de su padre, confesando que "me hacía falta demostrarme que valía, que era capaz de hacer algo de provecho" (pág. 334). A través del diálogo que sostienen ambas se pone de manifiesto también la ridiculez de sus actitudes de señoritas provincianas. Para mostrarlo opinan sobre el cine y emiten críticas sobre la ropa que llevan otras mujeres, haciendo uso frecuente de expresiones como "es un escándalo; da vergüenza"; "un espectáculo"; "una provocación que no hay derecho".

Un tanto nebuloso, pero con características comunes a los demás, es "el hijo de Onofre" cuyo nombre se ignora. Su padre es el capataz de la viña de Monterrodilla, propie-

dad de don Gabriel. El hijo se niega a continuar al servicio
de don Gabriel, aunque éste le ofrece el puesto de capataz
cuando su padre se retire. Había sido para Miguel Gamero "desde los viejos días de la finca del Temple... una
especie de inveterada representación de la hombría" (página 350), por su inconformidad y su ansia por liberarse
de la opresión de los señoritos y del estado de servidumbre.
"Hombre fornido y de más que regular estatura, ojigarzo,
y de largas patillas endrinas. Se tocaba con una diminuta
boina marrón escurrida hacia la nuca... Daba una noble
impresión de seguridad" (pág. 170).

El personaje de mayor importancia y, también, el de
mayor complejidad es Miguel Gamero que posee características del grupo de los ricos, a quienes pertenece por tradición, y del de los jóvenes a quienes se une por razones
de sentimiento. Sus relaciones forman un lazo que une
todos los grupos. Sobrino de don Felipe Gamero, el cual
durante su tutoría le había privado de su herencia, se encuentra arruinado y fracasado por incompetencia para im-
ponerse a las circunstancias y al "diario tobogán del vino"
en que ha caído, sintiendo plenamente la depresión que le
causa "el vacío de sus cuarenta años de vida" (pág. 306).
El vacío le lleva a la depresión y la depresión a "una dor-
mida y gratuita irritación contra sí mismo y contra todo
lo que le rodeaba" (pág. 306). Por eso se identifica con los
jóvenes y coopera con ellos en la extracción de las cincuenta botas de vino y en su venta a Perico Montaña. Por
otra parte, participa en la clase de vida que llevan los propietarios, siendo como es, compañero de "juergas" de su
amigo Montaña, para quien, además, trabaja en la firma
exportadora de vinos, "por las tardes, de tres y media a
siete y media".

La realidad interior de Miguel Gamero, su insatisfacción y desencanto, su fracaso, no coincide sustancialmente
con su realidad exterior, o sea las "juergas" y borracheras.
De esta falta de coordinación surge una peculiar depresión
de ánimo, y hasta "le daba pereza pensar" (pág. 311), a
la vez que sentía la necesidad de "buscar una salida" a su
vida absurda. Miguel lucha con esa incertidumbre, osci-
lando entre la conciencia de tener que hacer algo y la iner-

cia, entre la necesidad de acción y la atrofia de una vida fácil. Por eso repite un pensamiento obsesionante: "Tengo que hacer algo, de mañana no pasa". Sin embargo, aunque llega un momento en que parece que Miguel va a actuar, quizá porque le resulte más fácil, acaba por no hacer nada.

Por otra parte, Miguel presta amenidad a la narración dando lugar a algunas situaciones de gran comicidad. Estos incidentes se desarrollan por medio del diálogo sin que en ellos entre lo chabacano o artificial. Por lo general, están bien integrados, siendo el mejor ejemplo de todos el episodio del supuesto jabalí, durante la noche que pasan Miguel y sus amigos en la finca de Valdecañizo.

La riqueza de expresión de Caballero Bonald es digna de hacerse notar, tanto en el diálogo como en las descripciones. Los giros y coloquialismos prestan a las conversaciones una singular dimensión, a la vez que enriquecen el relato. El obrero usa una lengua propia del obrero, mientras que el cosechero usa la que corresponde a una persona de su clase. Las vulgaridades de Ayuso reflejan un espíritu pobre y mezquino, así como las ingeniosidades de Miguel son prueba de su deseo de zaherir, con lo cual se pone de manifiesto su resentimiento. En todos los casos, el vocabulario está ajustado a la realidad del personaje.

El uso de la lengua que hace Caballero Bonald recuerda la técnica de Galdós, como ocurre en el caso de don Andrés, cuyas palabras ("qué lata", "hijo", etc.) muestran su afeminamiento. En cuanto a las descripciones y párrafos de autor, el habla popular de los personajes tiende a contaminarla, si bien es obvio que el novelista trata de establecer una separación entre ambas partes. Aunque lo logra, de vez en cuando se descuida, por ejemplo, diciendo de una pareja de cierta edad que estaba "un poco pasada de rosca" (pág. 305), o, para reflejar la falta de comprensión de Cobeña, se asegura que "no veía muy claro el trapicheo".

Tanto en los diálogos como en las descripciones se hace uso de un abundante léxico relativo a la bodega y al vino (*almijar, arrumbador, venencia*), y en general al campo (*trocha, tranquera, aranzada, hijuela, albero*), lo cual implica un conocimiento de éstos, explicable por el hecho de que el autor es oriundo de Jerez de la Frontera.

Otras peculiaridades: la adjetivación que es popularizante en los diálogos, de acuerdo con la realidad del personaje, en los párrafos de autor adquiere un sentido gráfico
diciendo, por ejemplo, al referirse a una muchacha, que es
de "churretosa hermosura", o al agua, que salía a "gargajosos borbotones". Pero lo más peculiar de los párrafos de autor, es el uso de la metáfora, de la imagen y la comparación,
que dan una especial dimensión a las descripciones.

Aunque la novela tiene dimensión social y ofrece el testimonio del conflicto entre clases, y el abuso de que es víctima el jornalero, el autor no emite juicios ni se entromete. Solamente la actitud del personaje, los sentimientos más
que las palabras, revelan los problemas sociales. En el caso
del pago que recibe el jornalero por su trabajo, de la escasez
de mano de obra, del paro durante los cinco meses que siguen a la vendimia, se deja que los obreros lo comenten en
una taberna, poniéndose de manifiesto, por medio del diálogo, la desproporción entre las ganancias del cosechero ("la
bota de albariza está saliendo a cerca de tres mil" (pág. 39)
y el salario del jornalero. Las referencias a estos problemas
ofrecen comentarios del siguiente género:

—Aquí no se saca ni el forro.
...
—En el pago de Monterrodilla andan buscando cortadores.
...
—En Monterrodilla los cazan a lazo.
...
—Están pagando a catorce.
—Tijera incluida.
—Se conoce que escasea el personal. A los niños
les están dando como a diez duros.
...
—Se saca más con el rebusco —dijo.
—Más ¿qué? —preguntó el de la camisa remangada.
—Lo que sea. Más sarna.
...
—Pues en Valdecañizo dos duros más.

...
—Tira y pisa, a cuarenta y dos y pico las treinta
y una arrobas.   (págs. 40-42)

El realismo de Caballero Bonald se deforma, a veces,
por el humor y la ironía. En relación con los efectos del
vino se va ironizando a cuenta de lo saludable que resulta
la bebida para el cuerpo, que "si no revienta, aguanta cien
años con una abotargada lustrosidad. Todo es cuestión de
irse acostumbrando" (pág. 197).

Parte del acierto con que se enfoca la realidad es el diálogo, que se maneja con gran habilidad y concisión, sin que
haya lugar a ambigüedad. Sirva de ejemplo, la siguiente
conversación entre Ayuso y un cliente que entra en la taberna:

—Bochorno, ¿eh? —dijo, pasándose los dedos por
las comisuras de los labios.
—El verano que no se acaba.
—Aquí no se acaba ni la roña.
—Llevamos una temporadita...
—¿Tiene usted cambio de cincuenta?
—Me parece, traiga.
—De cincuenta, nuevecito. Lo vi y no lo vi.
—Y sin caer una gota.
—Ya ni llueve. ¿Para qué va a llover?
—Pues yo creo que este levante va a traer agua.
                                              (pág. 77)

En la precedente conversación se trata simultáneamente de dos asuntos diferentes, sobre el tiempo y sobre el cambio del billete, que no se identifican sino que el lector deduce lo que pasa por lo que se dice. Parte de esta técnica
del diálogo, es la combinación de dos conversaciones diferentes, sin párrafo de autor que las explique o separe. Los
interlocutores pueden estar relacionados por la situación o
puede tratarse de dos grupos de personas totalmente ajenas. Así como en el caso anterior no se intentó explicar de
qué se trataba, en el caso de varios grupos de personas tampoco se identifica a quién pertenece lo que se dice. Es como

117

si el lector escuchase a través de una pared sin ver a los interlocutores. Simplemente se van reproduciendo las palabras, como ocurre cuando Julián Cobeña habla con Joaquín en el patio de la casa del Angostillo. Cobeña pide a Joaquín que vaya a cantar a una fiesta que da don Gabriel; simultáneamente hay una mujer que busca a su hijo. Después de haber quedado establecidas ambas situaciones, la de Cobeña-Joaquín y la de la mujer-en-busca-del-niño, el diálogo se independiza totalmente, siguiendo este curso (las líneas con asterisco pertenecen a la mujer):

> —...De modo que si te hace plan me lo dices y si no, pues aquí paz y después gloria. Por eso no nos vamos a pelear. Vamos, digo yo.
> —Sí, claro.
> *—¡Y eso que le dije que viniera en seguida, le voy a dar una! —seguía gritando la mujer.
> —Son cuarenta duros, date cuenta.
> —Cuarenta duros... Como si no me hicieran falta.
> —¿Y a quién no?
> *—¿No estaba ahí jugando a la piola?
> —A quien los da, un caso.
> *—¡Ya le enseñaré yo piola, la leche que mamó!
> —Bueno, ¿entonces, qué?
> —Está bien, hecho. A las diez en La Damajuana. A ver si reviento de una puñetera vez.
> —No será para tanto, tú con cumplir.
> —Eso, con cumplir. (pág. 117)

El diálogo se emplea también con carácter parentético, combinando la palabra con la acción. Se empieza a hacer algo que se interrumpe por la conversación, a cuyo final se vuelve a mencionar la acción como concluida, lo cual implica que ésta se desarrolla mientras el diálogo sigue su curso. Joaquín llega a casa, y mientras se quita la chaqueta, la siguiente conversación tiene lugar entre su mujer y él:

> ...Intentaba quitarse la chaqueta, tirando de una manga por detrás, sin descolgársela de los hombros.
> —Tempranito... —volvió a decir la mujer.
> —¿Eh?

—Y sereno.
—Eso es lo que hay.
—¿Cayó algo?
—Relente.

...

Él hombre del lobanillo ya había conseguido sacarse la chaqueta. (pág. 50)

La técnica de combinar la acción y el diálogo no se limita a hacer que éste quede en el medio, como en el caso anterior, sino que se van alternando ambos en capas sucesivas, pudiendo servir de ilustración la conversación entre Paco *Tenazas* y Joaquín el *Guita*:

—Venga, hombre, echa un cigarro —le ponía el paquete delante de los ojos—. Es bueno, de contrabando.
—No se desprecia, de verdad. Yo casi no fumo.
—Como quieras.
Paco *Tenazas* hurgó con el dedo pulgar dentro del cuarterón rascando la dureza de la pastilla. Después se volcó en la mano el tabaco y cerró el puño.
—¿Quieres que te diga lo que tenemos que hacer los artistas?

...

Paco *Tenazas* sacó papel de fumar y liaba el cigarrillo con una lentitud exasperante, apretando el tabaco una y otra vez, enroscándolo y desenroscándolo entre los dedos.
—¿A que no sabes lo que saca un cantaor en Madrid?

...

Paco *Tenazas* cogió el cigarrillo por una punta, lo sacudió varias veces y le pasó la lengua de arriba abajo. (pág. 261)

En ciertos pasajes también se combina la narración objetiva con la subjetiva, muchas veces en forma de pensamientos obsesionantes, la cual suele darse en letra cursiva, y en cuyo caso hay un cambio de la tercera a la primera persona.

Igual que Grosso, aunque con menos frecuencia, Caballero Bonald tiende también a contar "hacia atrás", empezando por el hecho consumado y revelando poco a poco los detalles y el modo como ocurrió. Así empieza el capítulo que cuenta la muerte de Joaquín: "Tuvieron que hacer columpiar la bota sobre el cuerpo de Joaquín para quitársela de encima" (pág. 312). Luego se explica cómo pasó el accidente.

En resumen: puede decirse que *Dos días de setiembre* es una excelente novela, por su realismo de factura lenta, por la riqueza de su lenguaje, por la densidad y complejidad de la narración, y por la variedad de procedimientos y técnica. Por estas razones, se encuentra a la cabeza de la literatura de carácter social. Como relato interesa porque su autor ha escrito una novela social sin dejarse llevar por la prédica, y por lo tanto la obra gana en amplitud y objetividad, sin que predomine una visión parcial. La crítica social, aunque existe, queda en el fondo y en la naturaleza de los sucesos, y en eso consiste precisamente el mayor éxito del artista. La gracia de Caballero Bonald es fina y contribuye a aligerar la narración. Finalmente, el libro tiene un aire de autenticidad innegable. Los personajes son vivos, auténticos; Caballero Bonald los ha visto, son "tipos" que proceden de la región andaluza, admirablemente presentados dentro de un ambiente real.

* * *

Los bravos, La zanja y *Dos días de setiembre* forman el núcleo representativo de la novela que se ocupa de los problemas sociales y, a veces, políticos del campo. Siguen otras que, con mejor o peor fortuna, también ofrecen un testimonio, destacando entre ellas obras de Ramón Solís, Luis Romero, Antonio Ferres y Ángel María de Lera.

Ajena crece la hierba (19), de RAMÓN SOLÍS, combina el tema del campo con el de la emigración, exponiéndolos por medio de una simple trama: un campesino andaluz, Martín, va al norte de Francia a recoger remolacha. Al re-

(19) Madrid: Editorial Bullón, diciembre de 1962.

gresar a España, se baja del tren en una ciudad francesa con el propósito de llenar unas botellas de agua; cuando vuelve el tren ha partido. Entonces, entra en el bar de la estación, donde conoce a unos exilados que se proponen quitarle la cartera que lleva debajo de la faja, lo cual, a pesar de diversos ardides, no consiguen. Huyendo de aquéllos, pasa por delante de una sala de fiestas. Al intentar entrar es rechazado por su miserable aspecto y, ante su insistencia, es detenido por la policía. En la comisaría es identificado gracias a una notificación de la Oficina de Emigración y, puesto en libertad, ya podrá continuar su viaje.

A lo largo de la novela, Martín recuerda la vida que lleva en Olvera, su pueblo, y el autor explora con carácter testimonial las causas por las cuales hombres como Martín tienen que emigrar en busca del pan. Asimismo, Martín reconstruye mentalmente el trabajo de los emigrantes en los campos franceses de remolacha.

La novela contiene dos temas que interesan: el problema de un pobre jornalero que se extravía en un país extranjero sin poder hablar o saber a dónde ir, y el testimonio de la miseria, ignorancia y pobreza del campesino andaluz. También hay algo que resulta poco convincente: la personalidad de Martín, que, siendo tan torpe e ignorante, resulta tan listo que consigue adivinar siempre los movimientos y hasta los pensamientos de quienes tratan de privarle de sus ahorros; y la conducta y personalidad de los exilados que pretenden engañarlo. Aparte de esto, la novela está narrada con sencillez, sin complicaciones técnicas o de estructura, siendo su mayor mérito la fluidez con que se cuenta lo que ocurre en el corto espacio de tiempo que media entre el tren perdido y el siguiente.

Luis Romero reelabora el tema de *Los bravos* en *El cacique* (20), añadiendo un original punto de referencia: la tiranía del cacique se narra en el período de día y medio

(20) Barcelona: Editorial Planeta, diciembre de 1963. Recibió el premio Planeta 1963. Las fuentes de *El cacique* podrían ser no sólo *Los bravos*, sino también *Algo pasa en la calle* (1954), de Elena Quiroga, que narra la vida de una persona después de haber fallecido. Otras obras de Romero: *La noria* (Barcelona: Ediciones Destino, 1952); *Carta de ayer* (Barcelona: Editorial Planeta, 1953); *Las vie-

que transcurre desde su muerte hasta su entierro. En ese breve tiempo, se pone de relieve la opresión a que se ve sujeto el pueblo, la mezquindad, falacia y venalidad de los representantes de la justicia y del orden, y todas las inmoralidades administrativas imaginables, todo lo cual se mantiene unido mediante una trama de intriga: el amo del pueblo ha fallecido llevando un valioso solitario, y los familiares pretenden sacárselo del dedo, pero el cadáver se ha hinchado y no pueden quitárselo sin herramientas, lo cual es imposible por la presencia de las visitas que llenan la casa. Un grupo de cómicos ambulantes ha llegado al pueblo el mismo día, y uno de ellos, Colibrí, entra en la casa mortuoria para vender unos versos en loor del difunto, y al acercarse al muerto, se da cuenta de la magnífica joya. Decidido a apoderarse de ella, lo consigue por fin a la siguiente noche, penetrando en el panteón y cortando el dedo.

El relato posee viveza, y las situaciones se muestran mediante el diálogo que el autor maneja con soltura, como lo requiere una obra donde hay que exponer y hacer ver la realidad más que narrar sucesos. Además, el diálogo posee una ironía, a veces sarcasmo, que recuerda a Cela. También parecido a Cela es el empleo de un vocabulario excesivamente culto que no corresponde a la realidad de los personajes, sobre todo cuando éstos son humildes e ignorantes labradores.

Los personajes son, en su mayor parte, "tipos" expuestos bajo un solo aspecto, como puede serlo su rapacidad, su duplicidad o sus sucios intereses. Colibrí, el cómico de la lengua, es el carácter más interesante del libro. Adecuado es su lenguaje de tonos altisonantes y retóricos, y su proce-

jas voces (Barcelona: Editorial Éxito, 1955); *Los otros* (Barcelona: Ediciones Destino, 1956); *Esas sombras del trasmundo,* cuentos (Madrid: Ediciones Cid, 1957); *Allá Tudá* (Barcelona: Ediciones Acervo, 1957); *La Nochebuena* (Madrid: Ediciones Cid, 1960); *La corriente* (Barcelona: Ediciones Destino, 1962). También ha escrito poesía, *Cuerda tensa* (1950); obras de divulgación, *Tabernas* (Barcelona: Editorial Argos, 1950); *Curso práctico de periodismo* (Buenos Aires: Editorial Hobby, 1959).

Nació en Barcelona en 1916. Tomó parte en la guerra civil, y luego se alistó en la División Azul. Posteriormente residió en Buenos Aires. Es perito mercantil.

der coincide exactamente con su personalidad, cuyas facetas hacen de él un ser esperpéntico a lo Valle-Inclán o a lo Cela. En resumen: *El cacique* es una novela que interesa más por lo que cuenta que por la manera de contarlo.

Con las manos vacías (21), de ANTONIO FERRES, se basa en el error judicial de Tres Juncos, por el cual se condenó, en 1910, a dos campesinos como presuntos asesinos de una víctima que en 1926 resultó estar con vida. Aunque el tema ya se trató en la novela de Ramón Sender, *El lugar de un hombre* (22), Ferres ha intentado darle nueva vida, creando una trama novelesca con el propósito de señalar a los culpables de esa injusticia. El relato, más que concentrarse en los personajes que fueron el centro del supuesto crimen (los cuales quedan como en el fondo), presta atención a la justificación que dan los ricos y las personas de orden del pueblo, más que a los hechos en sí.

La acusación contra los llamados "hombres de bien", que despliegan un celo inusitado para condenar a los dos labradores, se lleva a cabo por medio de una técnica testimonial, exponiendo sus actitudes mediante el diálogo y a través de la indignación de don Pedro, el cura del pueblo, el cual rebelándose contra los mismos que lo sostienen, proporciona la crítica de una estructura social defectuosa y anquilosada. El mismo don Pedro es el que encuentra a la presunta víctima, el "Pastor", y lo lleva al pueblo para que "lo vieran vivo —sano y salvo— los ricos... para quemarles el corazón de remordimiento" (pág. 177). El resultado de la acción del cura es negativo, pues se excusan negándose a reconocer la injusticia cometida:

> Salvo en lo más aparente, nada movería sus convicciones, sus ropajes, sus abrigos para la comodidad y el sosiego... Ellos moverían la cabeza, y, alguno di-

(21) Barcelona: Editorial Seix Barral, 1964.
(22) «Ferres no ha sabido superar la novela de Sender... que supo, en su momento, abarcar el problema local y el universal a la vez que se planteaba con el error judicial. El mundo desplegado por Sender es infinitamente superior al de Ferres». J(osé) R. M(arra)-L(ópez), «Ferres, Antonio: Con las manos vacías», *Ínsula*, N.º 222 (mayo 1965), pág. 8.

123

ría: "eso fue cosa del juez, o del juez y del Cabo Tal",
y otro: "Don Mariano lo que pedía era justicia, y en-
cabezaba el deseo de los hombres de bien, pero no
quería injusticia", y otro afirmaría que tampoco habían sido tan altas las penas.   (págs. 177 y 178)

El cura, disgustado por la actitud de los ricos, abandona el pueblo. Brígida, novia de uno de los acusados, ad-
mirando a don Pedro, única persona de valor y entereza
que ha conocido, se va con él en el coche que lo lleva a
Madrid.

La estructura de la novela es, básicamente, la misma de
la primera obra de Ferres, *La piqueta*. El primero y el último capítulo forman un todo dividido en dos, a modo de
prólogo y de epílogo, en cuyo centro se inserta la narración
"de las cosas que ocurrieron en su pueblo hacía cerca de
treinta años" (pág. 13), y que se preludian y epilogan en
las antedichas partes. Éstas se refieren al momento actual,
en ambas novelas, mientras que el núcleo central pertenece
al pasado. En *Con las manos vacías* el presente se desarrolla en un cementerio madrileño mientras una joven, la
hija de don Pedro y de Brígida que pasa por ser sobrina
del cura, espera la exhumación de los restos de José Hue-
te, el pastor que fue la causa del error judicial.

El diálogo se maneja con fuerza y precisión en los momentos cruciales, y la referencia a las torturas que la Guardia Civil inflige a los detenidos para que "confiesen" su
crimen son de un efecto innegable, expuestas por medio del
diálogo, o mencionadas, ligera pero efectivamente, en los
párrafos de autor.

Con las manos vacías es una novela de limitado interés, debido, en primer lugar, a la tendencia a sustentar el
propósito testimonial y crítico por medio de las figuras de
segundo orden, mientras que los acusados Braulio y Cri-
santo, figuras principales, están únicamente vistos a distancia. La falta de una conexión directa entre éstos y aquéllos
hace que el motivo principal sea poco concreto y, por lo
tanto, poco convincente. En segundo lugar, se refiere a hechos acaecidos hace unos cuarenta o cincuenta años, los cuales, aunque se trata de asociarlos con el presente mediante

la narración retrospectiva, resultan un poco nebulosos, lo mismo que la actualidad del testimonio y de la crítica.

ÁNGEL MARÍA DE LERA presenta, en *Tierra para morir* (Y LAS CIEN CASAS CERRADAS NO SE ABRIRÁN YA NUNCA) (23), el espectro de los pueblos que se van quedando vacíos a causa de la emigración, exponiendo en forma indirecta y general la naturaleza de los males (míseras condiciones de trabajo y vida, la concentración de la tierra en unas pocas manos, los abusos de los terratenientes, etc.) que han sido la causa del éxodo en masa de la juventud campesina, tanto de un sexo como del otro.

Los personajes de *Tierra para morir* poseen la inequívoca característica de actuar dramática y teatralmente. Unas veces reaccionan con "rabia", como don Pedro que "tiró con rabia el cigarrillo" (pág. 10), lo mismo que Sixto que también "tiró con rabia la punta del cigarrillo" (pág. 104); otras veces se expresan con ira, lo cual hace Noemí que "dirigió una mirada llena de ira" (pág. 83) a su novio, caso parecido al de la vieja Virtudes que, ante la obstinación de su hijo, "no pudo contener un relámpago de ira" (pág. 209); en otras ocasiones las reacciones de los personajes se explican en términos melodramáticos, diciendo que "su frente se contrajo igual que un puño cerrado" (pág. 263), o que "aquella revelación fue para él como un fuerte puñetazo en plena cara" (pág. 263). La abundancia de estos recursos hace que los personajes resulten falsos por exceso de melodramatismo, lo que, junto a la falta de acción, arruina la novela. Por lo demás, la obra posee interés debido a lo que tiene de actualidad y de documento.

(23) Madrid: Aguilar, 2.ª edición, 1965. La primera data de 1964. Otras obras de Lera: *Los olvidados* (Madrid: Aguilar, 1957); *Los clarines del miedo* (Barcelona: Ediciones Destino, 1958); *La boda* (Barcelona: Ediciones Destino, 1959); *Bochorno* (Madrid: Aguilar, 1960); *Trampa* (Madrid: Aguilar, 1962); *Hemos perdido el sol* (Madrid: Aguilar, 1963); *Con la maleta al hombro* (Madrid: Editora Nacional, 1965).
Bochorno, Los clarines del miedo y *Boda* han sido llevadas al cine. Recientemente la casa Aguilar ha publicado sus *Obras completas*.
Nació en Baides (Guadalajara) en 1912. Ingresó en el Seminario de Vitoria que abandonó después de haber cursado allí estudios. Posteriormente empezó la carrera de leyes que no pudo concluir a causa de la guerra. Actualmente vive de la pluma.

IV. EL OBRERO Y EL EMPLEADO

Algunas de las novelas que han sido estudiadas en la sección dedicada al campo podrían mencionarse en esta parte también, por referirse al jornalero. Por dicha razón, *La mina*, que se incluye en esta cuarta parte, podría haber aparecido en la tercera, por ocuparse, parcialmente, del problema del campesino. Sin embargo, incluiremos únicamente bajo el título *El obrero y el empleado* aquellas obras que presentan la vida del obrero, su trabajo y sus problemas, siempre y cuando el verdadero propósito no sea examinar las diferentes capas de la sociedad urbana o rural, en cuyo caso se estudian en las secciones tituladas *La ciudad* y *El campo*, respectivamente. En esta cuarta parte nos ocuparemos también de las novelas que muestran la vida, llena de desesperanza y amargura, de los empleados y oficinistas de ínfima categoría.

El propósito de los novelistas que escriben sobre el proletario y el empleado es llamar la atención del público sobre las condiciones de trabajo, las privaciones y abusos a que se ven sometidos. Lo que se busca es reflejar una situación nacional, y, a veces, universal: "El trabajador de Los Llanos, era tan pobre, a fin de cuentas, como el de otro sitio cualquiera" (*La mina*, pág. 115).

En algunas de estas obras hay como una denuncia de ciertas condiciones de vida y trabajo. En estos casos, el escritor revela una ideología socialista y manifiesta una franca simpatía hacia el obrero, llegando a la exaltación. Así como en la novela social del campo la visión que da el novelista suele ser parcial, y solamente se ve la situación desde el punto de vista del jornalero, en la del proletario la visión es igualmente unilateral. Muchas de estas obras van dedicadas a trabajadores como aquellos de quienes se ocupan. *La mina* se dedica "A mi amigo el minero con el que viajé en el correo de Andalucía"; *Hemos perdido el sol* va dirigida "A todos los españoles que tienen que emigrar... para ganarse la vida"; *Central eléctrica* presenta el homenaje del autor "A mi padre, que ha trabajado toda su vida haciendo luz".

Si en la novela del campo se condena al terrateniente y al rico, en la del proletario se acusa a la empresa, al empresario y al técnico de carrera como responsables de los abusos. Las empresas pueden aparecer como "un monstruo de cien cabezas" (*La mina*, pág. 239); los empresarios únicamente desean ganar dinero —como el constructor don Tomás que "sólo quería lo práctico, y en aquel caso era producir a toda marcha, terminar aprisa, absorber jornadas"— (*El suceso*, pág. 50), con el resultado de falta de seguridad en el trabajo, lo cual ocasiona accidentes y muertes entre los obreros. Lo mismo puede ocurrir por ignorancia de los ingenieros que "no leían ni aquellos libros que estaban relacionados con su carrera" (*Central eléctrica*, pág. 132).

Además de ponerse de manifiesto los abusos, se muestra también la pobreza en que vive el obrero, como los que trabajan en la *Central eléctrica*, que comen "sopas de ajo, sardinas, frutas semipodridas" (pág. 89). Los hombres que laboran en *La mina* viven en casas que "en cuanto llueve se ponen perdidas de humedaz (*sic*)" (pág. 131). En algunas novelas se expresa, por otra parte, la esperanza de una vida mejor para la clase obrera, resultado del progreso que vendrá en generaciones futuras, o de la unión de todos los proletarios, que los autores de estos libros piden en nombre de los derechos elementales del hombre que trabaja: "Los hombres deben trabajar sin miedo a que se les caiga el techo encima y deben cobrar mejores jornales" (*La mina*, pág. 198).

Al tratar de la vida y del futuro del proletario hay, frecuentemente, una poetización de los sufrimientos y privaciones con que éste se enfrenta, cuyo resultado es el embellecimiento de la triste y cotidiana realidad. Así, López Salinas se solidariza con el obrero y se duele de sus desgracias, lo cual le lleva a exaltar su bondad, su simplicidad, sus anhelos. Y esta exaltación da lugar a una visión lírica de la realidad, a veces teñida de melancolía y tristeza.

Todas las características mencionadas (contenido de

ideología socialista; visión de los abusos y de la miseria del proletario, y mensaje de esperanza; generalización de una situación; visión unilateral en la que se condena a la empresa; poetización de los sufrimientos del obrero) se encuentran ya en la novela social de la pre-guerra. Entre ésta y la novela actual que se refiere al proletario, hay ciertos relatos documentales, novelas-reportaje que se ajustan a una técnica testimonial, pero que están desprovistas de una clara intención social, aunque ésta esté latente en la escueta presentación de los hechos. A veces, el deslinde entre ambas clases de relatos es difícil. Sin embargo, el verdadero propósito de los mencionados relatos documentales no es la crítica, ni la exposición de ciertas condiciones para lograr una mejor comprensión de la vida del obrero, ni la denuncia, sino que se concentra en la exposición de un género de vida o trabajo. Nos referimos a obras como *Gran Sol* (1), la más representativa entre ellas, que Ignacio Aldecoa dedica a "los hombres que trabajan en la carrera de los barcos de pesca... Mar del Gran Sol". Se ha llegado a poner en tela de juicio los méritos artísticos de esta forma de novelar, pero, en este caso, es indudable que Ignacio Aldecoa logra combinar la narración artística, los detalles representativos que definen el trabajo y la vida de los pescadores de altura, la intención implícita social y la técnica testimonial, todo ello en un conjunto novelístico de alto valor literario (2).

Las novelas cuyo propósito principal es el relato documental no son cronológicamente anteriores a las testimoniales de clara intención social, sino que aparecen simultáneamente. A este respecto no deja de ser curioso el hecho de que las primeras novelas que aparecen después de la guerra civil, tanto las que se ocupan del obrero como las que tratan del empleado de oficina, ofrecen todas las características de la tendencia ya desarrollada. Tal es el

(1) Barcelona: Editorial Noguer, 1957.
(2) «In such works, and specifically in that of Aldecoa's, success, from the artistic standpoint, depends on the reproduction of reality which should be significant and not simply repertorial». Ricardo Gullón, «The Modern Spanish Novel», *Texas Quarterly*, IV (Spring 1961), pág. 86.

caso de *El empleado* (3), de ENRIQUE AZCOAGA. Esta novela (igual que otras posteriores del mismo tema) tiene un claro precedente en la obra galdosiana *Miau* y en su inolvidable personaje Villaamil. El problema del empleado no es la cesantía (como en el caso de *Miau*), sino el tedio, la insatisfacción, la amargura de las estrecheces de un sueldo que no llega nunca a finales de mes, el escape de una existencia vulgar por medio de pretensiones de falsa grandeza, aunque, a fin de cuentas, el propio empleado sea el único engañado, ya que los demás saben lo insignificante que es su compañero de trabajo. Sin embargo, *El empleado* no supera en nada al libro galdosiano. Se pone demasiado énfasis en la monotonía de las horas que el personaje principal pasa en la oficina, cuyas actividades ocupan las dos terceras partes de la novela y que, por falta total de acción, llegan a cansar.

DOLORES MEDIO se ocupa de un tema parecido al anterior en *Funcionario público* (4). Este relato posee más interés, pues la oscuridad de la existencia del humilde empleado de Telecomunicaciones, y la desesperanza y amargura que siente, están vistas por medio de la vida que hace fuera de su trabajo, sin recurrir apenas a lo que pasa en la oficina. En este sentido, *Funcionario público* posee más interés que *El empleado*, interés que se mantiene por medio de una doble trama de acción: el funcionario y su mujer buscan una nueva habitación donde vivir; aquél encuentra en la calle el diario de una mujer desconocida, cuyo rastro sigue con el propósito de devolvérselo, aunque en realidad, lo haga por tratarse de una aventura, de un ideal que da a su vida prosaica la belleza e importancia que no tiene. Cuando Pablo Marín descubre que se trata de una prostituta, se niega a reconocerlo, y sigue tras el ideal inalcanzable:

> La verdad es que Pablo Marín *no desea* encontrar a Natalia Blay y experimenta una sensación de alivio... cuando un obstáculo le sale al paso. ¿Renun-

(3) Madrid: Revista de Occidente, 1949.
(4) Barcelona: Ediciones Destino, noviembre 1956.

ciar a buscarla? No. Tampoco. Eso equivaldría a rechazar la posibilidad de encontrarla, declarándola definitivamente una quimera. (pág. 134)

No obstante, la técnica narrativa es monótona y la novela cansa, no tanto por lo que cuenta sino por la manera de contarlo. Las situaciones y sucesos están, en su mayoría, referidos indirectamente por medio de pensamientos o recuerdos, en vez de exponerse mediante la acción y desarrollo directo. Además, la mitad de la novela, aproximadamente, son pensamientos de los personajes que se narran entre paréntesis, según la forma empleada anteriormente por Luis Romero en *La noria* (1952).

El problema social en las obras de Dolores Medio aparece más influido en los hechos que expresa, aunque, a veces, se refiera ocasionalmente al "problema social. Un verdadero problema social éste de los funcionarios" (pág. 163), pero no existen claras intenciones de denuncia o crítica. Tanto en el caso de Medio como en el de Azcoaga puede decirse que son novelas más documentales (al estilo de un Aldecoa) que sociales (a la manera de un López Salinas).

Más orientada hacia lo social que las precedentes, es la novela de DANIEL SUEIRO, *La criba* (5), que se ocupa de los empleados de ínfima categoría que trabajan en las redacciones madrileñas. La visión del trabajo en esas oficinas muestra cómo la existencia de los oficinistas está llena de desesperanza y amargura:

Cada uno de estos hombres y cada hombre, en general, es como una criba: un trozo de piel repleto de agujeros por los que sale, a bocanadas, la sangre o la desesperanza, y se vacía. (pág. 7)

La novela contiene, también, el indispensable elemen-

(5) Barcelona: Seix Barral, 1961.
Otras obras de Sueiro: *La rebusca y otras desgracias* (relatos); *Los conspiradores* (relatos, inédito) que recibió el Premio Nacional de Literatura 1959. Concluido este estudio, han aparecido *Esos son tus hermanos* y *La noche más caliente* (Barcelona: Plaza y Janés, 1965).
Nació en La Coruña en 1931. Escribe para el cine y ejerce el periodismo en Madrid.

to de protesta. Una de las empresas donde trabaja el personaje principal se instala en un nuevo edificio y se les pide a los empleados que, para el día de la inauguración, vistan traje nuevo. Piensan que van a ser invitados a la recepción, pero cuando, después de haber llegado las autoridades y demás invitados, se aproximan al lugar del banquete, les niegan la entrada. La protesta de los empleados se expresa a gritos y golpes: "¡Bandidos! Y para esto me han hecho poner el traje nuevo" (pág. 105).

El elemento que presta coherencia al relato y a las actividades en las diversas redacciones, típico de la novela testimonial, es el personaje principal, que trabaja en todas ellas. Su mujer espera una criatura y, por esta razón, él tiene que desempeñar varios empleos. Está necesitado de dinero, pero las empresas donde trabaja se lo niegan. Los médicos del seguro no le prestan la debida asistencia. La única persona que le dejará el dinero es una prostituta a quien ocasionalmente visita. A ésta le confiesa: "No. No tengo amigos, ni, en verdad, empleo... Hay gentes que tienen dinero, lugares donde se cuentan los billetes por cientos..., pero a ellos no puedo ir yo en busca de ayuda, a ellos no les puedo pedir yo ya nada" (pág. 179). Al final, la criatura recién nacida muere, y él sigue su vida "desesperadamente, sin esfuerzo" (pág. 186).

Relacionados con la vida y las actividades del personaje principal, hay sucesos violentos, del género que se encuentra en las novelas de Goytisolo o de Marsé, como el incidente que ocurre en la redacción de la revista *Lauro,* donde los empleados se libran de sus frustraciones arrojándose mutuamente todos los papeles, folletos y libros que hay en la oficina; u otros repugnantes, como el incidente del bar en el cual los empleados de *Lauro* se gastan en "vermut" el dinero de la colecta que han hecho para ayudar a un compañero tuberculoso, y donde acaban tomándose la botella de "leche de mujer" que el personaje principal traía, de un dispensario, para su hijo recién nacido. Éstos y otros sucesos son partes accesorias que no están adecuadamente integradas en la narración, lo cual contribuye a la falta general de unión que caracteriza a la novela. Otro defecto peculiar es que el personaje principal carece de nombre, y como sus actividades están narradas en tercera persona, lo mismo que en el caso de otros personajes, el resultado es una ambigüedad que se presta a confusiones. Así, un capítulo puede empezar del siguiente modo, sin que se sepa a quién se refiere:

> Entró, todavía abatido, en la redacción de *Lauro*, y saludó con un gesto, un par de palabras. Ni una voz. Nadie hablaba allí. Algunos le contestaron. "Hola", un "hola" desganado y de compromiso. (pág. 60)

La realidad y la desesperanza del personaje principal se comprenden y llegan a interesar, pero la manera en que se cuenta hace que el interés de la narración decaiga. El relato pasa del presente al pasado y viceversa, en momentos inapropiados. La prosa en ciertos pasajes es defectuosa, y en otros hay falta de coherencia.

Lo mismo que en el caso de las novelas que se ocupan del empleado de oficina, no deja de ser curioso el hecho de que, en la novela del proletario, la primera que se ocupa del obrero y que aparece después de la guerra civil ofrece todas las características de la tendencia ya desarrollada. Tal es el caso de *Central eléctrica* (1956), del poeta JESÚS LÓPEZ PACHECO. La posible razón, aparte de los méritos indiscutibles del novelista-poeta, de que en la novela que inaugura el género la cuestión social esté ya desarrollada, acaso se deba al hecho de que el punto de partida de López Pacheco es la obra de César M. Arconada, *La turbina* (6) (como *Miau* lo es de las novelas de Medio y Azcoaga), que se ocupa también de la construcción y operación de una central eléctrica. Ciertos aspectos de *Central eléctrica* se encuentran ya en la obra de Arconada, principalmente el que la central esté situada en una región remota con el propósito de dar luz a unas gentes atrasadas; la resistencia de los campesinos a la luz ("¡La luz! ¡Como si nos hiciese falta para algo!" *Turbina*, pág. 46), ya que prefieren los candiles ("Nosotros seguimos con candil. No queremos otra

(6)   Madrid, Buenos Aires: Compañía Iberoamericana de Publicaciones, 1930.

cosa". *Turbina*, pág. 46); el odio del campesino por todo lo nuevo, simbolizado en el personaje principal, Cachán ("Odia lo nuevo, odia ferozmente esta invasión, este cambio". *Turbina*, pág. 46); la creencia de que la energía eléctrica es algo diabólico ("La luz eléctrica... es como el demonio". *Turbina*, pág. 43); la expectación de la gente el día que dan la luz ("Los labradores... marchaban hacia la Plaza a presenciar el espectáculo de la bombilla". *Turbina*, pág. 205); la lucha del hombre para subyugar la naturaleza ("La lucha entre el agua, que es naturaleza, que es Dios, y la turbina, que es la inteligencia, los hombres". *Turbina*, pág. 189); la luz como equivalente del progreso ("A todos los pueblos de alrededor, había llegado el progreso en forma de alambres". *Turbina*, pág. 199); y otros casos menores como los paralelismos entre día-progreso, progreso-luz, oscuridad-atraso, atraso-noche. El característico tono poético de *Central eléctrica* se encuentra también en *La turbina*. Contribuye a ese tono, tanto en un caso como en el otro, la personificación de la naturaleza, y si López Pacheco habla de "la tierra que se ahoga debajo del agua, se asfixia, pidiendo inútilmente aire, sol y vida" (*Central*, pág. 98), Arconada se había referido a la hierba de un prado que sufre cuando, cruzando por el medio, la separa una carretera: "La hierba de un lado y la del otro sufre mucho... por no poderse abrazar y amar" (*Turbina*, pág. 41).

La proyección de lo local en sentido universal e intemporal, que es parte importante de *Central eléctrica*, ampliando a todos los tiempos y lugares la lucha del campesino con la tierra y del obrero con las fuerzas del agua, se encuentra asimismo en *La turbina*, en párrafos como el siguiente:

> Por el mundo pasaban días hostiles, adversos, en los cuales el cielo tenía un color de filo de guadaña. Por el mundo pasaban esas enormes ruedas que tiene el carro del tiempo. Rechinaban, giraban pesadamente. Iban aplastando cráneos, vidas, cosas. Iban removiéndolo todo, apisonándolo, como si fuese sobre grava recién echada. (págs. 10 y 11)

Lo antedicho no resta nada a la originalidad y valor que, como creación artística, posee la obra de López Pacheco (7), habiendo sabido superar la novela de Arconada. En realidad, el tema es fundamentalmente el mismo, aunque a cincuenta años de distancia (*La turbina* se desarrolla en 1910), pero el modo de narrar, los sucesos, y las implicaciones locales, nacionales y universales, son muy diferentes, como luego se verá. Igualmente distinto es el tono poético que caracteriza a ambas obras. En Arconada es, a veces, simplista (8); en López Pacheco es, como se expondrá más adelante, de una gran riqueza y variedad. Además, ese tono queda en *La turbina* al margen de los sucesos, es algo accesorio que se podría separar de la trama no velística; mientras que, en *Central eléctrica*, lo poético emana de los hechos mismos que se narran y es, por lo tanto, inseparable.

* * *

Central eléctrica (9) trata, como ya se ha dicho, de la construcción de una central eléctrica en una de las regiones más atrasadas de España (10). La obra se divide en

(7) Además de *Central eléctrica*, ha publicado los siguientes libros de poesía: *Dejad crecer este silencio* (Madrid: Adonais, 1953); *Pongo mi mano sobre España* (Roma, 1961); *Mi corazón se llama Cudillero* (Mieres: El ventanal, 1961); *Canciones de amor prohibido* (Barcelona: Literaturasa, 1961). Su cuento *Maniquí perfecto* recibió el Premio Sésamo 1955.
Nació en Madrid en 1930. Es licenciado en Filología Románica.
(8) Arconada se dirije, a veces, en *La turbina* al lector. En la mayoría de esos casos, «lo poético» de la novela se hace excesivamente melodramático, como en el siguiente párrafo: «Los niños mueren en brazos de los ángeles, que son de plumas mullidas. Pero así y todo, luchan débilmente por desasirse de ellos, los rechazan, huyen. Callad. Es la agonía. Los niños no ven calaveras, ni guadañas de corte agudo segando hierba de cabezas. Los niños sólo ven un ángel blanco, joven como ellos, alegre y capcioso, que dice: «Vamos, niño».... Callad. Es la agonía». (págs. 222-223).
(9) Barcelona: Editorial Destino, abril de 1958. Quedó finalista del Premio Eugenio Nadal 1956.
(10) Según manifestación de Jesús López Pacheco al autor de este estudio, se trata de la provincia de Zamora. El padre del novelista trabajó en la construcción de centrales eléctricas en esa zona

tres partes: I. Aldeaseca; II. Saltos de Aldeaseca, cuyo primer capítulo se titula *El gran ruido*, el vigésimo lleva el encabezamiento de *El redoble*, y el vigesimoséptimo el de *Santuario sin dioses;* III. Nueva Aldeaseca.

En la primera parte se explica que, para construir la presa, es necesario inundar un valle que comprende varios pueblos, entre ellos Aldeaseca, "uno de los más atrasados". El atraso se pone de relieve describiendo el aspecto miserable del pueblo, las costumbres primitivas de sus habitantes y los sucesos que ocurren en él. Uno de los campesinos, "el Cholo", "joven y fuerte, roba a los demás y seduce a las mujeres casadas, hasta que, todos a una, lo asesinan en forma que sería "una pena de muerte, ejecutada colectivamente" (pág. 278). El crimen recuerda el asunto de *Fuenteovejuna*, no sólo por el abuso de bienes y mujeres, o por la idea del crimen como justicia, sino por las repetidas declaraciones de los campesinos, diciendo que "fue todo el pueblo" (pág. 52), y por la manifestación del juez, que, tras los interrogatorios, concluye asegurando que "no se podrá hallar culpable" (pág. 64).

Simultáneamente empiezan las obras y la inundación del valle. Los campesinos, ante el desahucio, no tienen otro remedio que convertirse en obreros que trabajarán en la construcción de la presa y en la de los nuevos pueblos, entre ellos Nueva Aldeaseca, en donde tendrán nuevas casas y tierras. Los ingenieros calculan el tiempo de la inundación, para que los campesinos puedan recoger sus cosechas, "la mayor cosecha de muchos años" (pág. 91). Sin embargo, "llovió... y subió el río, y hubo crecida como nunca" (pág. 98) y la cosecha se anega, con desesperación de sus dueños. Debido a la subida de las aguas, tienen todos que abandonar el pueblo, excepto la señora Norberta, que permanece en el tejado de su casa desde donde presencia la desaparición de las mieses, y, cuando vienen a llevársela por la fuerza, lanza a gritos su acusación: "Ladrones..., las cosechas echadas a perder... Hijos de mala madre..., nos

---

y, por lo tanto, el motivo que sirve de base a la ficción novelesca, aunque influido por Arconada en las partes ya señaladas, está basado en experiencias, personales.

echáis de nuestro pueblo... Ladrones..." (pág. 109). Ante tantos abusos e injusticias, los campesinos se sublevan, apedreando e incendiando la Dirección de la Compañía Española de Electricidad.

La segunda parte (Saltos de Aldeaseca) trata casi exclusivamente de la construcción de la presa y la puesta en marcha de la central, y de los incidentes que ocurren. Se inicia esta parte con el capítulo titulado "El Gran Ruido", que es el producido por los alternadores en funcionamiento. Al mismo tiempo, se ha ido desarrollando también el asunto de la enfermedad de Andrés Ruiz, joven ingeniero que siente grandes aprensiones por su salud y que, precisamente en el momento en que se enamora de Charito, la hija del jefe de montajes Juan Lobo, se le convierten en la certidumbre de estar tuberculoso. Mientras Andrés está en el sanatorio, la construcción de la central acaba, y los empleados empiezan a emigrar hacia otras futuras presas, mientras que los campesinos-obreros dejan de ser obreros, y vuelven a ser campesinos. En el momento en que se inicia el éxodo, vuelve Andrés Ruiz ya curado. Junto a él, viene Martín, el primer maestro encargado de la nueva escuela. La "Compañía", para contrarrestar la mala impresión producida por los accidentes de trabajo, decide que el acto de dar luz a los nuevos poblados revista solemnidad y reciba toda la publicidad posible. La prensa destaca adecuadamente el momento en que el técnico Juan Lobo da la luz a Piedrablanca. Esta segunda parte se cierra con la marcha de los camiones que llevan los enseres y las familias de los obreros especializados y técnicos.

La tercera y última parte narra cómo los campesinos van abandonando, poco a poco, el pueblo de Nueva Aldeaseca por falta de trabajo (la central es automática y no se necesita mano de obra) y porque las nuevas tierras son incultivables. Llegan las autoridades para proceder a la inauguración del servicio eléctrico. Se pronuncian discursos y se dan diplomas y medallas a los obreros que trabajaron en la presa. Éstos, sin embargo, no están allí para recogerlos, pues la Guardia Civil se los ha llevado detenidos por el crimen de "el Cholo". Sus familiares se hacen cargo de tales distinciones, y en ese momento la madre de uno de ellos,

la tía Norberta, lanza a las autoridades su acusación:
"—Nos quistaisteis *(sic)* las tierras, hundisteis nuestro pueblo..." (pág. 318). La novela acaba cuando Martín, el nuevo maestro, "sin dejar el libro, alarga la mano y gira el interruptor" (pág. 324).

Central eléctrica contiene una fuerte crítica de las injusticias, testimonialmente expuestas, a que se ve sujeta la clase obrera y campesina. La Dirección del Salto elude las leyes laborales, contratando campesinos con los cuales resulta la "mano de obra más barata. No hay necesidad de seguros, ni de contratos, ni de ningún lío" (pág. 37). Y en caso de accidente, se queda el obrero sin compensación. Las condiciones en que el personal trabaja —"con materiales malos y viejos, sin medios apenas" (pág. 165)— son igualmente injustas. En la central, las instrucciones se ignoran y no se practican las reglas de salvamento, y "nadie sabe nada, nadie se preocupa de nada" (pág. 181). Esta falta de cuidado y de interés en la seguridad del obrero resulta en accidentes que, sin comentarios marginales, revelan la situación. Éstos ocupan los momentos de mayor intensidad en la narración. Apenas se inicia la construcción de la presa, un obrero cae en el cemento fresco, se hunde en él, y es sepultado por el hormigón que continuamente se vierte. La obra no para. Sobre él, sigue elevándose la presa; el muro de contención que protege el túnel de alivio explota antes de tiempo, matando a tres hombres; una de las compuertas de seguridad revienta, destrozando a dieciocho obreros; dos mueren electrocutados, dos sepultados vivos en el cemento. En la primera parte un ingeniero había estimado que "una presa como ésta, siempre se lleva más de medio centenar de hombres" (pág. 79). Luego, Andrés opina que "quizá, ya son cien los hombres que han muerto" (pág. 81). Al ocurrir la catástrofe de la compuerta, la prensa da la siguiente nota:

Hasta ahora han muerto en accidente de trabajo más de doscientos hombres, siendo lo normal en la construcción de una obra de estas características la pérdida de trescientos o cuatrocientos hombres.

(pág. 237)

La exposición de las injusticias y abusos que se cometen contra el campesino son igualmente elocuentes. En este sentido hay un contraste entre la opinión del ingeniero Andrés Ruiz y la posición oficial de la Dirección de la Empresa. Aquél sostiene que "se deberían tener resueltos también sus problemas" (pág. 81), mientras que el Ingeniero-Jefe opina que "esas pobres gentes son gentes retrasadas a las que no se puede tener en cuenta" (pág. 82). No sólo los desahucian de su valle, y sus cosechas se inundan por un error de cálculo, sino que los envían a un pueblo sin agua, donde "sólo los lagartos y las culebras vivían... tierra agrietada, imposible de cultivar" (pág. 249). Las nuevas casas que les dan no les sirven. Tienen "un establo pequeño que no vale para nada ("—No sé dónde vamos a meter el ganado") y las alcobas y la cocina demasiado grandes ("—Maldita la falta que nos hacen tres dormitorios.")" (págs. 72 y 89). Tampoco podrán tener ganado, pues "no hubieran encontrado pastos" (pág. 249). Por todo esto, Andrés Ruiz opina: "Me parece injusto lo que estamos haciendo" (pág. 87).

Hay, además, una crítica de la tendencia del gobierno a imponer ciertas formas de progreso (electricidad, edificios nuevos, etc.) a pueblos atrasados, crítica que también se extiende a los que quieren conservar el atraso de las aldeas con el pretexto de lo bello y típico, siendo como "sería preferible menos «belleza, menos tipismo»" (pág. 282). La crítica que originan las obras y los sucesos del Salto, se extiende a todo el país. El maestro comenta: "Hay muchos pueblos sin luz en nuestro país. Bueno, y sin agua, y sin teléfono, y sin ferrocarril. Hay pueblos por los que no pasa un camino que los una con otro" (pág. 281). Andrés Ruiz también hace que su crítica sea nacional: "Nuesro país necesita menos firmas y más proyectos que se realicen en seguida" (pág. 283).

En *Central eléctrica* también se habla de la lucha del hombre con las fuerzas de la naturaleza. Entonces, el trabajo del hombre por dominarlas se narra como si se tratase de una epopeya colectiva:

Lo humano y lo inhumano de miles de hombres

trabajando, la historia de cada uno de los músculos que movieron las herramientas, las máquinas, algo que resumía el triunfo y el dolor del hombre en lucha contra una fuerza desconocida, cuyo dominio había exigido, y exigía todavía, una epopeya de sudor y de muerte.   (pág. 123)

Entre esos temas de lucha colectiva, aparecen los siguientes:

La lucha del hombre con la tierra. El campesino ha mantenido durante siglos una lucha con la tierra: para conquistarla, para abrirla y hacerle dar fruto. La consideran como "la mujer de todos, la mujer de cada uno de ellos" (pág. 98), pero en la lucha por poseerla, el campesino viene a ser dominado por ella, y el alma de la tierra puede verse en sus ojos, "como el agua parada, transparentando lo único que hay en su fondo: la tierra" (pág. 65). Por haberse quedado con ella, viven el tiempo en que ésta existe, siempre antiguo y siempre presente.

La lucha del hombre primitivo con el mundo moderno. Una parte importante del libro es la lucha de los campesinos contra el progreso, es decir, la lucha de "los campesinos defendiéndose contra la central, el arado contra el generador y la turbina" (pág. 49).

La lucha para subyugar la fuerza del agua. El desarrollo de esta lucha es uno de los ejes sobre el cual gira el libro. El hombre vence, consiguiendo encerrar el agua tras una pared, y su furor aparece domado "por aquella obra lograda por la inmensa solidaridad de las manos de más de mil hombres" (pág. 283).

La lucha para crear la electricidad. Su creación se explica en forma de paralelo mítico. La máquina que la produce, el alternador, se considera como "un dios adorado por los hombres, e intentado aplacar por las mujeres" (pág. 205). La central es el santuario del dios de la electricidad, que exige víctimas, y el ruido que produce aquélla se interpreta como un himno en su honor. Ese ruido adquiere carácter de persona y su ausencia viene unida a los accidentes de trabajo que son el precio del adelanto.

La lucha para librarse del atraso. El progreso viene determinado por el "afán de mejorar" de un determinado "tipo de hombre... profundamente relacionado con el clima, las costumbres, la calidad de las cosechas" (pág. 209). El hombre, condicionado por el medio, puede llegar a sentir un deseo "oculto en el mismo interior de las venas" que le lleva a abandonar el pueblo, a mejorar de vida, a poseer bienes e "hijos que gocen de lo conseguido y continúen el camino ascendente" (pág. 210). Por el contrario, el atraso es el resultado de un "temor" que anula el afán, y que se expresa en "un miedo a abandonar la tierra donde se ha nacido" (pág. 210). En otras palabras: el hombre que rompe con el ambiente desfavorable en que vive, prospera; el que se resigna, retrocede. Por eso, el atraso de Aldeaseca es el resultado de haberse "detenido en formas de vida muy antiguas" (pág. 278), y de haber abandonado la lucha por el progreso. Para que esos seres primitivos se incorporen a la civilización, librándose de su atraso, tienen que querer mejorar de vida, y no basta llevarles el progreso en forma de luz: "No es ésa la solución... Los hombres necesitan también interruptores dentro del cerebro. Necesitan ser hombres del siglo XX" (pág. 282).

Los antedichos asuntos encierran, frecuentemente, símbolos que añaden a lo epopéyico una dimensión poética. Uno de los símbolos que aparece con mayor frecuencia es el del atraso frente al progreso. El mundo del campesino de Aldeaseca, es un mundo de piedra. Sus miradas son "como piedras transparentes y negras" (pág. 58); sus casas y las paredes que separan las propiedades (las "cortinas") son de piedra, y para domesticar a los toros les cuelgan dos grandes piedras de los cuernos. Por el contrario, el mundo moderno vive en una época de luz. Los campesinos recorren la distancia entre el pueblo y el Salto, para apedrear el edificio de la Dirección. La marcha se describe como el paso de unos hombres que salen de una época primitiva (la piedra) para entrar en una época moderna (la luz): "Cien hombres caminando por una carretera, cruzando siglos y siglos, desde la época oscura en que ellos viven hasta este tiempo de luz. La piedra contra la luz" (pág. 103). El fin del libro presenta simbólicamente esta lucha entre el atraso y el progreso para hacer resaltar la idea de que el progreso material (luz eléctrica) es totalmente estéril sin el progreso intelectual (el maestro y la escuela). En efecto, los campesinos de Aldeaseca, que ya tienen luz eléctrica, siguen usando el candil, temerosos de tocar el interruptor, acción que dejan para mañana, "contentos de que no sea mañana todavía" (pág. 323). Mientras los candiles lucen, Martín, el joven maestro recién llegado, lee un libro y da la luz eléctrica sin apartar la vista de la lectura. La luz de los candiles "llega a las calles, casi muerta"; la de la escuela es, sin embargo, "una luz blanca, fija", y así, "Nueva Aldeaseca avanza entre la noche con sus luces de candil, esperando un día nuevo que le traiga una nueva luz" (pág. 324). Los trabajos del Salto también dan lugar a otro símbolo: el de las abejas y el panal. Del Salto se dice que "era todo el poblado como un panal" (pág. 234), mientras que el agua y la electricidad son la miel, "una miel furiosa, increada, salvaje, tronante, aún no amarilla", y las personas son las abejas. La producción de la miel-electricidad se hace, al igual que en el caso de las abejas, mediante "la astucia, sabiduría y tenacidad propias y heredadas de todas las generaciones anteriores". El trabajador se convierte en el "obrero para siempre", y luego en "padre de obreros", siempre luchando por "ascender de categoría profesional y social". En este poblado-colmena también hay "reproductores oficiales y guerreros" (pág. 234).

Los personajes de *Central eléctrica* carecen de personalidad propia. El propósito no es crear personajes, sino poner de relieve la lucha de un pueblo primitivo en medio de una civilización técnica, y la del obrero como parte de la lucha por el progreso. A la vez se critica la ociosidad, inutilidad y engreímiento de clase que caracteriza a los ingenieros de carrera; y se ensalza la honestidad y productividad del técnico. Las características de los miembros de dichos grupos son comunes y, por lo tanto, no poseen evolución o desarrollo. De acuerdo con ese procedimiento, los personajes representan tres capas de la sociedad que coinciden con lo que beben durante las fiestas: "el área del champán", formada por los ingenieros y altos empleados; "el área de la sidra y la cerveza con tapas", compuesta por los técnicos especializados, es decir, los ingenieros sin título; finalmente, en lugar inferior queda el área "del vino y las gaseosas sin tapas" (pág. 198), donde se encuentran los obreros y los campesinos. Consideremos, brevemente, cómo aparecen cada uno de estos grupos.

Los ingenieros. Son individuos totalmente ignorantes e inútiles, que "no estaban obligados a saber demasiado" (pág. 132), como si fuesen una especie de zánganos de colmena (siguiendo el símil de las abejas y del panal que emplea López Pacheco). Se trata de una diatriba contra los ingenieros de carrera, los cuales "parecían estar en posesión de un título nobiliario". Y se añade: "Se limitaban a firmar proyectos y a preguntar a sus ayudantes cosas demasiado elementales para ser preguntadas, no por un ingeniero, sino por el peor perito" (pág. 132). Su trabajo se limita a "participar en un par de proyectos al año, que realizan otros, firmarlos y cobrar un buen sueldo" (pág. 182). Se insiste en que se trata de "una especie de aristocracia" (pág. 179), basada "en su título y en su posición social" (pág. 182). En esta capa de la sociedad, los ascensos y los puestos "son debidos más veces a ciertas apariencias muy ajenas al trabajo que a las propias cualidades" (pág. 77). Estas características que se exponen como definición se atribuyen también a una persona concreta. Por ejemplo, el Ingeniero Jefe había recibido "en lugar de un título de conde, un título de ingeniero, heredado también" (pág. 215), herencia que se explica por el hecho de que su tío, el ministro de Fomento, le había conseguido la carrera mediante "amabilísimas cartas fechadas con suficiente anticipación a los exámenes" (pág. 215) que enviaba a los catedráticos; igualmente "heredó también... un puesto en la Compañía Española de Electricidad", gracias al "cargo de ministro y al número de acciones de la compañía que poseía" (pág. 215). Los ingenieros ni siquiera comprenden el valor de una vida y, por lo tanto, cuando, refiriéndose a la muerte del capataz, Andrés Ruiz le dice al Ingeniero Jefe que es "una gran pérdida", éste contesta: "Sí... La excavadora costó más de medio millón de pesetas" (pág. 168).

Los técnicos. Son "ingenieros sin título", personas que "desde obreros habían llegado a importantes cargos" pág. 130) por su propio esfuerzo, como Juan Lobo, a quien "su experiencia y sus estudios desordenados le habían convertido en ingeniero, aunque no tuviera título" (pág. 120). Los "técnicos" hacen de todo, a la vez que poseen los conocimientos. Se les presenta como hombres trabajadores, conscientes de su deber, serios. Juan Lobo encarna todas las virtudes de esta clase, y a pesar de su cargo de jefe de montajes, "seguía siendo sencillo y bueno como un obrero. Un obrero de perfecta moralidad" (pág. 120). De Ramos, otro técnico, se dice que "tenía características humanas semejantes a las de Lobo. Hombre trabajador y sencillo, de una bondad extraña a su edad" (pág. 130).

El campesino-obrero. Constituyen la categoría ínfima en la estructura social del Salto. Aunque, frecuentemente, el campesino y el obrero son uno y el mismo, se establecen algunas diferencias. El campesino es un ser primitivo, dominado por el medio en que vive. Convertido en obrero a causa de las circunstancias, parece que se va a incorporar al mundo moderno. Sin embargo, no ocurre así, pues vuelve a sus "costumbres primitivas, su ignorancia". De ellos, sólo unos pocos "habían logrado especializarse dejando de ser simples peones". Son los que se liberan del lastre ancestral que pervive en ellos. "Pero eran muy pocos" (pág. 250). Por otra parte el obrero está visto como "masa", como fuerza laboral, y no como individuo, de acuerdo con el símil de la abeja trabajando en el panal.

Dentro de los antedichos grupos, el autor se esfuerza por mostrar cómo es el aspecto "general" de sus miembros, cómo visten, cómo piensan, cómo son sus costumbres, pero siempre coincidiendo en ello todos los personajes. El énfasis se pone en los rasgos más sobresalientes que definen al personaje clase. En los campesinos, por ejemplo, se pone de manifiesto su atraso, su odio, su miedo; en los ingenieros, su arrogancia, su ignorancia. El resultado es que los campesinos resultan demasiado primitivos; los ingenieros con título, demasiado ignorantes; los técnicos, demasiado buenos; los obreros, demasiado anónimos. La excepción es el joven ingeniero Andrés Ruiz que, por amor, se redime de su complejo de inferioridad y de sus manías sobre la salud. Aun así, su verdadera función en la novela es servir de punto de referencia para criticar al ingeniero con carrera, puesto que él es "un ingeniero muy raro", diferente de los otros. En cuanto al técnico Juan Lobo y su mujer María, al parecer son personajes tomados de la realidad. El padre de López Pacheco, como dijimos, trabajó en la construcción de centrales eléctricas. La mujer de Juan Lobo, María, "sentía miedo de la oscuridad" (pág. 202), miedo que obedece al hecho de que la falta de luz "quería decir avería en la central, catástrofe, muerte o, por lo menos, peligro" (pág. 202). En el "Homenaje" se dice: "A mi madre para que deje de temer a la oscuridad". De todo esto, además de las manifestaciones del propio López Pacheco en el sentido de que la novela recoge experiencias familiares, se puede conjeturar que Juan Lobo es, en todo o en parte, una persona de su propia familia.

La prosa de *Central eléctrica* es uno de sus mayores atractivos, especialmente en el caso de las descripciones, que se distinguen por su belleza, y que contienen un abundante, abundantísimo a veces, léxico que recuerda la rica prosa del Arcipreste de Toledo. Los apretados párrafos, sin embargo, no cansan ni aburren; escritos con agilidad, el estilo recuerda también el de Azorín, por su tendencia a poetizar las cosas, a embellecerlas, y a dar una acumulación de detalles para resaltar y definir el momento o el lugar. Los campesinos de Aldeaseca abandonan sus casas, llevando sus enseres en carros que forman una larga caravana. El contenido de los carros (no en un caso concreto, sino el de todos en general) se describe así:

Mesas de madera, de vetas limpias, con los bordes

desgastados, sobre las que han comido hombres y mujeres de muchas generaciones. Bancos humildes y tranquilos. Toscos camastros de madera, donde nacieron, despertaron y murieron tantos hombres. Arados seguros, primitivos, que roturaron cada año las tierras, y que saben de manos aferradas y endurecidas, y de sudor de hombres ganando el pan. Hoces interrogantes que segaron altas generaciones de espigas, que preguntaron con su brillo al cielo y jamás oyeron otra respuesta que segar. Cacharros de cocina: oscuras sartenes, calderas ahumadas, ollas, estrébedes, cazuelas de barro, duros vasos, tenazas, barreños para lavar...   (pág. 84)

La adjetivación a veces aparece en series de tres como en el caso de "un dolor total, renovado, aumentado" (pág. 63); lo mismo que hay series de tres substantivos: "Sus costumbres, su ignorancia, sus necesidades" (pág. 250); o también series de tres verbos: "Mientras fregaban, cosían, hablaban" (pág. 114). A veces, la misma palabra se repite en tres fases paralelas con el propósito de reflejar tres aspectos de una misma cosa, y conseguir así, un efecto total, intenso: "El ruido monótono, profundo, el ruido que hacía vibrar continuamente los cristales, el ruido que lo llenaba todo como una densa atmósfera" (pág. 114). Estos paralelismos también son frecuentes en grupos de dos, como cuando se dice: "El ruido de la central entraba por la puerta y las ventanas, por las rendijas y a través de las paredes" (pág. 269).

La prosa es poética, con tendencia a embellecer las cosas. La poetización adquiere intensidad, belleza casi lírica, en pasajes donde se hace uso de un "leit-motiv". Uno de los más bellos, poema prosificado, es la parte que abre el libro y que repite "tanto sol, tanto sol... tanta tierra". Se trata de una lagartija que yace al sol, sintiendo el calor y la tierra, luego ruido, y, por fin, miedo. Es un ser primitivo ("ser antiguo"), cuyas reacciones son similares a las que sienten los campesinos. La impresión poética procede también de una sensación de vaguedad o de duda; así como de la personificación de las cosas, y de las comparaciones.

La sensación de vaguedad se logra, en su aspecto más simple y frecuente, por medio de adverbios (*quizá, acaso, tal vez*). El autor omnisciente está en posesión de la verdad, pero prefiere dar un carácter de duda a sus manifestaciones omnímodas. Se habla, por ejemplo, de las maestras del Salto, "sin esperanza de convertirse en mujeres", y se explica su soltería en los siguientes términos: "Quizá tuvieron su ocasión, y les pareció demasiado parecida a lo que ellas llamaban y llaman "pecado", o quizá no la tuvieron nunca" (pág. 140). La imprecisión de los recuerdos de una persona se manifiesta diciendo que no son de "un año ni de dos, sino de más, quizá más de quince años" (pág. 214); las tierras que cultivan los campesinos han sido "salvadas durante siglos, acaso, de los avances de la sequedad y las piedras" (pág. 46); el campo está en calma, no hay viento porque éste, "acaso, espera con asombro a que terminen su labor los hombres" (pág. 35). Ésta como indecisión aparece también en series de posibilidades, sin establecer preferencia por ninguna: "Gris o verde o pardo o de los tres colores a la vez" (pág. 1). "Desde que sabía o imaginaba o le habían dicho o todo a la vez" (pág. 182).

La poetización de la prosa se logra también, mediante el uso de comparaciones que sirven para establecer una relación entre la realidad y un supuesto, recurriendo también a la metáfora. De la noche sin luna, se dice: "Estaba caída sobre las casas como una manta negra salpicada de leche" (pág. 52). Los hombres que suben del trabajo, forman una "línea, oscura y viva, como una línea de hormigas" (pág. 46). El sentimiento poético aparece incluso en situaciones prosaicas, por ejemplo: "Las latas de conservas estaban abiertas como en un bostezo mortal" (pág. 298). Las comparaciones pueden aparecer, además de en casos aislados, en series, reforzando la idea principal. En el caso de la falta de inteligencia en la mirada de los campesinos, lo primario y telúrico de sus miradas se comparará con la tierra:

Puestos los ojos en una cosa..., inútiles como las manos caídas a lo largo del cuerpo. No como la mirada de los muertos, que refleja un vivir sorprendido, sino como el agua parada, transparentando lo único que hay en su fondo: la tierra.   (pág. 65)

La personificación de las cosas es constante, siendo de gran belleza en lo que se refiere al campo. Las espigas, movidas por el viento, "afirman incesante y unánimemente, afirman y prometen pan" (pág. 91); luego, cuando las aguas inundan el valle y cubren las cosechas sin recoger, "las pobres espigas niñas que por primera vez sentían en su alto vientre el trigo creciente, no saben nada del agua", y sienten "un terror desconocido... a los peces" (pág. 96); una vez desaparecido el valle bajo las aguas, los campesinos piensan en él con nostalgia y recuerdan que "las espigas negaban con una insistencia amarilla lo que el viento les pedía" (pág. 163).

La tierra aparece como algo vivo, capaz de sentir y obrar, personificada en forma de mujer que se resiste, se entrega, se nota herida, se abre y, después de fecundada, produce fruto. Es lo vulgar y cotidiano (cavar, regar, crecer la mies) elevado, por medio de la poesía, al rango de mito de "los hombres y las azadas, de la tierra abierta y la semilla, del agua y la cosecha". La poetización de la labranza da lugar a párrafos como el siguiente:

Canta la chicharra marcando el ritmo a las azadas, y éstas entran en la tierra, chirrían, y sus chirridos son como carcajadas de una alegría total, alegría de macho que oye la protesta de la hembra. La tierra resiste, se abre, nota una herida en su cuerpo, luego cesan un momento los golpes, y, en seguida, un torso y unos brazos y una azada bajan rápidos, y ella siente cómo aumenta su dolor y su herida.

(pág. 35)

Hasta a las mismas piedras se las considera con la facultad de poder decir o sentir algo. El campesino que recorre el valle "va mirando las piedras, y las pisa reconociéndolas, oyéndolas hablar" (pág. 100). En la inundación del valle, junto a la "protesta amarilla y verde" de las espigas, aparece la del muro de piedra, "estéril", en el que "quizá hubo un momento de queja en sus grietas" (pág. 96).

La personificación también se usa en relación con otras situaciones. Uno de los casos más frecuentes es el del agua represada, que se describe como si tuviese "garra y dientes y músculos casi invencibles" (pág. 114), y se representa en acción en el reventón de la compuerta, golpeando el muro con "un brazo... un solo músculo de dos metros de diámetro" (pág. 221), o derribando la gigantesca excavadora con "el puño de agua" (pág. 168). Una vez terminada la presa, el agua viene a ser una fiera enjaulada que "duerme tranquila o dominada, sin que se note su furor" (pág. 284). En otros lugares, las personificaciones prestan originalidad a las descripciones, haciendo que las cosas posean brillantes, bellas o atrevidas cualidades. De una comida campestre se hace notar que "en las fuentes de ensalada sonreía el tomate" (pág. 298).

La técnica narrativa de *Central eléctrica* es compleja y variada como la obra lo es en sí. El tiempo en que se narra es el presente para los momentos concurrentes con la narración, pasado para los que preceden a la actualidad. Ambos tiempos se van combinando, entrelazando. En el asesinato de "el Cholo", la instrucción del sumario es el momento actual y por lo tanto aparece contado en presente, narrado alternativamente con la ejecución del crimen, que aparece en pasado. Los hechos aparecen preludiados a distancia de su acaecimiento. Muy anteriormente al asesinato, los campesinos hablan repetidamente de la necesidad de hacer algo para acabar con las depredaciones de "el Cholo". Ya en la página 14 se preludia ("A «el Cholo» habría que hacerle algo") lo que ocurrirá a partir de la página 50. Después del asesinato y de la instrucción del sumario, van reapareciendo referencias al crimen, hasta el final del libro, cuando la Guardia Civil se lleva a los campesinos que estaban en "libertad provisional... hasta el juicio" (pág. 65). En otros sucesos que, por su naturaleza, no aceptan antecedentes, éstos se crean por medio de una premonición de lo que luego ocurrirá, como pasa en el caso de los dos accidentes más sensacionales. En el caso del reventón de la compuerta, uno de los obreros repetidamente cree ver un signo de muerte en las sombras de las paredes: "Fíjate; son como una calavera" (pág. 217). En el accidente del muro de contención que está barrenado para su voladura, el obrero que fuma afuera y el capataz que se acerca, insistentemente piensan en lo que ocurriría si fumasen cerca de la dinamita. Páginas después, el muro explota.

Los sucesos se van entrelazando unos con otros hasta formar una obra compacta, sólida, donde los momentos cumbres de tensión (los accidentes, el apagón, la resistencia de la tía Norberta) van seguidos de otros de calma. El ritmo narrativo es apropiado en ambos casos. Para crear la tensión que requiere un momento de dramatismo máximo, el ritmo narrativo se acelera por medio de la repetición de un detalle. Las repeticiones se van haciendo más frecuentes a medida que el momento cumbre se aproxima y, luego que ocurre, la frecuencia va decreciendo paulatinamente. El ejemplo que mejor ilustra esta técnica es el accidente del reventón de la compuerta de seguridad. El tiempo que pasa mientras trabajan los obreros se indica con precisión de cronómetro. Los obreros, en su impaciencia por concluir el trabajo del sábado van, a lo largo de cinco horas, siguiendo el reloj, contando los minutos que quedan, creando así un ritmo acelerado que da la impresión de algo inminente, hasta que ocurre la catástrofe. La parte que precede al accidente, empieza: "Eran las tres de la tarde de un sábado" (pág. 216). El tiempo transcurre del siguiente modo:

Entrada al trabajo

Eran las tres de la tarde.
Eran las tres de la tarde. (pág. 216)

Grupo de albañiles   *Grupo de montadores*

Eran las tres y media.
    (pág. 216)

Eran las cuatro menos veinticinco minutos...

Eran las cuatro menos veinticinco minutos.
(pág. 217)

Eran las cuatro menos veinticinco.   (pág. 219)

Las cuatro menos diez.

Las cuatro menos diez, no,
menos nueve minutos.

Faltaban siete minutos para
las cuatro.   (pág. 218)

Las cuatro menos cinco.
Eran las cuatro menos seis
minutos.
Las cuatro y tres minutos.

Las cuatro y cuarto.
Eran las cuatro y dieciséis
minutos.   (pág. 219)

Eran las cuatro y diecisiete
minutos.   (pág. 220)

Poblado del Salto

A las cuatro y diecisiete minutos se oyó el primer golpe.
(pág. 220)

A las cuatro y diecisiete minutos una mujer... le
estaba diciendo a una vecina que su marido iba a ir
a pescar, cuando viniera.

A las cuatro y diecisiete minutos la vecina la su-
jetó para que no cayera al suelo.   (pág. 221)

Al ocurrir el accidente, se oye un golpe y un redoble,
seguidos del ruido de la succión del agua. Luego, durante

las operaciones de salvamento de los supervivientes, se van repitiendo los golpes, redobles y succión, pero invirtiendo el procedimiento anterior, es decir, decreciendo la frecuencia, repitiendo "se oyó... el primer golpe, la primera campanada del redoble" (pág. 220), y así hasta llegar al último que se menciona, "era la décima vez" (pág. 230), y que coincide con la conclusión del salvamento. Veamos otro caso. En el momento de dar luz al pueblo de Piedrablanca, la gente expectante, en silencio, rodea a los periodistas y empleados que van a hacer circular la energía eléctrica. En la oscuridad, brillan "tres puntos de luz" que corresponden a los cigarrillos que fuman tres personas. Coincidiendo con la expectación de los campesinos, la narración que antecede al momento de empujar el interruptor, sigue este ritmo: "Junto a la caseta, se veían tres puntos de luz... Sólo quedaban dos puntos de luz... No quedó entonces más que un punto de luz... No hubo ya ningún punto de luz" (pág. 257).

La técnica narrativa y el estilo de López Pacheco alcanzan sus mejores momentos cuando quiere transmitir al lector la totalidad de un ambiente por medio de una selección de detalles que, por su valor sugerente, definen la situación con una sutileza y, a la vez, precisión inigualables. Los pasajes que se podrían poner de modelo son frecuentes en *Central eléctrica*, pero hay uno incomparable. Se trata del momento en que "el Cholo" entra en la cuadra donde "la Manuela", tendida en la paja, lo espera. Lo que ocurre en la paja es perfectamente comprensible y, sin embargo, no hay una sola referencia directa, excepto, quizá, la lucha entre los dos perros y, aún en ese caso, hay una buscada ambigüedad: ¿se trata del Cholo y la Manuela, o son realmente dos perros? En todo caso, la exteriorización de la pasión del hombre y la mujer se sugiere combinando las actividades en la paja, con los movimientos de los animales, con los ruidos y los olores, en el siguiente párrafo:

"El Cholo" ya no está en la puerta del establo. El rumor de la paja; las moscas volando; los pasos rápidos de una gallina que llega hasta la puerta, entra

medio metro, y se queda quieta en el rectángulo de
sol atardecido que entra por la puerta, con el cuello
doblado, mirando algo; los cerdos fuera, gruñendo
asustados de los perros; todas las vacas tumbadas en
el suelo y una empujando levemente con su hocico al
niño; el olor de tantos animales mezclado con el vaho
de su aliento, y el rumor, cada vez más fuerte, de la
paja aplastándose, crujiendo; las moscas, clavándose
con desesperación en el vientre de las vacas... El establo es una mezcla densa de ruidos, grandes y pequeños ruidos, ruidos sordos y continuos, rumores apagados, crujidos y roces de cuerpos, con el olor a paja,
a estiércol, a vida sucia, todo ello pegajoso y caliente,
quizá, por el último sol que entra oblicuo, haciendo
brillar el polvo de paja y tierra que flota en el establo como partículas de vida represada durante muchos siglos que al fin han encontrado su liberación
y se encienden y se van hacia el aire y el sol. Una
vaca mira hacia el rincón donde suena la paja. Los
dos cuerpos se revuelven entrelazados bajo las ruedas del carro, forman un remolino de arañazos, mor-
discos y ladridos. Las gallinas se han alborotado his-
téricamente y los cerdos gruñen sin cesar. La lucha
entre los dos perros dura unos minutos nada más...
"El Cholo" atraviesa la puerta del establo, con prisa,
quitándose las pajas del pelo y de la ropa... Manuela, tumbada todavía sobre la paja del rincón, con los
ojos semicerrados, sus párpados abandonados a un le-
vísimo temblor irregular, caídos los brazos a los lados de su cuerpo, hundida entre la paja, piensa un
momento en algo vago, respirando aún con dificultad.   (págs. 19 y 20)

Con frecuencia, aparecen captadas las sensaciones que
se perciben en un ambiente, generalmente olfativas, auditivas o táctiles. Asimismo, se dan sensaciones emocionales,
como el miedo o el odio. De todas estas sensaciones las de
mayor originalidad se refieren al ruido y al silencio, que
aparecen en contrastes de gran efecto estético. El silencio
que los visitantes notan en Aldeaseca es "cálido de rumo-

res animales", impresión exacta que se siente al andar por un pueblo donde no se oye nada excepto un rumor apagado que "venía de todas direcciones: mugidos, cacareos, gruñidos" (pág. 24). Estas sensaciones las transmite López Pacheco con inigualable maestría. En el poblado del Salto, "el gran ruido" de los alternadores parece un personaje más, su presencia es sentida continuamente, hasta que por el tiempo y la costumbre, el ruido se convierte "en un gran silencio" que ya "nadie notaba" (pág. 173). El ruido de los alternadores está efectivamente descrito por medio de efectos paralelos: el técnico "sumergido en el estruendo" habla con un obrero "aunque ninguno de los dos pudiera oír al otro" (pág. 124), y se entienden "observándose mutuamente los labios..., como si observaran las indicaciones de la aguja... de un... aparato de medida" (pág. 125). No solamente se capta el ruido aislado, sino también el ruido dentro del ruido está fielmente captado y descrito:

> El arrancar del camión mezclado a la marcha atrás del otro camión que había estado esperando, el motor de la excavadora, y luego, más débiles, las voces humanas, gritos, palabras que no llegaban a él, pero cuyo significado conocía.

Las sensaciones auditivas, sean ruidos, sonidos verbales, o silencios, se ponen de manifiesto por medio de una técnica que indica una atenta observación de la realidad, y que consiste, básicamente, en reproducir el sonido tal como se oye, como en el caso de "ladronesss" (pág. 109), o "grriss, grrrisss" (pág. 65). Parte de esta tendencia consiste en dar frases parciales, porque otros ruidos más potentes cubren el resto. El mismo autor explica en la novela la captación de las palabras que se escuchan en el incidente del asalto a la Dirección:

> A veces, una palabra logra quedar entera, por un momento nada más, en el aire. En seguida, una piedra, el ruido de un cristal, los chillidos femeninos, los gritos de los hombres, algo de esto o todo a la vez, la

rompe, la deshace en pedazos como si fuera un cristal más. "Canall... llamar a los vues... a ell...".

(pág. 104)

Las palabras pueden ser simultáneas, en cuyo caso, se reproducen en sucesión ilógica, que vendría a ser la que percibiría el oyente. Tras la muerte del capataz, la viuda "lloraba y gritaba", las mujeres que la consuelan "hablaban a la vez en borbotones superpuestos", y los borbotones es lo único que se reproduce: "—...el pobre... horrible, horrible, horrib...; creo que se ha salvado uno de los..." (pág. 167).

Las combinaciones de ruido y silencio se reproducen usando una técnica de gran efecto artístico. A veces, el silencio es mucho más elocuente que las palabras. En una apresurada entrevista entre Andrés y su novia Charo, el silencio equivale a la acción, en este caso, unos impetuosos abrazos:

—Voy; mamá. An...
Un silencio.
—...dreés... Qué bru...
Otro silencio.
—...to eres. Estate quieto, por favor. (pág. 271).

Las sensaciones físicas o emocionales de diferente clase pueden aparecer combinadas, ya en forma simple ("un ruido táctil" pág. 91; "un silencio táctil" pág. 165), ya en forma más compleja, combinándolas por medio de una técnica que consiste en empezar con una impresión, pasando luego a otra, con la cual se concluye. El silencio de los campesinos, por ejemplo, aparece unido al "odio animal" que sienten por todo lo que les es extraño o adverso; o también las sensaciones de odio combinadas con el silencio, como en el asesinato de "el Cholo" del que los campesinos regresan "silenciosos, con una expresión de odio satisfecho" (pág. 50); o el odio puede también aparecer combinado con el ruido, como en el asalto de la Dirección, durante el cual los campesinos hacen "gestos que gritan voces rojas de odio, materializadas en llamas" (pág. 102). Esta mezcla de sensaciones adquiere visos de originalidad, cuando se trata de dar el total atmosférico de un local, donde el sonido se mezcla con el humo, formando un todo: "la persistente atmósfera hecha de ruidos de moscas, de mugidos, de los roces suaves de la paja, mezclados con el humo picante, denso como un sonido sordo y oscuro" (pág. 13).

La técnica narrativa de *Central eléctrica* se aparta de las tendencias realistas usuales. El diálogo se emplea en proporción mínima, supliéndolo con diálogos indirectos y con bellas y ágiles descripciones, como si se tratase de un cuento. La narración indirecta se emplea con frecuencia para relatar recuerdos, pero también para conversaciones sostenidas en el mismo momento que se novela: "Le tocó levemente en el brazo. Su marido dijo «Luisa» y, luego a los demás comensales: «Tiene los nervios deshechos con estos ruidos»" (pág. 244). La tendencia a referirse, en general, a personas indeterminadas (los comensales en el precedente ejemplo), resta objetividad a la narración. Lo indeterminado incluso se busca sin establecer la identidad de los locutores, simplemente como si fuesen frases oídas acá y allá, a raíz de un suceso:

> "Si supieras cómo tengo los nervios"; "Tómate una aspirina"; "Tenía que ir a verle, pero no estoy de humor"; "Déjale que no vaya al colegio..., quién sabe lo que puede pasar"; "Os he dicho que no hagáis ruidos de explosiones... ¡Jugad a otra cosa!"; "No puedo ni leer el periódico".   (págs. 233 y ss.)

Esta tendencia a recoger frases anónimas ofrece otros aspectos interesantes. La yuxtaposición de la descripción de un suceso con las frases anónimas, dadas en forma sinóptica y parentética, representa las reacciones de la gente ante un suceso y forma párrafos de gran efecto y rápida progresión, como ocurre en el poblado del Salto, después del reventón de la compuerta:

> Cristales rotos en las casas (Dios mío, ¿qué ha sido eso?); cuadros caídos, por el que se escapa el paisaje o el retrato de boda (—Me voy a morir de un sus-

to... ¿qué habrá sido?); ruidos de cacharros cayendo al suelo de la cocina (¡—Ha reventado la presa! ¡Ha reventado la presa!) (pág. 221)

El uso del paréntesis es frecuente. Se emplea para reforzar o explicar con economía un punto de la narración. Puede aparecer como aclaración: "Para que se encienda una cosa («lámpara», «bombilla») que está en el centro del techo" (pág. 157). También puede utilizarse en lugar del diálogo, generalmente contraponiendo las palabras en paréntesis a la acción: "Sólo quedaban... unos cuantos navíos consumiéndose entre fuego y humo... (Chuchín, te he dicho que no me gastes las cerillas quemando papeluchos)" (pág. 208). O bien, al revés, contiene la acción que sirve de explicación a lo que las palabras dicen: "Y ahora, vamos a presentar a ustedes (gran sonrisa) a la magnífica estrella de la canción moderna (pausa, y luego, elevación brusca del brazo derecho...)" (pág. 199). Asimismo se usa con valor explicativo, para aclarar, restringir o ampliar algo dicho: "Con esa manía de trabajar (¡cómo le gustaba la palabra manía!) que tenéis papá y tú" (pág. 246). Otras veces se usa como contraposición a la realidad, con el fin de crear un efecto que, como en el siguiente caso, puede ser cómico: "Su hijo («que es más listo...») no había conseguido el empleo de jefe de contabilidad (¡sabe más de números!) que había solicitado para él" (pág. 139).

La novela es más épico-social que realista-social. Toma más en consideración la lucha del hombre contra la naturaleza y sus fuerzas, su esfuerzo por lograr el progreso, que la lucha y los problemas concretos del obrero que construye una presa. Las causas del atraso de los campesinos son un caso visto más concretamente, pero, así y todo, hay una tendencia a generalizar la situación dentro de un plano universal, como consecuencia de una herencia y de "la experiencia de generaciones". Sin embargo, *Central eléctrica* es una de las principales obras de tendencia social, por su enfoque del trabajo como esfuerzo colectivo, por las injusticias que se cometen con los campesinos, por sus ideas sobre el hombre y su misión de hacer avanzar la sociedad, por su crítica sobre los ingenieros y la sociedad del Salto, todo hábilmente combinado con bellas descripciones, todo finamente sentido, escrito en una prosa llena de matices. Hay que señalar también, que los principales sucesos están narrados con brío, como en el caso del crimen de "el Cholo", que tiene, además, cierto aire de romance prosificado; el reventón de la compuerta de seguridad, contado con ritmo acelerado, y el salvamento que sigue, desarrollado con ritmo decreciente, lo mismo que otros incidentes, logran captar el interés del lector. Por eso, esta obra destaca en la actual novelística española.

* * *

En los años que siguen a la aparición de *Central eléctrica*, específicamente a principios de la década del sesenta, y coincidiendo con la mitigación de la censura, la novela del proletario hace de la denuncia y la crítica su principal objetivo. Tal es el caso de *La mina* (1960), de ARMANDO LÓPEZ SALINAS (11). que se ocupa también del campesino forzado a convertirse en obrero. A diferencia de López Pacheco, el énfasis de *La mina* no se pone en lo "universal" y epopéyico del trabajo del obrero, sino, más concretamente, en la vida del minero y en las condiciones en que éste tiene que trabajar bajo tierra. El proletario de las novelas de López Salinas también lucha por el progreso, pero no en la forma general e intemporal de *Central eléctrica*, sino en forma material, para conseguir mejores condiciones de trabajo y vida.

* * *

(11) Otras obras de Armando López Salinas: *Caminando por las Hurdes* (Barcelona: Seix Barral, 1960); *Año tras año* (París: Ruedo Ibérico, 1962); *Por el río abajo* (París: Editions de la Librairie du Globe, 1966); *Crónica de un viaje* (inédita).
«Nací en Madrid el 31 de octubre de 1925. A los 20 años, asistí, durante tres, a la Escuela de Ingenieros Industriales, donde cursé estudios para delineante-proyectista. Ésta es realmente mi profesión, de la que he vivido durante mucho tiempo... Mis padres son trabajadores, de izquierdas». Antonio Núñez, «Encuentro con A. López Salinas», *Insula*, N.º 230 (enero 1966), pág. 4.

La mina (12) se divide en tres partes, tituladas respectivamente, "La huida", "La cuadrilla", "El hundimiento". A través de ellas se va desarrollando la vida de Joaquín, desde poco antes de abandonar el pueblo donde vive hasta que muere.

Joaquín García, natural de El Tero, provincia de Granada, campesino sin tierra, vive, como muchos otros hombres de su pueblo, sujeto a las eventualidades del trabajo, ya que, como él se queja, "cuando llega el tiempo uno trabaja para que el amo se lleve las olivas y las uvas, y luego no dan a ganar una peonada en todo el año" (página 15). Joaquín tiene familia que alimentar y vestir y, como hombre de campo que es, quiere vivir del trabajo de la tierra. Con este propósito, compra grano y se va a ver al capataz del amo para que le arriende un trozo de las tierras que perpetuamente tiene en barbecho, proponiendo: "Yo pongo todo, el grano, el trabajo. Él, sólo la tierra; dile que a medias. Necesito la tierra, Lucas, la necesito" (pág. 35). La petición es denegada y, descorazonado, reconociendo que "no puedo plantar nada, no tenemos tierra ni pa morirnos; no quieren dármela" (pág. 37), opta por la única solución para poder sostener a su familia: la emigración. En efecto, Joaquín con toda su familia, se dirige a Los Llanos, provincia de Ciudad Real, para trabajar en las minas. Lleva el propósito de ahorrar para volver al pueblo y comprar unas tierras que le permitan vivir. Con la ayuda de su primo Antonio, consigue inmediatamente empleo, pasando a ser "caballista", es decir, el encargado de los animales que tiran de la vagoneta del mineral. Entra a formar parte de una cuadrilla de ocho hombres que trabajan en el "Pozo Inclinao. Galería cuarta", compuesta por su primo Antonio; Pedro Jiménez, el "Extremeño", natural de las Hurdes; Laureano Ruíz, el "Asturiano", barrenero; Luis Vallejo, picador; y otros, al frente de los cuales está el capataz Felipe del Amo.

Desde el momento en que Joaquín entra en la boca

(12)   Barcelona: Ediciones Destino, marzo de 1960.

del pozo e inicia el descenso hacia la galería cuarta, se van poniendo de manifiesto las condiciones de trabajo en la mina: "El calor... metro a metro más intenso" (pág. 85); la falta de ventilación pues "no llega el aire de los comprensores, a uno le entra ahoguío allá dentro"; la falta de seguridad, ya que "los maderos están picaos" (pág. 85); la humedad del ambiente debida a que "desde la bóveda... goteaba el agua" (pág. 87); el tufo de la mina, "que olía a tierra fermentada, a heces, a porquerías de hombres y animales, que nadie se ocupaba de retirar. A agua sucia, estancada, podrida" (pág. 88); las ratas y cucarachas "gigantescas", que infestan las galerías. Joaquín empieza a trabajar, guiando a los caballos Tuerto y Tieso, mientras en la oscuridad añora intensamente el sol y el campo. Con las 45 pesetas que gana, los destajos, horas extraordinarias y demás ingresos, reúne lo suficiente para entregar una prima que le permita ocupar una casita. La arregla en sus horas libres, adquiere muebles a crédito, compra unos conejos. Hasta ya tiene apalabrada una bicicleta.

Los mineros protestan por la falta de seguridad, por las vigas podridas y por la falta de aire, sin que sus quejas sean atendidas por los ingenieros. Al contrario, al protestar porque "aquello no estaba en condiciones... se llamaron andana... y nos castigaron dos semanas sin destajo" (página 24), confiesa un minero. Dos meses más tarde, la víspera del día en que Joaquín va a comprar la bicicleta, el "entibao" se hunde y la bóveda cae aplastando a los ocho obreros que trabajan en el "Pozo Inclinao". El "aullido continu" de la sirena que anuncia el accidente se deja oír por todo el barrio. La gente se dirige hacia la mina, mientras empiezan a llegar "automóviles cargados con fuerza pública" (pág. 235). Sin embargo, "la Empresa no tenía organizado ni un solo equipo de salvamento con el material necesario" (pág. 235). La multitud va creciendo y "los guardias... se las veían y deseaban por ver de contener el aluvión de hombres y mujeres que presionaba contra las barreras intentando forzarlas" (pág. 236). Carmela, novia de uno de los muertos, "subida a una piedra gritaba con aguda voz...: —Hay que pedirles cuentas de las vidas" (pág. 238). La gente enardecida, "echaba la culpa a la Em-

159

presa, pero la Empresa no era un hombre a quien atenazar por la garganta. Era un monstruo de cien cabezas" (página 239). Entonces, la multitud asalta la Dirección (13). Al día siguiente, "como medida de protesta, los trabajadores de la mina no acudieron a la hora de los relevos" (página 240).

Ahora bien, la vida de Joaquín, primero como jornalero del campo y luego como minero, es únicamente un pretexto para presentar un doble tema laboral. En primer lugar, el tema del campesino sin tierra, sujeto al hambre, a la falta de trabajo, y al capricho del amo que no quiere pagar jornales, prefiriendo dejar las tierras baldías antes que cultivarlas o darlas en arriendo. Como consecuencia, el campesino se ve forzado a vivir en la miseria o a emigrar. En segundo lugar, aparece el tema del minero que trabaja en condiciones infrahumanas, sin las más elementales medidas de seguridad, y del cual abusa una Empresa que está en manos de ingenieros y directores sin escrúpulos.

Armando López Salinas es, entre los escritores de la presente generación, el novelista que se siente más cerca del proletario, identificándose con él por medio de una clara ideología socialista, que se reduce al siguiente concepto: los industriales y terratenientes no hacen nada y reciben las ganancias, mientras que los obreros trabajan para que los otros vivan espléndidamente. Sin embargo, ellos, productores de riqueza, se encuentran en la miseria. El viejo Emiliano se lo asegura a Joaquín en términos parecidos: "Ya sabes, hay gentes que van montados en el macho y otros que andan a pie. Los que van montaos no se cansan y tienen la tripa llena, otros sufrimos de sol a sol y llevamos la hambre en la cara" (pág. 15). El tema del rico frente al obrero se repite frecuentemente en *La mina*, lo mismo que en otros escritos de López Salinas. Aunque con diferentes palabras, se reincide en lo mismo. Así, la abuela de Joaquín dice: "No trabajan y pa ellos es el comer pan bueno, el aceite, el vino y la carne; pa los demás

(13) El asalto ocupa una extensión aproximada de dos páginas y media, que en las ediciones españolas, hasta la fecha, han sido suprimidas.

el comer migas y gazpachos" (pág. 37). Entre los mineros, el tema persiste: "Los hombres de la cuadrilla arrancan el pan de todos los días para otros hombres" (pág. 124).

En *Año tras año* el autor se expresa similarmente, aunque lo que indica esté más desarrollado como teoría, mientras que en *La mina* eso se muestra más por medio de la acción que por el discurso. En *Año tras año*, un obrero comenta:

> Mientras haya gente como ellos no tendremos paz ni alegría. Nos quieren robar de verdad. Yo una vez oí hablar a una persona que entendía de esas cosas; dijo que nadie tenía derecho a vivir del trabajo de nadie; dijo que había que luchar por conseguirlo.
>
> (pág. 74)

Joaquín, en *La mina*, ve que había "millares de hombres... luchando por el pan, deseosos de vida, de trabajo, de amor y de libertad". En *Año tras año* el tema de los hombres que laboran por un fin común se expresa así:

> La vida se encontraba allí, en la lucha de todos los días. En todas aquellas cosas, en todos aquellos hombres, los miles de hombres como Joaquín, Augusto y González le ligaban a Enrique. A las cosas por las que él siempre había luchado. (pág. 308)

Esa lucha no es de carácter político, aunque lo parezca a simple vista, debido a que los obreros resienten el poder que les prohíbe reclamar sus derechos, la fuerza pública que los ahoga. Bien claro lo dice un trabajador en *Año tras año*: "Aquí no se trata de política, se trata de conseguir más pan y comida para los hijos" (pág. 139). En *La mina*, los obreros persisten en "la lucha por el trabajo".

En todo caso, la negación de los derechos, sean de seguridad en el trabajo (como en *La mina*), o de un jornal justo que permita subsistir (como en *Año tras año*), se traduce en una protesta, "la protesta antigua de los hombres sin pan y sin tierra" (*La mina*, pág. 19), que en *Año tras*

161

año se hace general, pues "haciendo la huelga... se protesta por todas las cosas" (pág. 270). Para llevar a cabo la reclamación de sus derechos, los personajes que crea López Salinas buscan un sentimiento de solidaridad obrera, de fraternidad, como único medio para lograr sus aspiraciones. La idea de unión se presenta en *La mina* como algo todavía no logrado, pero como un procedimiento necesario: "Tendríamos que protestar todos, todos los del pozo. Toda la cuenca" (pág. 179). La unión se logra, cuando el accidente ocurre, en el asalto y en la huelga que sigue. La misma idea se encuentra, también, en *Año tras año*, donde la unión surte efecto, y por medio de ella los obreros van logrando algunas de sus demandas: "Se puede exigir si lo reclamamos con nuestro trabajo. Entre todos podemos ayudarnos" (pág. 189).

Parte de la protesta es también un sentimiento que se traduce en un deseo de venganza, con la cual el obrero sueña en desquitarse el día que pueda. Como repite Ruiz, el "Asturiano", barrenero que trabaja en la mina: "Un día, muchachos, un día..." (pág. 143). Coincide, básicamente, con la amenaza de Enrique que, en *Año tras año*, asegura: "Ya verán cuando tengamos un sindicato nuestro, un sindicato de verdad" (pág. 285).

Además de la protesta, solidaridad, y deseo de venganza, hay un sentimiento de esperanza que, implícita o explícitamente, aparece en las novelas de López Salinas. Es la esperanza de que, en el futuro, el trabajador podrá redimirse y gozar de los derechos que ahora se le niegan. En *La mina*, el momento que expresa esa esperanza con mayor claridad es cuando después de la muerte de Joaquín, su mujer Angustias se pregunta si debe volver al pueblo o quedarse en Los Llanos. Se da cuenta de que volver sería un retroceso, pues cuando los hijos se hagan mayores tendrían que emprender "el camino de todos, el exilio de la propia tierra". Por eso decide quedarse en Los Llanos. Siente Angustias que "la vida y el porvenir había que ganarlos día a día pues los hijos esperaban. Y ella tenía que ser un huerto de esperanza" (pág. 247) (14). En *Año tras*

(14) «Al narrar un caso lamentable, que pudiéramos llamar es-

162

año, como obra más ideológica, la esperanza se halla más implícita que explícita. Enrique, el obrero detenido a raíz del "boicot" madrileño de los tranvías, cuando sale con su novia "hablaba de afanes y de esperanzas" (pág. 306). Los obreros del grupo a que éste pertenece, activos en su labor ideológica y reivindicativa, "trataban de proyectos e ilusiones para una vida mejor" (pág. 306).

Con lo que antecede basta para mostrar que López Salinas ofrece en sus novelas una visión crítica, siempre enfocada desde el punto de vista de los obreros y de sus reivindicaciones sociales. El rico, sea terrateniente, industrial o directivo, no es visto en absoluto, o sólo en su papel de explotador. Sin embargo, la visión del obrero y sus problemas, aunque unilateral, se presenta con compasión y ternura. López Salinas se duele de las penalidades que sufre la clase obrera española. Este sentimiento compasivo levanta en el lector simpatía hacia los problemas del proletario. Sin duda, López Salinas es, de todos los novelistas de tema social, el que logra en el lector un mayor impacto.

Joaquín es el único personaje que posee una cierta individualidad entre todos los de la obra. Angustias, su mujer, es simplemente un carácter accesorio que refuerza sus problemas y actitudes. Los demás (y hasta cierto punto también Joaquín y Angustias) sólo aparecen como "mineros", "campesinos", "esposas". Los problemas de un cierto personaje, un minero por ejemplo, aparecen relacionados con los de otros para dar una idea de su existencia, y de las desgracias, abusos y malos tratos a que se ven sujetos. Así, lo que les pasa a Ruíz, a Luis, a García y a los demás obreros de la mina, es parte del problema total de los mineros. Lo mismo ocurre con Joaquín, el tío Emilio, Lucas, que representan la situación en que se encuentra el campesino.

El carácter de Joaquín es poco complejo, y está visto

tadístico, podía haber aherrojado su novela en un pesimismo sin mañana... La novela es optimista, acaso por ese amor a la vida ya aludido, que la impregna toda, o, dicho de otro modo, porque está llena de futuro». Alberto Gil Novales, «La mina, de Armando López Salinas», *Cuadernos Hispanoamericanos*, N.º 133 (enero, 1961), pág. 141.

únicamente desde el punto de su querencia por el campo. La falta de complejidad se puede considerar natural, dado que es una persona sencilla, falta de odio y malicia, y de una gran bondad. Ruíz, el "Asturiano", lo dice así: "Tú eres un alma cándida" (pág. 160). En efecto, Joaquín se muestra cándido desde el principio. Cuando les dice a las gentes del pueblo: "no hay que marcharse, hay trabajo para todos, porque es de todos la tierra" (pág. 18), la realidad es que la tierra es de unos pocos, y que no hay trabajo, por lo cual él mismo tiene que emigrar, si bien empujado por su mujer. A pesar de ello, "le revolvía el cuerpo hasta ponerle mala sangre, el pensar en abandonar el pueblo" (pág. 18), pues tuvo siempre una sola ambición: "sembrar y cultivar la tierra" (pág. 18). En el fondo del "Pozo Inclinao", piensa que "el aire del campo tiene olor a vida, a tierra mojada, a naranjos, a pan y a lluvia" (pág. 225), mientras que "en el pozo es difícil el respirar, no es bueno. El aire de la mina es muy caliente, es sucio. Es ácido como cuando el vino se pica" (pág. 225). Por medio de este contraste entre la oscuridad de la mina, donde "no había noche ni día" y el exterior, donde "los campos están llenos de luz" (pág. 84), se llega a la poetización del carácter simple y bondadoso de Joaquín, que se ve condenado a trabajar bajo tierra, mientras añora el campo. Su nostalgia es tan fuerte, que "los domingos por la mañana trasponía el cerro para ir a segar hierba para los conejos" (pág. 203), hartándose de segar por placer, "aunque ya tenía el saco lleno" (pág. 204). Confiesa a su primo Antonio que "mi idea es dejar la mina lo antes posible", pues lo que quiere es ahorrar para volver al pueblo y comprar tierra en la cual trabajar. La querencia que Joaquín siente por la tierra se va intensificando por medio de su nostalgia por el exterior, y por su deseo de trabajar más para ganar más, para ahorrar más. En la última parte, la añoranza aumenta, y se contrapone "la impresión de vivir en un mundo desconocido, un mundo sin sol" (pág. 223), con "el alma campesina de Joaquín (que) gritaba por la lluvia y por los campos" (pág. 224). Mientras trabaja, habla a los dos caballos que tiran de la vagoneta, pues le "parece como si no hubiera dejao del todo el trabajo del campo" (pág.

148). Les dice a los caballos Tuerto y Tieso el intenso drama del hombre de alma sencilla y campesina que se ve obligado al trabajo subterráneo:

> La vida se ha puesto muy mala y el hombre no encuentra un pedazo de pan en la tierra que le vio nacer. A mí me han empujao, me han echao de la tierra. Si la vida la hacen así ¿qué puede hacer un hombre más que amolarse, eh, Tuerto?   (pág. 225)

Poco después de las antedichas palabras, la bóveda de la galería se hunde sobre los mineros. Mediante esta elaboración artística, el drama del campesino condenado a minero se agiganta. El autor consigue que se comprenda su sufrimiento y desesperación, y a la vez la obra adquiere una cierta calidad poética, nostálgica, melancólica. Esto último presta unidad a la novela, y constituye el mayor acierto de *La mina*, si bien es cierto que, algunas veces, el carácter de Joaquín resulta demasiado simple.

La lengua de los personajes tiene, claro es, relación con su personalidad de mineros o campesinos. Hay una elaboración artística con el propósito de dar la impresión de que se ajusta a la realidad lingüística. Un aspecto de esta lengua seudopopular es el uso de las terminaciones "ao" en participios y substantivos. A pesar de la frecuencia con que aparecen dichas terminaciones, su uso es irregular. El viejo campesino Emiliano dice, dentro de un mismo párrafo, "montados" y "montaos" (pág. 15). Lo mismo ocurre con la pérdida de ciertas terminaciones, sobre todo de la "d" final, dando "usté", "verdá". Las mismas personas que dicen "ahoguío", "cocías", dicen, a veces, "vida" y "habido". En una ocasión un minero dice "granaína", pero, sin embargo, a Joaquín le llama el "Granadino". También aparecen "humedáz" (*sic*), "paternidaz". Son frecuentes, asimismo, los apócopes populares "to", "na", "pa". También es común el uso de palabras tales como "gilipollas", "trasconejar", "torozón", "zaína", "bujero" y otras muchas por el estilo. No obstante, el uso de terminaciones y léxico popular queda dentro de límites prudentes, lo necesario para lograr la impresión que se busca crear. Tampoco se abusa de los motes personales como "La Fideo", "La Barreno", "Huevos Duros", "La Pies Planos".

Mucho más original en López Salinas, desde el punto de vista lingüístico, es el uso de giros populares. Son numerosos los refranes, dichos y comparaciones que recogen la viveza y gracia de la imaginación popular. Entre los refranes y dichos se encuentran ejemplos como "el casao casa quiere" (pág. 156); "familia y trastos viejos, lejos" (pág. 156); "niño vomitón, niño engordón" (pág. 157); "el que haya hecho el combro, que lo lleve al hombro" (pág. 174); "que cada uno con su pan se lo coma" (pág. 198); "a lo hecho pecho" (pág. 199); "la semana que no tenga jueves" (pág. 215); "gallina vieja hace buen caldo" (pág. 216); "cuando hay más de cuatro cada uno fuma de su tabaco" (pág. 217); "casao, ahorcao" (pág. 219); y otros por el estilo.

Las comparaciones que aparecen en *La mina* son aún más frecuentes que los anteriores dichos, y presentan una cierta tendencia al retruécano. Algunas de ellas coinciden con las que aparecen en *Año tras año*. Se pueden clasificar en cuatro grupos: comparación superlativa, de igualdad, de superioridad, de inferioridad. Las comparaciones superlativas son las menos frecuentes, dando lugar a ejemplos como "a mi el gazpacho me gusta hasta en la cabeza de un tiñoso" (pág. 191). Las de igualdad aparecen en mayor número que las precedentes. Entre otras se encuentran las siguientes: "Mala y sucia como la madre que la parió" (pág. 45); "le hace fú como a los gatos" (pág. 46); "se parecía a él como una gota de agua se parece a otra" (pág. 195); "una mujer que come como una lima" (pág. 198); "las mujeres del norte son como el hielo" (pág. 217); "me dejó como un alambre" (pág. 218); "os dais el pico como las palomas" (pág. 218); "con unos pechos que se movían... como campanas en día de fiesta" (pág. 229).

Las comparaciones de superioridad poseen una gracia, vulgar si se quiere, superior a las precedentes. Originan numerosos casos, como éstos: "he picado más mineral que agua saca un burro en la noria" (pág. 49); "está más picao del pecho que un melón podrido" (pág. 192); "más mamao que un niño de pecho" (pág. 192); "grita más que un gorrino recién capao" (pág. 196); "más fijo en la taberna que una beata en las novenas" (pág. 213); "eres más borracho que la uva" (pág. 217); "eres más borracho que Noé" (pág. 218).

Las comparaciones de inferioridad son menos numerosas que las dos precedentes, dando lugar a los siguientes ejemplos: "nos duraban menos que un pastel a la puerta de un colegio" (pág. 99); "veo menos que un pez por el culo" (pág. 174); "te chupa el tuétano en menos que canta un gallo" (pág. 218).

Aunque todas estas comparaciones pertenecen por lo general a los personajes y se dicen en los momentos oportunos, de vez en cuando el autor permite que aparezcan en los párrafos descriptivos. A párrafos de autor pertenecen comparaciones tales como "pedir trabajo en Tero... era como pedir limosna a un fraile" (pág. 14), o "tenía la cara, blanca y chupada, como un cirio" (pág. 211).

La técnica de *La mina* guarda estrecha relación con el carácter de la novela. El propósito de ésta es poner de manifiesto el triste destino del campesino y del minero. Por lo tanto, el autor tiene que explicar o relatar un suficiente número de sucesos que pongan al lector en antecedentes de lo que anteriormente ha sucedido, para así lograr que el lector se haga cargo del problema social, que por otra parte no es del momento, sino que viene de mucho antes. Un caso puede demostrar esta técnica. En la taberna hay una discusión entre los mineros Pedro el "Extremeño" y García, que acaba en riña, debido a que Pedro mantiene que García es impotente. García quiere pelearse pues "el desgraciado éste... me ha dicho que no me puedo acostar con una mujer" (pág. 101). La realidad es que García es impotente a causa de las emanaciones de las minas de mercurio, explicando un compañero que "a todos los que andan con el mercurio les pasa lo mismo" (pág. 101). Luego, García se pone a pensar y a reconstruir el pasado, viniéndosele a la memoria las enfermedades y desgracias de los mineros que trabajan en las minas de mercurio de Almadén. En otro lugar, Pedro el "Extremeño", que es oriundo de las Hurdes, cuenta extensamente por qué se ha hecho minero, y la clase de vida que llevaban en las Hurdes, a donde, dice, "no vuelvo yo ni atao" (pág. 140) (15). Ruíz, el "Asturiano", también cuenta su pasado y cómo, a causa de una serie de incidentes, vino a parar a la mina de Los Llanos. Estos antecedentes suelen ocupar una apreciable extensión, y en ellos no hay diálogo, claro es, pues se han de dar resumidos, ya que el propósito es explicar las causas para que se comprendan los efectos que tienen en la situación social que se quiere hacer resaltar. El diálogo aparece en sus mejores momentos cuando dos personas hablan acerca de los sucesos cotidianos, por ejemplo, cuando van a comer, cuando en la taberna un minero solicita a una prostituta, cuando un grupo de niños juega.

En *La mina*, como en otras novelas de la misma tendencia, también se da una breve descripción de cada personaje. De Joaquín se dice que "era un hombre de treinta y tantos años. Flaco y de hombros descarnados; de estatura regular" (pág. 21). Detalles del aspecto se dan también en el caso de personajes muy secundarios que, como el tío Emilico, apenas si dicen una docena de frases en toda la novela. También se tiende a dar una descripción del local, o de las calles y edificios. Así se describe el café España, donde entran Joaquín y Pedro:

> El café España tenía sus visos de elegancia, cuatro o cinco divanes tapizados de plástico rojo algo deteriorado. Dos espejos, anunciando el Anís La Pajarita, llenos de churretes. Una lámpara de cristal y bronce, grande, colgando en el centro de la sala. Escupideras de loza y dos tablones donde podían leerse los resultados de los encuentros de fútbol, de primera y segunda división, celebrados el domingo anterior.
>
> (pág. 130)

El realismo abreviado de *La mina* se refleja también en las anotaciones o detalles de lo que alguien dice o hace. Los mineros discuten de mujeres y uno de ellos comenta: "Uno ya es viejo y tiene su experiencia —replicó López el

---

(15) Los detalles que da Pedro, natural del Gasco, Ayuntamiento de Nuñomoral, coinciden con el libro de viaje *Caminando por las Hurdes*.

«Viejo» marcando mucho la equis" (pág. 217). Parte, también, de este realismo consiste en el esfuerzo por hacer que esas palabras o acciones resulten naturales. La mujer de Felipe, el capataz de la cuadrilla, se queda en estado por quinta vez y el minero se pone a considerar el caso, pensando que "el cura dijo que el método Gino, Ogino, Angino, o como sea, no era pecado" (pág. 199). Evidentemente, el desconocimiento de la palabra es natural en un capataz de mina, y mediante el uso de la duda se establece su ignorancia, propia de su personalidad.

La técnica de *La mina* se perfeccionará luego en la siguiente novela: *Año tras año*. El diálogo es, quizá, la mejor prueba de la evolución que hay entre estos dos libros, aparecidos a dos años de distancia. El diálogo de *La mina*, que, por lo general, es extenso y prolijo, se aligera considerablemente en *Año tras año*, ganando en fluidez y flexibilidad, a la vez que en concisión.

La mina es una obra de interés por varias razones. En primer lugar, por el modo como está tratado el problema del obrero y del campesino, que levanta en el lector un sentimiento de solidaridad humana con el proletario. El propósito del novelista coincide con el de la nueva novela social que es "conducirnos a una mayor y mejor comprensión social de los problemas de nuestro tiempo, en esta España que hay" (16). En segundo lugar quedan los varios procedimientos que se emplean para crear esa solidaridad y lograr ese propósito de una mejor comprensión, a saber: la suerte de Joaquín, la sencillez y bondad de su carácter; la contraposición del aspecto de los campos con el interior lóbrego de la mina; los abusos de la Empresa que aparece representada como un "monstruo"; la comparación entre el trabajo esclavo del minero y la miseria de sus casas, y la ociosidad de los ingenieros y el lujo de sus viviendas (aquéllas sin agua, éstas con piscinas y fuentes; las primeras rodeadas de barro y suciedad, las segundas entre parques y jardines); la pena y lástima que siente el no-

(16) Armando López Salinas y Antonio Ferres, *Caminando por las Hurdes*, pág. 9.

velista por la clase obrera; la esperanza de una vida mejor, de un futuro más justo, esperanza que impregna toda la obra.

* * *

El tema de *La mina* encierra ideas que, como ya se ha visto, se exponen por medio de lo concreto. En la siguiente novela, *Año tras año* (17), López Salinas presenta idénticas ideas pero lo hace en términos más teóricos y menos novelísticos. Las dos obras forman una unidad.

Año tras año, por cuya obra su autor recibió el premio Ruedo Ibérico 1962 (18), es en realidad una crónica novelada, al modo de los episodios galdosianos, de "los años del hambre", o sea, de los que van desde la terminación de la guerra civil española hasta la segunda postguerra europea, concluyendo, aproximadamente, con la huelga madrileña de los tranvías. El énfasis se pone en la clase obrera, desde cuyo punto de vista se cuenta, presentando al mismo tiempo, la situación de esos años, tratando de captar la atmósfera nacional. Los sucesos muestran el miedo de la población a las denuncias y a las detenciones, las persecuciones políticas, las cárceles, los fusilamientos, la miseria y la falta de alimentos y ropas. El resultado es un cuadro del desolado estado de ánimo de la población, y de la situación en que se encontraba el país. Los mismos obreros reconocen que la situación es general: "...La verdad es que casi estamos a pedir limosna. —Hay muchos como nosotros, todo el país está igual" (pág. 137).

Por debajo del estado de cosas, se presenta la esperanza que queda en el pueblo: "Hay mucha gente que está como nosotros o peor. Pero no es cuestión de lamentarse,

(17)   París: Ruedo Ibérico, 1962.
(18)   «En Collioure, el 24 de febrero de 1962, esta novela fue galardonada por unanimidad, con el premio Ruedo Ibérico, 1962. Formaban el jurado Carlos Barral, Antonio Ferres, Juan García Hortelano, Juan Goytisolo, Manuel Lamana, Eugenio de Nora y Manuel Tuñón de Lara» (contratapa de la novela).

sino de hacer cosas para remediarlo" (pág. 137). La mayor esperanza del obrero para el futuro reside en sus hijos. Su preparación es parte de su programa de acción. El padre de Antón le dice:

> Un cinco en matemáticas, eso no está bien. Tienes que apretar, hijo. Los hijos de los trabajadores tienen que prepararse. Algún día tendremos las ruedas en la mano y entonces tenemos que tener gente nuestra que sepa manejar las máquinas, hacer planos, levantar casas, economía. (pág. 103)

Mientras tanto, el obrero se siente aplastado, privado de todo aquello a que tiene derecho, sometido a la represión de un gobierno que desconfía de ellos. Augusto comenta que los patronos "no pagan mucho. Ya sabes, han vuelto por sus fueros" (pág. 44); y otro obrero se queja de que "sólo nos pagan lo justo para que podamos comer y tener fuerzas para seguir trabajando" (pág. 58).

La novela no posee verdaderos personajes, sino que se concentra en exponer las condiciones de los años de que se ocupa. El único que tiene cierta autonomía e individualidad es el obrero Enrique. Apenas empezada la narración, Enrique, soldado de la República, queda internado en un campo de concentración; una vez puesto en libertad, va a Madrid, y un amigo, Augusto, lo recoge en su casa y le busca trabajo. La novela acaba poco después de la detención de Enrique, que, con sus amigos, ha estado distribuyendo propaganda encaminada a fomentar "la huelga de los tranvías" madrileña. Junto a Enrique y Augusto, aparecen otros muchos personajes, como el obrero Joaquín, pero todos ellos pasan por la novela con rapidez, haciendo numerosas pero breves apariciones. En realidad, el verdadero personaje de la novela es "el obrero", la clase trabajadora toda.

El relato contiene, además, referencias a los sucesos de la guerra mundial y de la política internacional, que sirven como punto de referencia para fijar el transcurso del tiempo y a la vez prestan a la obra un fondo histórico. El novelista acierta plenamente en el retrato de una época, lo cual hace que la novela resulte interesante. El interés se mantiene mediante una hábil combinación de los sucesos que se van desarrollando. Por otra parte, aunque la obra contiene una ideología socialista y política, López Salinas la muestra lo menos obviamente posible, dejando que se refleje en lo que los personajes opinan, dicen o hacen. En resumen: *Año tras año* recoge "la voz de la España triste, la España de las cárceles y los fusilados, de los campesinos sin trabajo y con hambre" (pág. 183), una España que se compara con una casa vieja, desagradable, que "tiene algo que no me gusta. Quizá me recuerde cosas poco agradables. Yo la dejaría contento, la dejaría igual que se abandona una vieja idea o una antigua creencia", palabras del obrero Joaquín a las que contesta su novia Pepita, diciendo: "Es la única que tenemos. Esta casa es como España, sucia y fea. Pero se puede arreglar. Habrá que cambiarlo todo, habrá que hincar la piqueta hasta que salga el rojo de los ladrillos" (pág. 312).

Otra novela que interesa más por su contenido social que por la forma de narrar y por sus méritos artísticos es *Hemos perdido el sol*, subtitulada *La novela de los trabajadores españoles en Alemania* (19), de Ángel María de Lera. Toda la acción de la novela se reduce a la separación, por un error en el contrato, de un matrimonio obrero que va a trabajar a Alemania. Cada uno de ellos se encuentra con ciertas aventuras amorosas. Ramón, el marido, se enamora de una mujer, Marleen, de extraordinaria belleza y refinamiento, con quien mantiene relaciones. Paulina, la esposa, mantiene su fidelidad conyugal, pese a las pretensiones de su jefe, Schneider. Al final, Paulina deja su trabajo y va a reunirse con Ramón, recuperando así a su marido.

Por medio de esa intriga amorosa, Lera va revelando los problemas y situaciones en que se encuentran las obreras y obreros españoles en Alemania, así como las razones

(19) Madrid: Aguilar, 1965. Tercera edición. La primera data de 1963.

por las cuales se ven obligados a emigrar. Hay, además, una comparación entre el obrero español y el alemán, entre la vida en Alemania y en España, en la cual el autor expresa su ilimitada admiración por lo alemán y su duda sobre las virtudes cívicas del obrero español.

En relación con las anteriores obras de Lera, *Hemos perdido el sol* representa un avance, siendo la mejor novela de cuantas ha escrito (20). La técnica del diálogo ha mejorado considerablemente, siendo ahora más escueto, vivo y natural, y, como resultado, el ritmo narrativo es más rápido y ligero; pero, por otra parte, adolece del defecto característico de este autor, a saber, un excesivo romanticismo y melodramatismo que rebaja la calidad de sus personajes (21), de lo cual es buena prueba el final de la novela:

—¡Es muy hermosa! —susurró Paulina.

Marleen se acercó hasta pegar el rostro al cristal, surcado de goterones, como si no pudiera creer. Se movieron sus labios, y cuando pareció que iba a romper a llorar se arrancó de allí bruscamente y echó a correr por la explanada, chapoteando en el agua con sus relucientes botas.

—Sí, muy hermosa —dijo entonces Ramón, lentamente—. Como tantas otras cosas de esta tierra, que no son ya para nosotros.

Marleen era ya un bulto informe en la lejanía. Y Paulina se abrazó a Ramón, gimiendo:

—¡Y es verdad! ¡Y es verdad!

Fuera se fundían ya la noche y la lluvia.

(pág. 377)

La colección de "La novela popular contemporánea", que dirige Jorge Cela Trulock, ha dado ya a la imprenta

(20) «Es hasta ahora la más ambiciosa y granada de las suyas, en cuanto al problema y al mundo que abarca». José R. Marra-López, «Una novela de interés nacional», *Ínsula*, N.º 207 (febrero, 1964), pág. 5.

(21) «Aparece una cierta tendencia al final melodramático de las escenas, un tanto efectistas y, por ello, innecesarias, que en nada benefician a la obra literaria». José R. Marra-López, loc. cit.

varias novelas cortas destinadas a ser leídas por la clase obrera. Los temas, suelen ser, por lo general, de significado social. Entre otras se encuentran *El suceso* (22), de JOSÉ ANTONIO VIZCAÍNO, que narra la construcción de una casa, hecha de prisa y con la mayor economía posible, lo cual resulta en su hundimiento y en la muerte de un grupo de obreros; pero la narración es lenta y, a veces, aburre. *La consulta* (23), de FIDEL VELA, muestra los abusos a que se ve sujeto un obrero provinciano que llega a la capital para que los médicos del Seguro Social le reconozcan, lo cual, por ignorancia y desidia, no hacen. Cuando encuentra un médico, con conciencia, que lo examina debidamente, es demasiado tarde. El caso pudiera ser convincente, si el obrero no resultase demasiado ignorante, demasiado ingenuo, y los empleados y médicos del Seguro excesivamente malvados y despóticos.

(22)   Madrid: La novela popular, 1965.
(23)   Madrid: La novela popular, 1965.

Parte de los habitantes de las grandes ciudades españolas viven en barrios del extrarradio, formados por subviviendas, las chabolas, carentes de agua, servicios sanitarios y, a veces, electricidad. En el peor de los casos, parte de estos barrios están formados por cuevas y chamizos y, muchas veces, se encuentran situados en las cercanías inmediatas de desagües de cloacas o de vertederos de basura, en cuyas proximidades corretean las criaturas "in puris naturalibus", o, en invierno, cubiertos de andrajos. Para evitar la extensión de estos sectores urbanos, los ayuntamientos han publicado leyes prohibiendo la erección de más viviendas. Las chabolas siguen edificándose en ciertos lugares, sin embargo, debido a la ignorancia de los nuevos emigrantes, o al engaño de explotadores. Cuando los edificios "ilegales" son denunciados, se desahucia a sus propietarios. Esta situación crea numerosas tragedias y no pocos problemas, los cuales se recogen en algunas de las novelas que aquí estudiaremos. No obstante, el propósito es, más que la vivienda en sí, mostrar la vida de los habitantes, su verdadera situación dentro de una sociedad que los ignora, exponiendo toda su desesperanza y amargura ante la inescapable miseria en que se hallan.

Estas novelas no ofrecen una visión tan global como las estudiadas anteriormente; su radio está limitado por los horizontes de la gente de la cual, principalmente, se ocupa. Tal vez sea ÁNGEL MARÍA DE LERA, que parece haber ensayado su pluma en todas las variaciones de la novela social, el primero en haber dedicado un libro a tratar, exclusivamente, el mundo de las chabolas. *Los olvidados* (1), en efecto, se desarrolla en uno de esos barrios, sobre cuyo fondo se desenvuelve la historia del "Granaíno", jefe de

(1) Madrid: Aguilar, 1957.

175

una banda de ladrones, enamorado de Mercedes, una joven de raras virtudes, por la cual decide regenerarse. Cede a la tentación de un último golpe, pero traicionado por uno de sus compañeros, lo aprisionan. También se narra, simultáneamente, la historia del señor Antonio, un viejo anarquista convertido en maestro voluntario. *Los olvidados* es la primera obra de Lera y, por lo tanto, los defectos de este autor (tendencia a lo peculiarmente cinematográfico, argumento amoroso, melodramatismo en las escenas de amor, falsedad de los personajes) se encuentran aquí en toda su plenitud, no pasando de ser un débil intento de novela.

Poco después, JUAN GOYTISOLO publica *La resaca* (2), cuyo precedente se halla en una obra suya anterior, *Fiestas* (1958), con la cual, y junto con *El circo,* forma la trilogía "El mañana efímero". *La resaca* se sitúa en el barrio barcelonés de "los murcianos", a donde la vida ha arrojado, como la resaca arroja objetos a la playa, el desecho de la sociedad. En realidad, la novela tiene poco que ver con los problemas de la gente que habita las chabolas, siendo únicamente una serie de sucesos, casi sin conexión, en los cuales participan ciertos personajes. Entre éstos se encuentra Antonio, casi un niño, que se relaciona con el "Metralla", jefe de una banda de muchachos, y que le propone ir a América. Antonio roba el dinero para el pasaje y se lo entrega al "Metralla", el cual se embarcará dejándolo en tierra. Antonio es el personaje principal de la novela pero, no obstante, su carácter no ofrece desarrollo ni complejidad, resultando demasiado simplista e insuficiente. Sin embargo, el mejor momento de la novela, el más finamente logrado, se refiere a su iniciación sexual en un vagón de ferrocarril. El socialista Giner, que vive amargado, solo, incomprendido por sus amigos, y por su familia, que le reprocha la situación en que se encuentra a causa de la política y de sus ideas; el matrimonio Fuensanta y Saturnino, oportunistas que adulan al cura con el propósito de obtener un piso, son, tal vez, los mejores personajes que aparecen en la novela; los demás no pasan de simples "tipos".

(2) París: Club del libro español, 1958.

La resaca, como en el caso de otras obras de Goytisolo, pone de relieve los aspectos bajos que hay en la vida de algunos seres ,con cierto énfasis en el sexo y en la violencia, pero sin ahondar en los problemas de estas gentes o en el medio ambiente en que viven, los cuales constituyen el pretexto para la novela, y cuyo significado y transcendencia se eluden. En el caso concreto del barrio de chabolas, las implicaciones sociales no se exponen, y si alguna vez se mencionan es, únicamente, como telón de fondo o como fórmula, pero sin profundizar (3) en las causas, en las razones, en el porqué de las cosas. Lo mismo ocurre con el lema oficial: "Ni un hogar sin lumbre, ni un español sin pan". Este "slogan" aparece repetidamente en la novela pero no se entra en su verdadero significado. La tendencia de Goytisolo a recurrir a este género de tópicos (como ya se le ha criticado) es una forma de servir al público, sobre todo extranjero, aquello que espera o gusta leer (4).

Por el contrario, Antonio Ferres profundiza en la vida sórdida de esos barrios, para testimoniar la desesperanza de sus habitantes, su pesimismo, su desilusión, y para mostrar las causas de su miseria. Ferres, en *La piqueta,* observa la triste realidad y, consciente de su deber de novelista, expone cómo es ese mundo por medio de una cuidada estructura novelística.

* * *

Antonio Ferres relata, en *La piqueta* (5), los sucesos que ocurren en un barrio de chabolas de Madrid, llamado

(3) «Falta desde luego a *La resaca...* perseverancia y hondura en la penetración, tanto del mundo íntimo y subjetivo de los personajes, como del medio colectivo». Eugenio G. de Nora, op. cit., pág. 325.

(4) «An attitude meant to comply with the fashion, furnishing the reader with the merchandise he desires». Ricardo Gullón, «The Modern Spanish Novel», *Texas Quarterly,* Vol. IV (Spring, 1961), pág. 86.

(5) Barcelona: Ediciones Destino, octubre de 1959.

Otras obras de Ferres: *Caminando por las Hurdes* (Barcelona: Seix Barral, 1960); *I Vinti* (Milán: Feltrinelli, 1962), versión ita-

"Los Cinco Minutos", a raíz del derribo de una de ellas que había sido construida después de salir un edicto municipal prohibiéndolo.

La novela empieza y termina en el mismo día y hora, el 3 de julio, lunes. La gente se congrega alrededor de la chabola en un acto de solidaridad que refleja "la actitud que iban a tomar o que hubieran tomado de buena gana cuando llegasen los de la piqueta para derribar la casilla". Hay una expectación que presagia una posible acción colectiva para impedir que pongan en la calle a la familia obrera que la habita. Cuando la Guardia Civil llega con los encargados del derribo, se oyen murmullos y se deja sentir un estremecimiento en la multitud. La narración se interrumpe en este momento para presentar los antecedentes que conducen al desahucio. Estos ocupan el cuerpo central de la novela y se dividen en tres partes.

Primera parte. En un merendero de Orcasitas hay baile los domingos por la tarde, y a él acuden las chicas del barrio de chabolas, entre ellas Maruja y Juana: ésta, obrera de una fábrica de bombillas; aquélla, hija mayor de Andrés, el peón cuya vivienda van a derribar. Entre los muchachos que acuden al merendero se encuentran dos obreros, Antonio y Luis; y tres "muchachos mayores, muy atildados", Jesús, López y Hernando, técnicos de la fábrica de bombillas, que van al baile con el propósito de encontrar alguna mujer que consienta a sus deseos. Jesús corteja a Juana con esas intenciones. Al salir del baile, Maruja se encuentra con Luis y se dan cita para salir juntos otro día.

En el siguiente capítulo aparece el tema del derribo. Maruja oye en la fuente que iban a "tirar las chabolas que han hecho las últimas, que no quieren que venga más gente del pueblo" (pág .40). Al mismo tiempo, se presenta el aspecto del barrio, "mezcla de campo y de pueblo; el des-

liana de *Los vencidos* (París: Editions de la Librairie du Globe, 1965); *Tierra de olivos* (Barcelona: Seix Barral, 1964); *Con las manos vacías* (Barcelona: Seix Barral, 1964); *Al regreso de Boilas* (inédita). Tiene en preparación *La Torre de Babel*.
Nació en Madrid en 1924. Es perito industrial.

campao revuelto de casuchas" (pág. 37); el de las chabolas y su interior, cuyos "techos eran tan bajos que podían alcanzarse con la mano"; y asimismo se mencionan las causas por las cuales la familia de Andrés vive en la chabola. Se trata de una familia de campesinos procedentes de Jaén, que han venido a la capital, como otros muchos andaluces, en busca de trabajo, pues en los pueblos "sólo se trabaja cuando la recolección, por la aceituna" (pág. 40). El padre, peón albañil, es oriundo de las Hurdes, emigrado luego a Andalucía. La madre, María; Maruja, casi una niña; Andresillo, de seis años; y Mario, el pequeño, forman la familia.

Al siguiente domingo, Maruja sale con Luis y así se inicia el noviazgo. Paralelamente, la amenaza del derribo se va haciendo más seria. Ese mismo día, al regresar a casa, Maruja se entera de que "los guardias han venío a avisar que dentro de quince días nos tiran la casa" (pág. 78).

Alternando con las relaciones entre Maruja y Luis, y con la aparición del tema del derribo, se va poniendo de manifiesto la estupidez y vacuidad de la vida de "señoritos" que llevan Jesús, López y Hernando.

Segunda Parte. Los días de plazo para el derribo van pasando con ritmo acelerado. El noviazgo de Maruja y Luis se va haciendo más serio. Los padres de Maruja tratan desesperadamente de encontrar vivienda dentro de sus limitados medios, sin conseguirlo. Un vecino, el viejo Remigio, tiene dinero ahorrado, pero se resiste a ofrecérselo a pesar de que la conciencia le perturba. Van a ver al tendero del barrio para que les alquile un pequeño cuarto que tiene vacío, pero sin resultado. Ante la incapacidad de encontrar vivienda, o dinero para conseguirla, la madre se pregunta angustiada: "¿Quién tié la culpa?" (pág. 121). Luis visita a los padres de su novia y se ofrece a ayudarlos, haciendo posible que, después del derribo, Maruja vaya a vivir a casa de su tía.

Tercera Parte. Comprende el último domingo y el lunes, día del derribo. Los tres técnicos de la fábrica de bombillas van por el merendero como de costumbre. Juana

179

siente inequivocables indicios de estar en estado y, por eso, también siente rabia contra su amigo Jesús a quien empieza a considerar "un señorito chulo" (pág. 173).

Por el barrio circula el rumor de "que va a armarse un buen lío... cuando lleguen los de la piqueta... a tirarles la chabola" (pág. 176). Al siguiente día, la gente se va congregando junto a la casa; primero los amigos, luego, más entrada la mañana, toda la vecindad, "gentes, mujeres, chiquillos y viejos, perrillos legañosos..., niñas con los ojos tristones y, también, algunos hombres" (pág. 195). El ambiente es de expectación, creyendo "que va a armarse buena cuando vengan" (pág. 193). Por fin llegan los de la piqueta acompañados de la Guardia Civil, sacan los muebles a la calle, y el derribo empieza. A pesar de que la gente congregada emitía "un murmullo, como una protesta" (pág. 210), cuando una mujer exclama "¡Pobrecillos!", nadie contesta. "Los hombres seguían sin saber qué hacer o decir" (pág. 209); las paredes caen, una vecina se lleva a los niños, Maruja se marcha con Luis, la multitud se dispersa.

Después de la tercera parte hay un breve epílogo fechado "Lunes, 3 de julio (una y media de la tarde)" que se ocupa del momento cuando ya "la oscura multitud había desaparecido". Enlaza directamente con la introducción y muestra lo que pasó con el entusiasmo y la solidaridad de la gente. Ésta es la idea central de la novela, que pone de manifiesto la indiferencia de las masas, y lo que sucede cuando el pobre es la víctima: "En apariencia, no ocurría absolutamente nada" (pág. 221).

Los sucesos que conducen al derribo de la chabola de Andrés sirven para mostrar la vida de los barrios formados por estas viviendas; la clase de gente que los habita, en su mayoría andaluces emigrados del campo por falta de trabajo; y sus aspiraciones, sus limitaciones, la desesperanza y la derrota que hay en su existencia. El enfoque social se realiza en varios planos: el personal, el de clase, y el general o nacional.

En el plano personal tenemos a Andrés. Para los demás, Andrés y los suyos son "paletos", casi gitanos. Andrés se convence de que nadie va a hacer nada por él, y de que

el derribo de la chabola es para los demás un suceso sin
importancia; el viejo Remigio, que posee el dinero que él
necesita, prefiere callarse; los compañeros que hablan de
protestar no aparecen a la hora del derribo; los vecinos
que se congregan alrededor de la casilla son "una sorda,
indiferente y grotesca multitud" que acude allí por curiosidad, más que por otra cosa. La indiferencia de la gente
para con los pobres como Andrés se refleja en el hecho de
que cada día sus hijos van a decir adiós al tren que pasa
cerca del barrio. Los muchachos "gritaban, agitaban las
manos. Saludaban a la gente que se asomaba a las venta-
nillas o a los fogoneros y a los maquinistas manchados de
negro, a los soldados con el pelo al rape" (pág. 106). Pero
nunca "nadie respondió a su saludo" (pág. 62). Ante esta
falta de atención, uno de los niños le pregunta al otro:

—¿Por qué no nos hacen caso?
—No nos ven.   (pág. 106)

En el plano de clase, la sensación de abandono y de
quedar al margen de todo, que experimentan Andrés y los
demás habitantes del barrio, se muestra en la "mirada vaga,
inconcreta" (pág. 11) que tienen todos ellos, pues sabién-
dose derrotados, sin esperanza de una vida mejor, "no de-
mostraban desesperación, ni verdadera inquietud, ni siquiera curiosidad" (pág. 10), ni les importaba "el verdadero
por qué de las cosas" (pág. 13). La miseria en que viven,
el escaso jornal que ganan, proviene de una ignorancia colectiva ("la *mitá* no sabéis escribir", pág. 134), y de una
falta de preparación ("los brazos sin *ténica* no valen", pág.
134), que les impide competir en el mundo laboral. Los
habitantes de "Los Cinco Minutos" se preguntan de quién
es la culpa. Para Andrés, "son los dineros los que tienen
la culpa de tó, lo que trae así de liá la vida" (pág. 80);
para Juana la culpa es de los señoritos, "de esos hijos de
su madre, de los que se figuran que siempre tiene que ser
a nosotros" (pág. 216). La situación así planteada, alcanza
un plano más general, nacional. Todas las capas de la sociedad parecen vivir en un continuo estado de apatía. Además, de acuerdo con el panorama presentado por otros no-

velistas, parece que el tiempo esté detenido y, a la vez, hay en la calle una sensación de algo inminente, pues "parece que fuera a ocurrir algo; pero así lleva muchos años" (pág. 30). Luis siente que "las cosas estaban quietas" (pág. 137), es decir, en un estancamiento.

No obstante ser *La piqueta* una novela cuyo tema se relaciona con el ambiente urbano, hay en ella un sentimiento del paisaje, que se explica por la situación del barrio, "una mezcla de pueblo y de campo, de solares y de vertederos", abierto al "espacioso llano que llamaban el Prao del Hongo, el Praolongo" (pág. 33). Los aspectos del campo se recogen en forma sinóptica, en breves descripciones objetivas, con tendencia a situar los detalles dentro de una perspectiva:

> Por las lomas, parpadeaban las luces de algunas casuchas, los candiles; dos o tres chabolas no tenían luz eléctrica... Delante, se extendía el llano, la hondonada del cebadal, que se movía y rumoreaba con el poco viento. Había como un gran pozo entre las lomas y las casuchas. A la espalda, hacia la terminación del barrio de Usera, se alzaba un cerro más alto y sobre él una pared manchada de negro. (pág. 26)

La realidad del paisaje se incrementa mediante la observación de la distancia. El personaje que contempla el panorama suele notar alguien que pasa o algo que hay en lontananza. En el caso de transeúntes, esto sirve para fijar el tiempo transcurrido en la narración, o bien para crear una continuidad narrativa, dando lugar a observaciones como las siguientes: "Por el final del llano pasaban unos guardias civiles" (pág. 44); "La pareja de los guardias civiles pasó de regreso" (pág. 46). O bien, simplemente, se trata de un detalle que se observa en la lejanía: "A lo lejos, se veía un trozo de la vía férrea" (pág. 18).

Las descripciones del paisaje dan la impresión de ser anotaciones tomadas de la realidad. La chabola de Andrés está situada en un lugar preciso, y su posición en relación con las cercanías (la vía férrea, el Praolongo, el cerro) está establecida cuidadosamente (delante, a la derecha, a la izquierda, detrás, arriba). Esta exactitud, lo mismo que los detalles que acompañan a la descripción, hacen que el paisaje resulte real. Los efectos de luz, calor, olor y ruido, que se recogen en breves menciones ("la luna ponía blanca las azoteas", pág. 35) también revelan una cuidadosa observación. El olor a cieno de las cloacas que desagüan en el Praolongo en forma de "un arroyo de aguas turbias y sucias" (pág. 67), se menciona siempre que alguien se acerca al lugar. Lo mismo ocurre con el ruido. En la fuente del barrio se oyen gritos y voces de la gente que va a coger agua, toda "una gran algarabía" (pág. 40) que se percibe según que la distancia aumente o disminuya, y así, cuando Maruja "se marchó... el griterío de la fuente fue decreciendo hasta esfumarse del todo" (pág. 41). La atmósfera puede servir, también, de fondo a una situación. Cuando la multitud se congrega para presenciar el derribo de la chabola, "el sol era muy molesto, no soplaba ni brizna de aire" (pág. 10). La atmósfera se hace tan oprimente como el ambiente (que "diríase está estancado y quieto desde hace mucho tiempo", pág. 11) en que se mueve la gente, que "parecía haberse empequeñecido bajo el peso de la luz, haberse achicado, disminuido" (pág. 11).

En una novela tan breve como La piqueta es difícil que haya un desarrollo total del carácter de los personajes. Sin embargo, presentan complejidad y evolución en su modo de sentir, como en el caso de Andrés. Éste supone, al principio, con simplicidad propia de un analfabeto, que el derribo no es cosa seria y que, si les tiran la chabola, "a lo mejor nos dan una casa". Tiene la convicción de que harán algo por ellos, de que "tendrán que apañarnos algo" (pág. 61). Pero a medida que el tiempo va pasando, y los quince días de plazo se acercan a su término, Andrés va cambiando de idea. Lo que sólo era una sospecha, luego se convertirá en certidumbre. Poco a poco empieza a sentir "un vacío, como una desesperación" (pág. 82), cuando se da cuenta de que nadie le hace caso; más adelante empieza a creer que "toda su vida la había pasado perseguido" (pág. 99); luego "se sentía impotente" (pág. 131) debido a que no encuentra vivienda ni quien le deje dinero. Llega, por fin, al convencimiento de que el derribo era algo "contra lo que no se podía hacer nada" (pág. 133); y acaba por darse cuenta de que a nadie le importaba que le tirasen la casilla. Las acciones de Andrés, por otra parte, son paralelas a su estado de ánimo. Cuando se da cuenta de su impotencia para evitar el desahucio, de que por falta de medios no puede conseguir una nueva vivienda, a la vez que "le parecía como si a los otros no les importara mucho lo de la chabola" (pág. 133), siente congoja, y para escapar de su angustia, se embriaga y quiere entrar a robar en una casa. Fracasado su intento, llega a su hogar y se desahoga a gritos diciendo: "¡Estoy harto de vosotros!" y "lleno de rabia, como loco... la emprendió a golpes con todo lo que le rodeaba" (pág. 149).

En el caso de Luis, su sentido de responsabilidad va creciendo a medida que sus relaciones con Maruja se van formalizando, y decide ayudarlos llevando a Maruja para que viva en casa de su tía. La lenta progresión de su sentimiento del deber culmina cuando visita a los padres; es entonces cuando les ofrece ayuda y expone su propósito de casarse con ella.

El carácter del viejo Remigio, aunque dentro de los límites de un personaje secundario, presenta una lograda faceta psicológica. Remigio tiene ahorrada una pequeña fortuna. Siente la obligación de ayudar a Andrés, y lucha entre su conciencia que le dicta la ayuda y el deseo de callarse y guardar el dinero. El conflicto culmina el día en que la multitud se reúne para presenciar el derribo. Encerrado en su habitación, oye los gritos de "¡Ya llegan!"; entonces, incapaz de darles el dinero, "se puso a golpear las maderas hasta que encajaron del todo y la habitación quedó a oscuras y aislada por completo del mundo" (pág. 204).

Además, se tiende a dar la fisonomía y el aspecto de los personajes en unas pocas líneas, como en el caso de Luis, que aparece definido así: "Tenía la cara flaca y pelo algo rizado... Se apercibió de que él tenía un gesto simpático y una pequeña cicatriz debajo de la mejilla izquierda" (pág. 19). Este procedimiento es constante en la novela y se llega a emplear con personajes que aparecen fugazmente, lo cual es superfluo, ya que el lector no puede recordar tantos detalles, excepto, tal vez, uno o dos en el caso de los personajes principales, como con la cicatriz que lleva Luis en la mejilla, que aparece mencionada varias veces.

Los personajes tienden, también, a encarnar los vicios o virtudes de la "clase" a la cual pertenecen. Jesús, el técnico de la fábrica de bombillas, es un "señorito" que se comporta como un "gamberro", y se le presenta como compendio de esta clase de individuos. Luis, el aprendiz de mecánico, es "el obrero" honrado y bueno, inteligente, aunque carente de medios. Andrés es "el peón" analfabeto, y en él se muestran todas las taras que padecen esos hombres. El aspecto menos convincente de esta realidad es que los "señoritos" resultan todos ellos detestables, y sus intenciones respecto a las muchachas del barrio son siempre malévolas; Luis, por el contrario, es leal con ellas, afectuoso, y busca novia con seriedad.

La lengua de los personajes recoge frecuentemente formas populares, con vulgarismos, vocablos y terminaciones que reflejan la fonética popular. Se hace uso, también, de algunas contracciones, y, en general, se tiende a recoger el habla de la calle. Los vocablos populares suelen aparecer en cursiva, aunque no siempre. Esta falta de regularidad se observa también en el mismo uso de la lengua, pues no es natural que un "paleto" analfabeto como Andrés, que dice "lo que *sos* pasa, mesmo, endica, cémilas", diga: "Mira, percátate" (pág. 143). Unas veces pronuncia la *h* inicial como *j* (*jacer*) y otras no.

Las expresiones y vocablos populares se utilizan en el habla de los personajes con el fin de crear una impresión de veracidad que resulta más artística y elaborada que real y natural. Luis, el obrero que nunca ha salido de Madrid, habla casi exactamente como Maruja, que acaba de llegar de un pequeño pueblo andaluz; Andrés, que se muestra tan romo y falto de conocimientos, elabora unos pensamientos que no coinciden con su ignorancia, como ocurre cuando piensa que "el tiempo se escurre, como los chicos que bajan por una cucaña" (pág. 147). Así y todo, el uso de vocablos populares logra crear, en la mayor parte del libro, la impresión que se busca, es decir ser reflejo de la realidad del personaje.

La prosa de *La piqueta* es concisa, con tendencia a formar breves párrafos de frases cortas. En las descripciones se sigue un realismo fragmentario, cuyas brevísimas anotaciones son pequeños detalles que se van superponiendo, formando un conjunto que da la impresión del todo. Este modo de narrar resulta en una economía de palabras, y tiende a la sinopsis, casi a la fotografía, del local o del panorama, de las calles o del ambiente, como en el caso de la tormenta que sorprende a los novios en el campo:

> El cielo iba poniéndose más oscuro. El humo negro de las nubes ganaba, se extendía. Los truenos recorrían el horizonte en lontananza. Los relámpagos encendían brillos en el campo. Ante la misma puerta de la casucha se había formado un pequeño charco. La lluvia menuda parecía ahora un susurro.
>
> (pág. 69)

Una prosa de este estilo produce una impresión de ritmo rápido, el cual se puede emplear, a veces, para poner de manifiesto el modo como piensa o habla un personaje. López, en estado de embriaguez, se encuentra con Maruja en el campo. Sus ideas, confusas por efecto del alcohol, "se le enredaban... en la cabeza", pero está obsesionado por la muchacha y la confusión de sus pensamientos, el vértigo de sus ideas, aparecen reflejados en la descripción que da el autor de lo que pasa por su mente:

> La muchacha tenía el cuello bonito, parecía una joven de otra clase, de otro mundo, que habría conocido en otra ocasión; la muchacha tenía unos senos pequeños, apretados; la muchacha era lo único que López veía.
>
> (pág. 76)

La narración posee un ritmo que se va haciendo más apremiante a medida que se aproximan los momentos cruciales. La introducción de la novela, escrita en letra cursiva, se narra lentamente y se interrumpe en un cierto momento, o sea, cuando la multitud que espera anuncia la llegada de los obreros de la piqueta. Las consecuencias de la presencia de los encargados del derribo quedan pendientes, produciendo expectación en el ánimo del lector. La parte central de la novela se ocupa, como ya se dijo, del transcurso de los días, quince en total, que quedan de plazo para el derribo; al principio sólo se alude al plazo, pero va haciéndose más apremiante cada vez, por el procedimiento de referirse al día que es y a los que quedan con progresiva frecuencia, con lo que se consigue incrementar la expectación. En el momento en el cual el ritmo narrativo alcanza su punto cumbre, llega el instante de la acción de la gente, y no ocurre nada. El epílogo pasa a narrarse, de nuevo, a ritmo lento.

La antedicha repetición del paso de los días que restan de plazo, representa, por otra parte, un consciente esfuerzo por dar flexibilidad y unión a la narración, como ocurre, también, con los aspectos cambiantes del tiempo o de la luz. En este sentido, la parte técnicamente más lograda de la novela es el primer capítulo de la primera parte, que se abre con "el último sol" (pág. 17) del día. A partir de ese momento, la puesta del sol aparece a breves intervalos; luego empieza el principio del anochecer, la intensidad de las luces, y por fin, llega la noche plena, la oscuridad y la luna. De este modo, la luz opera como factor tiempo, como lazo de unión narrativa, combinada con el baile de Orcasitas y lo que allí pasa. A lo largo de catorce páginas, el tema de la luz sigue, intermitentemente, esta sucesión:

El último sol de la tarde (pág. 17)
Los arenales se tenían de un color bermejo (pág. 18)
En las lomas se teñían de rojo las casas (pág. 18)
El sol estaba tan bajo (pág. 19)
Se amorataban los cerros (pág. 20)
Ya da la sombra en la tapia (pág. 20)
Se extendía cada vez más el color morado de los cerros (pág. 21)
Se encendieron las bombillas (pág. 22)
Todavía daban una luz pálida (pág. 22)
El campo se llenaba de extrañas sombras (pág. 22)
Fuera, había caído la noche (pág. 24)
La débil luz de las bombillas (pág. 24)

Lo mismo ocurre, en un sentido más amplio que el citado anteriormente, con la evolución de los sentimientos de los personajes, que, en el caso de Andrés, van exponiéndose periódicamente, cambiando, hasta llegar a la total desesperanza; igualmente pasa con la avaricia del viejo Remigio, o con el sentido de responsabilidad de Luis. Las acciones de todos estos personajes, los diferentes sucesos que conducen al derribo, van alternándose, combinándose sucesivamente, entrelazados con el transcurso del tiempo, para crear una unidad narrativa.

La piqueta tiene partes que presentan una técnica realista depurada. Se muestra la acción, lo que los personajes dicen, lo que piensan de sí o de los demás; añadiéndose la situación del momento, sea tirante o cordial; y describiéndose la atmósfera, el local. Un ejemplo de esta forma de novelar es el episodio de la visita de Luis, que, por primera vez, entra en casa de Maruja. Naturalmente, hay tensión. El nerviosismo de Luis se refleja en lo que hace con las manos, que "no sabía dónde ponerlas" (pág. 162); las apoya en la puerta, saca unos cigarrillos, se los guarda, los vuelve a sacar "impensadamente", y luego "se cogió las manos, entrelazó los dedos" (pág. 163), "se abrazó las piernas por las rodillas" (pág. 164). La tensión da lugar a momentos de "denso silencio", a preguntas risibles que son exponente del embarazo de los personajes:

—¿Tú eres Luis? —medio preguntó. No sabía qué decir.
—Sí, señor.
—Vaya. (pág. 163)

Contrastan los citados aspectos técnicos con un excesivo número de "dijo", "respondió", "preguntó", que plagan el diálogo. No obstante, es preciso señalar que *La piqueta* es una de las obras más interesantes de la novelística española de tendencia social y, desde luego, la mejor novela que Ferres ha escrito hasta la fecha. Interesa, sobre todo, por las cuestiones que plantea: quién tiene la culpa de la situación de esos emigrados del campo andaluz; y la apatía e indiferencia de la multitud ante la desgracia y el dolor ajeno. Junto a estos dos puntos, se presenta el problema del campesino que carece de trabajo en los campos y tiene que emigrar a la ciudad, así como también se ofrece una visión de la vida a que se ve sujeto. La novela posee, además, aciertos que ya han sido comentados, pero, insistiendo en ellos, diremos que la lectura se facilita por la concatenación de los sucesos mediante el uso de una técnica apropiada. Todo lo cual hace interesante la demolición de la chabola y logra que el lector ahonde en el problema de las gentes a quienes el derribo afecta.

* * *

Las novelas que sobre este tema han aparecido después de *La piqueta* son inferiores al libro de Ferres. Entre otras, merecen mencionarse las obras de Ávalos y Nieto.

FERNANDO ÁVALOS presenta el problema de la vivienda en un barrio bajo madrileño en el que una casa va a ser vendida por pisos. El argumento de *En plazo* (6) se refiere, concretamente, a una humilde familia que se encuentra en el dilema de tener que comprar el piso donde vive, sin tener medios para ello, en un plazo dado, o encontrarse sin vivienda. Una de las hijas está casada con un "señorito" que no trabaja y que, al final, acabará por marcharse a Venezuela, abandonándola; otra hija trabaja en una tienda y al pedir al dueño un préstamo, éste le propone que sea

(6) Barcelona: Seix Barral, 1961.
Fernando Ávalos nació en Madrid en 1929. Ha desempeñado diversos oficios: obrero en una fábrica de muñecas, dependiente, actor; actualmente trabaja en las oficinas de una empresa industrial.

su amante, y cuando ella se niega, pierde el empleo. A la madre, que trabaja de limpiadora, no le concede la empresa un anticipo; unos parientes ricos dicen que no pueden ayudarlos. Finalmente el hijo, Ricardo, entrega los ahorros que tiene para casarse. El problema resulta interesante por ser una tragedia en la cual se han encontrado muchas familias humildes españolas, debido a la escasez de viviendas y a la tendencia a vender las casas por pisos. Las gestiones de los diferentes miembros de la familia para conseguir dinero, las negativas que reciben, el transcurso del plazo que queda para la compra, la angustia de la madre ante la imposibilidad de hacerse con la suma necesaria, su malhumor e irritabilidad ante la impotencia por conseguirla, recuerdan mucho el argumento de *La piqueta,* aunque aplicado a un barrio y a una situación diferentes. Técnicamente, la novela tiene muy poco que ofrecer (7). El diálogo en *En plazo* es débil y se apoya en numerosos "dijo", "replicó", "preguntó", "contestó", y otros por el estilo. Sin embargo, en la última parte de la novela el diálogo mejora considerablemente y se hace más conciso, independizándose algo más. Lo mismo ocurre con el uso de terminaciones y giros populares. En la primera parte hay un empleo frecuente de terminaciones en "ao", y aparecen palabras como "asín", "ves a recibirle", etc., que no se usan en la última parte, todo lo cual parece indicar que la novela ha sido escrita en dos épocas diferentes, siendo la parte final superior a la anterior.

RAMÓN NIETO, en *La patria y el pan* (8), muestra la vida de los barrios de chabolas de Madrid a la vez que tra-

(7) «Ávalos demuestra su condición de novelista novel al fallar en ocasiones la técnica y, sobre todo, el estilo empleado». José R. Marra-López, «Cuatro nuevos novelistas», *Ínsula,* N.º 182 (enero, 1962), pág. 4.

(8) Barcelona: Seix Barral, 1962.

Ramón Nieto nació en La Coruña en 1934. Es licenciado en derecho. Ha publicado las siguientes obras: *La cala* (Madrid: Ediciones A.U.L.A., 1957), Premio Sésamo 1959 de novela corta; *Los desterrados,* novela corta (Barcelona: Editorial Rocas, 1958); *La tierra,* cuentos (Madrid: Agora, 1957); *La fiebre* (Madrid: Ediciones Cid, 1959); *El sol amargo* (Madrid: Ediciones Cid, 1961); *Vía muerta* (Madrid: Editorial Horizonte, 1964).

ta de establecer una comparación con la del pueblo de donde procede una familia de campesinos andaluces. La vida del pueblo se presenta sin esperanzas de mejora, haciéndose hincapié en la injusticia social en el campo. Los sucesos y recuerdos de entonces se narran en pasado. Ahora están en Madrid y tratan de ajustarse a un nuevo ambiente, luchando diariamente con unas condiciones hostiles y miserables; pero, mediante el esfuerzo para superarlas, hay posibilidades de mejora. Éste es el momento que se narra en el presente. Frecuentemente ese momento actual se interrumpe para dar paso a la narración en el futuro. En ciertas ocasiones, el padre, Luciano, se pone a pensar en lo que estarán haciendo en ese instante en el pueblo. Los tres tiempos complican innecesariamente la narración que, por otra parte, es técnicamente inferior. *La patria y el pan* tiene los mismos defectos de otras obras de Nieto, principalmente un diálogo monótono y simplista. Es frecuente que los personajes hablen y digan muy poco de interés. Además, se apoya constantemente en muletillas repetidas monorrítmicamente, hasta la saciedad. Abriendo el libro en la página 19, por ejemplo, se encontrarán ocho "dijo" y un "decía"; en la siguiente página hay otros seis "dijo", y, en la veintiuna, cinco "dice", aparte de otros verbos como "grita" y "preguntó".

El género de los libros de viaje se remonta al medioevo, pudiendo afirmarse que, en la literatura castellana, ha continuado floreciendo en todas las épocas.

Los escritores de la generación del 98, con el "descubrimiento" de Castilla y con sus deseos de renovación nacional, llaman la atención sobre diferentes regiones españolas y dan al género un nuevo impulso. Azorín, Unamuno, y otros, viajan por tierras peninsulares y, poniéndose a contemplar el paisaje, dejan sus impresiones estéticas plasmadas en magníficos libros de viaje.

Con la renovación en el campo de la novela que sigue a la guerra civil española, los relatos de viaje por tierras españolas cobran nueva vida. Corresponde a CAMILO JOSÉ CELA el honor de inaugurar la reapertura con *Viaje a la Alcarria*. Su importancia (1) en relación con los libros de viaje de signo testimonial no reside en lo social o en lo documental, sino en que, habiendo renovado el género, servirá de modelo a aquéllos, dictando sus características. Con el objeto de determinar hasta qué punto, veamos, brevemente, en qué consisten éstas.

En el prólogo de *Viaje a la Alcarria* (2) dice el autor que se trata de "un hermoso país", que anduvo por él unos días y que le gustó, añadiendo: "Seguí caminando, y después, cuando me cansé, me vine otra vez para Madrid" (pág. 6). En efecto, el viajero va visitando los pueblos y los campos de la región alcarreña, concluyendo el viaje en Pastrana, cuyo último capítulo es el mejor ambientado, donde la atmósfera está tan bien captada que el lector "ve" cómo es el pueblo y sus habitantes.

(1) «Inigualable libro que ya es un clásico en nuestra literatura contemporánea y que potenció el renacimiento del género». José R. Marra-López, «Libros de viaje», *Ínsula*, N.º 220 (marzo, 1965), pág. 7.

(2) Madrid: Revista de Occidente, 1948.

El propósito del viaje es "rascar el corazón del hombre del camino, mirar el alma de los caminantes asomándose a su mirada como al brocal de un pozo... Quisiera poder decir, al volver, las verdades de a puño que se explican, como el río que marcha, por sí solas" (págs. 19 s.) (3). Éste vendrá a ser luego el motivo que impulse a un Carnicer o a un Grosso a emprender penosos viajes para mostrar "las verdades de a puño", haciendo que el público conozca la "España abandonada". La diferencia primordial entre éstos y Cela consiste en que, aunque la intención de Cela es dar un testimonio, no lo hace. En lugar de la realidad precisa, documental, ofrece una visión de la Alcarria que es el resultado de una transformación artística, de alto mérito literario, pero que no transmite las impresiones que el ambiente y las gentes dejan en el ánimo del viajero. La sensación de veracidad existe, pero no se logra mediante el testimonio, sino mediante la creación de una distancia entre el viajero y el mundo que contempla, manteniéndose alejado de él mientras lo muestra. De este modo, el lector recibe la impresión de que lo está contemplando con él. Con este propósito se recurre a la duda, diciendo algo como si no se estuviese seguro de ello, como si la realidad estuviese más allá del alcance del escritor: "La del alba sería... No; no era aún la del alba; era más temprano" (pág. 2). La duda se amplía, complementándose mediante opiniones y suposiciones:

A la mujer sólo le hubiese faltado añadir:
—¡Que se fastidie! ¡Pues anda, con tanto preguntar!
No lo dijo; pero, probablemente, lo pensó.
(pág. 60)

(3) Este propósito es de gran influencia para los posteriores libros de viaje testimoniales. Aunque Cela no haga lo que dice, señala claramente el camino. Como se muestra en sus propias obras, todos los escritores-viajeros han leído *Viaje a la Alcarria*, y no es posible que se les pasase tan importante misiva. «El destino de Cela parece ser el de... apuntador de caminos para que otros, quizá con menos talento que él pero con mayor decisión y sentido de la responsabilidad, lo sigan posteriormente». Marra-López, loc. cit.

193

El diálogo muestra, frecuentemente, el humor de las personas que el escritor encuentra por el camino, pero es obvio que se trata del peculiar de Cela y no de sus interlocutores. Por lo tanto, la realidad queda transformada y la narración se coloca en un plano ficticio, como ocurre al llegar el viajero a Brihuega, donde se encuentra con Julio Vacas, chamarilero, propietario de un tenducho, "viejo zorro, bizco, retaco, maleado", que le hace la siguiente declaración:

> —Mi nombre es Julio Vacas, aunque me llaman Portillo. En este pueblo cada hijo de vecino tiene su apodo, aquí no se libra nadie. Aquí tenemos un Capazorras, un Tamarón y un Quemado. Aquí hay un Chapitel, un Costelero, un Pincha y un Caganidos. Aquí hay un Monafrita y un Cabezón, un Mahoma y un Padre Eterno, un Caldo y Agua y un Caracuesta, un Chil y Huevo y un Cabrito Ahumado, un Fraysevino, un Insurrecto, un Píoloco y un Mancobolo, un Taconeo, un Futiqui y un Pilatos; aquí, señor mío, no nos privamos de nada. (pág. 67)

El pintoresquismo es, tal vez, el punto más fuerte de *Viaje a la Alcarria*, y donde brilla toda la gracia de Cela. De procedencia costumbrista es la identificación de los apelativos, no sólo personales como en el caso anterior, sino especialmente gentilicios. A los habitantes de Azuqueca, dice, se les llama "cluecos" y, con gran regocijo, cuenta por qué: "Porque... acostaron a una gallina clueca con doce huevos y, por más esfuerzos que hicieron, no consiguieron sacar trece pollos" (pág. 31). En diferentes momentos se explica que a los de Tórtola se les llama "moros"; a los de Fontanar, "troncheros"; a los de Cienfuentes y alrededores, "judíos"; a los de Casasana, "cucullilleros"; a los de Gargolillos, "lañas" y así sucesivamente.

En cuanto a los personajes que el viajero encuentra a su paso, no son de una realidad precisa, documental, aunque posean una base real transformada mediante la fantasía y el humor. Se trata de una pintoresca realidad hispana, magníficos "tipos" que se convierten en figuras literarias, emparentados con los tipos esperpénticos de un Valle

Inclán. Así, en el camino de Trillo el viajero se encuentra con un buhonero que vive de limosna, "sin una pestaña, y lleva una pata de palo, mal sujeta al muñón, con unas correas. Tiene una cicatriz que le cruza la frente y una nube en un ojo, una nube color azul celeste, casi blanca" (pág. 106), el cual le confiesa lo siguiente acerca de una supuesta herencia:

> —Pues me dejó todos sus bienes. En el lecho de muerte llamó al notario y delante de él escribió en un papel: "Yo, don Jerónimo de Villegas y Martín, Virrey del Perú, lego todos mis bienes presentes y futuros a un sobrino don Estanislao de Kostka Rodríguez y Rodríguez, alias el Mierda". Me lo sé de memoria. El papelito está guardado en Roma porque yo ya estoy muy escarmentado, yo ya no me fío de nadie más que del Papa. (pág. 108)

Como en otros libros de viaje posteriores, también hay un gusto por la descripción de la indumentaria. De un grupo de muchachas que encuentra en el camino, dice "que se adornan el amplio sombrero de paja con ramitos de aciana; llevan unas batas de cretona" (pág. 43). Cuando va en carro, hacia Torija, hace anotaciones de cómo viste la gente que deja atrás. Son ligeras notas, pintorescas, que dejan al margen las posibles deducciones de la realidad social. Los picapedreros que trabajan en la carretera "están negros como tizones y llevan un pañuelo debajo de la gorra para empapar el sudor... y se defienden los ojos con un cuadradito de tela metálica, atado con unas cintas a la nuca". Sigue adelante y escribe que "los viejos van en mangas de camisa, con el botón del cuello cerrado, con faja al vientre y pantalón de pana. Algunos jóvenes llevan monos de mahón azul" (pág. 47).

La vivienda se describe siguiendo un realismo que parece de instantánea fotográfica, por medio de una técnica parecida a la de Azorín, pero que queda más próxima a la descripción costumbrista que a la recreación del ambiente mediante el detalle. Es como si una cámara se hubiese disparado captando los objetos que quedan dentro del foco,

225

pero sin preocuparse de si el detalle contribuye a la impresión total, como ocurre en la siguiente descripción:

La mesa tiene un hule a rombos blancos y de color de rosa. El aparador llega hasta el techo. En la pared hay un mapa en relieve de la Península Ibérica y una litografía en colores del Regalo de Pascua, de Pears. Un reloj de pared, con medallón de nácar, marca la hora de la cena. Del techo cuelgan cuatro latas redondas, de escabeche, rodeando a la bombilla. En las latas crece una planta enredadera que forma guirnaldas y que se llama "El amor del hombre". La bombilla está apagada. (pág. 50)

De una manera similar se van describiendo los pueblos, sus calles, las casas, la gente y los animales que pasan por delante del escritor, en párrafos como éste:

En la bajada de la Estación, algunas mujeres ofrecen al viajero tabaco, plátanos, bocadillos de tortilla. Se ven soldados con su maleta de madera al hombro y campesinos de sombrero flexible que vuelven a su lugar. En los jardines, ante el alboroto de miles de gorriones, se escucha el silbo de un mirlo. En el patio está formada la larga, lenta cola de los billetes. Una familia duerme sobre un banco de piedra, debajo de un letrero que advierte: "Cuidado con los rateros". (pág. 23)

El paisaje se describe, generalmente, dándose énfasis al color, mediante anotaciones que recuerdan las apreciaciones estéticas de los escritores del 98. Cuando Cela "ve" el paisaje y extrae de él una nota que lo define, acierta. Al llegar a Brihuega, le parece que el pueblo "tiene un color gris azulado". Cuando describe mediante una combinación de colores, el acierto es mucho menor pues la impresión se pierde por exceso de notas: "El día está diáfano y el campo luce como una postal, con su trigo verde, sus flores rojas y amarillas y azules" (pág. 28).

La forma de narrar también influirá en obras posteriores. El viaje se cuenta en tercera persona, refiriéndose a "el viajero", "el viajero está alegre", "el viajero baja las escaleras de su casa", siempre en una forma indirecta e impersonal que recuerda el Azorín de los viajes:

> El viajero... se viste con luz eléctrica, en medio del silencio. Hacía años ya que no madrugaba tanto. Se siente una sensación extraña, como de sosiego, como de descubrir de nuevo algo injustamente olvidado, al afeitarse a estas horas, cuando todos los vecinos duermen todavía y el pulso de la ciudad, como el de un enfermo, late quedamente, como avergonzado de dejarse sentir. El viajero está alegre.   (pág. 2)

Las referencias al viajero aparecen mezcladas con las impresiones y sentimientos del narrador, relacionadas con diálogos o monólogos, llegándose a dar los pensamientos en primera persona, mientras la descripción se mantiene en tercera, siempre indirectamente:

> El viajero habla despacio, muy despacio, consigo mismo en voz baja:
> —Sí, la Alcarria. Debe ser un buen sitio para andar... El viajero enciende otro cigarrillo, se sirve otro whiskey.   (pág. 12)

Este modo indirecto de narrar influirá en López Salinas y Ferres, que lo adoptarán en *Caminando por las Hurdes;* en los demás libros influye, también, el realismo objetivo y la instantánea descriptiva.

En resumen: *Viaje a la Alcarria* es un libro que deleita y entretiene por su gracia. Su valor literario es indiscutible, e inicia la vuelta al género. Como relato de un viaje por las tierras de España, carece de dimensión social y testimonial, siendo lo mejor de la obra, su prosa recortada, concisa, manejada con maestría (4).

(4)   Posteriormente Cela ha escrito otros libros de viaje: *Del Miño al Bidasoa* (Barcelona: Noguer, 1952); *Judíos, moros y cristianos* (Barcelona: Ediciones Destino, 1956); *Primer viaje andaluz* (Bar-

Basándose en el relato alcarreño, otros escritores añadirán una intención testimonial y social. De este modo, el libro de viaje se convierte en un "documento" del estado en que se encuentran las zonas más olvidadas y míseras de España. Todas las narraciones de esta modalidad poseen, en mayor o menor proporción, unas características comunes que se pueden agrupar del siguiente modo: 1) recorrido de la región; 2) propósito testimonial e intención crítica social; 3) veracidad y realidad precisa, limitadas por las condiciones de vida y por el ambiente, por el diálogo, por la elaboración artística y por la unidad narrativa; 4) pintoresquismo expuesto a través de "tipos", de la indumentaria de las gentes, de la vivienda, del aspecto de los pueblos y del paisaje; 5) estilo basado en un realismo objetivo, en la instantánea descriptiva. La prosa intenta recoger la fonética popular y el vocabulario local.

Campos de Níjar (5), de JUAN GOYTISOLO, es el primer relato de intención plenamente testimonial, a partir

---

celona: Noguer, 1959); *Cuaderno del Guadarrama; Viaje al Pirineo de Lérida* (Madrid: Ediciones Alfaguara, 1965).

Ninguna de las precedentes obras iguala a *Viaje a la Alcarria*, yendo su calidad en progresión descendente, ya que los relatos posteriores son inferiores a los primeros. Los libros de viaje de Cela han sido criticados por su falta de «veracidad testimonial y de preocupación por las gentes que el viajero encuentra a su paso». José R. Marra-López, en su artículo «Los libros de viaje», resume así la evolución de los relatos de viaje, desde *Viaje a la Alcarria* hasta *Viaje al Pirineo de Lérida:* «Por un lado, ha aumentado el lirismo idealista de sus descripciones, la absoluta invención de sus personajes —ya de gabinete literario—, en un escamoteo cada vez mayor de la realidad recorrida, cargando la mano en la vertiente de la literatura gratuita, mientras acumula datos geográficos e históricos sacados de manuales y embutidos a presión en las páginas de sus libros... Se repiten exhaustivamente todos los giros y triquiñuelas celianos hasta llegar a la fórmula industrial por excelencia, en... *Viaje al Pirineo de Lérida.* El lector, además de aburrirse soberanamente, se queda sin saber cómo son las gentes que pueblan aquellos lugares, ni tampoco se entera de las demás cosas, abrumado entre tantas divagaciones y minuciosidades eruditas».

(5) Barcelona: Editorial Seix Barral, 1963; 3.ª edición (la primera data de 1960). Por lo que se dice en el prólogo de *Caminando por las Hurdes*, se deduce que el libro está incompleto: «A nuestro entender son logros, y muy brillantes sin duda... los capítulos publicados de *Campos de Níjar*, de Juan Goytisolo» (pág. 9).

del cual el género queda definitivamente establecido en todos sus aspectos. El libro se ajusta a las cinco características enunciadas y, por lo tanto, lo emplearemos para mostrar cómo aparecen dentro de esta clase de narraciones.

Recorrido de la región. Se pretende que el viajero, o viajeros, visitan la región utilizando varios medios de locomoción, y relatan lo que ven a su paso. La narración está hecha desde afuera, objetivamente, como si el escritor fuese pasando una cámara tomavistas por los pueblos y campos que cruza, escogiendo, a la manera de un documental, los detalles que le interesan. El viaje se ilustrará, como ya se hizo en el *Viaje a la Alcarria,* con fotografías que llevan un pie descriptivo tomado del texto. Además, se añadirá un mapa plegable donde el lector podrá seguir el itinerario. Goytisolo comienza *Campos de Níjar* en la ciudad de Almería, dedicando el primer capítulo a recordar pasadas visitas. De allí parte en autobús hacia el este, hasta el pueblo de El Alquián, donde hace la primera parada. Un conductor de camión lo lleva hasta Rodalquilar, donde se halla la mina de oro de la compañía ADARO. En Rodalquilar cambia de vehículo y en otro camión sigue en dirección norte, hasta Níjar. Después de visitar la familia de un obrero y los talleres alfareros, se dirige a pie hasta el Cabo de Gata. Por el camino se encuentra con un turista francés que se ha quedado sin agua en el radiador, y con un viejo que vende tunas. Ya en el cabo cruza unas palabras con una familia sueca y continúa hasta el pueblo costero de San José para buscar a un tal Argimiro, que lo llevará en su carro hasta cerca de El Nazareno, iniciando así la vuelta hacia el norte. Desde ese pueblo hace una pequeña excursión a pie por la costa, llegando otra vez hasta San José, aunque por opuesta ruta que antes. Inicia el regreso por el mismo camino y a la entrada de Pozo de los Frailes se detiene un coche de turismo cuyo propietario, don Ambrosio, le invita a subir, visitando juntos Los Escuyos y La Isleta, pueblos más al este, en la costa almeriense. Luego, el automóvil y sus ocupantes toman la dirección norte hacia Níjar, pasando por el caserío de Los Nietos y Los Pipaces. El viajero se apea en el enlace, ya pasado el pueblo, de la carretera Almería-Níjar. Desde allí toma el camino de

Fernán Caballero y Las Negras. En este lugar asiste a un entierro. Después viaja hasta Níjar, con un vecino que tiene motocicleta, volviendo una vez más hacia el norte. El viajero se queda en el cruce de la carretera de San José con la de Almería-Níjar. Allí se sienta a esperar el autobús de línea que, procedente de Almería, va a Punta Carboneras. Mientras espera, se prepara una tormenta que se desencadena en el preciso momento de subir al autobús. El autor siente un irreprimible deseo de "desafogarse" y empieza a llorar a la vez que las nubes descargan la lluvia. Llega a Punta Carboneras, y al acordarse de las personas que ha conocido en el viaje, decide emborracharse. Se reanudan las lágrimas en la taberna, acabando inconscientemente en la playa donde, sin que estén claras las razones todavía, vierte una copiosa llantina. "Treinta y seis horas después, lavado y afeitado como Dios manda", coge el coche de Murcia. Así se acaba el viaje.

Como se verá a simple vista, el itinerario es bastante confuso. En el mapa que acompaña al libro, el viaje se señala con flechas, pero hay tantas idas y vueltas, tantas repeticiones dentro de un mismo trayecto, que el lector acaba por perderse, como ocurre con el recorrido que hace en motocicleta desde Las Negras hasta el empalme de la carretera de San José con la de Almería-Níjar. La tendencia de libros posteriores es a evitar estos frecuentes cambios de dirección, siguiendo una ruta fija hacia un determinado punto.

Propósito testimonial e intención crítica. Lo que el escritor se propone es exponer las condiciones de vida de los habitantes de la región para ofrecer una visión del atraso y de la pobreza en que se encuentran, a la vez que emite una crítica o una acusación, veladas a veces, aparente otras, señalando las causas y los causantes de esas condiciones.

El libro nijareño expone cómo la pobreza de Almería se debe al abandono en que la dejaron los últimos gobiernos; una región que ni siquiera visitaron los incansables viajeros del 98. Las bellezas de su costa son desconocidas, y el turismo no llega allí. También se irá mostrando cómo se debe a la condición de los naturales, que son seres de poca am-

bición y de demasiada resignación, casi fatalismo, a la cual
se reduce su filosofía de la vida:

> —Ya ves. Trabajando.
> —Nosotros trabajando siempre.
> —Es la vía.
> —Sí, la vía. (pág. 23)

Don Ambrosio, el propietario del automóvil que lleva
al viajero hasta La Isleta, los define de una forma que
revela muy bien lo que en otras ocasiones se expone mediante el diálogo y los hechos:

> Son verdaderos esclavos, se lo aseguro. Ganan cua-
> tro cuartos y ya los tiene usted en la taberna, can-
> tando y batiendo palmas. Se mantienen con una pizca
> de pimiento y sardinas... Todo se los va en apariencia
> y facha. (pág. 119)

Parte de este testimonio y crítica consiste en ofrecer
una visión del contraste entre la pobreza y la riqueza, entre
la tierra árida y la mina de oro de Rodalquilar, o entre la
rica explotación agrícola y el seco campo del pobre campesino que apenas produce tunas.

Veracidad y realidad precisa. Para lograr el anterior
propósito, el escritor tratará de que el relato ayude al lector a "sentir" cómo es la región y a "conocer" a las gentes, sus problemas, su idiosincrasia, su género de vida. El
acierto o desacierto del libro depende del éxito o fracaso
en lograr esa transmisión. Para ello, se va a "pretender"
que la narración es una mera exposición de lo que oye y
de lo que ve a su paso, pero que verdaderamente refleja el
peculiar modo de sentir del escritor. Así, la realidad de
la región almeriense queda limitada por las ideas de Goytisolo sobre este o aquel punto, desviándose del propósito del
libro mediante la disertación. Cuando se menciona el lema
del Instituto Nacional de Colonización ("Más árboles, más
agua") el escritor comenta, en un estilo similar al de la propaganda del Instituto, la falta de árboles y agua:

En Almería no hay arbolado porque no llueve y no llueve porque no hay arbolado. Sólo el esfuerzo tenaz de ingenieros y la generosa aportación de capitales podrán romper un día el círculo vicioso y ofrendar a esta tierra desmerecida un futuro con agua y con árboles. (págs. 18 y 19)

Lo mismo ocurrirá en el caso de los vinos de la región, "por lo general muy medianejos" (pág. 26), sobre diversos cultivos, sobre los problemas agrícolas de la zona, sobre la ruina minera de San José, sobre los méritos turísticos de la costa, o sobre lo acaecido en Níjar el 13 de septiembre de 1759, cuyo texto del suceso se da entero, añadiéndose:

> Después de haber recorrido un poco la península, uno piensa que lo sucedido hace dos siglos en Níjar es hoy moneda corriente en el país y que Ortega obró con ligereza al abrumar irónicamente a sus habitantes. Son las minorías selectas, no el pueblo, quienes suelen echar el dinero por la ventana — y hay muchas maneras de echarlo. El pueblo no tiene más remedio que resignarse, y así cuando secunde alegremente sus delirios como, según el papel en poder del señor Sánchez de Toca, hizo el de la villa de Níjar, el hombre de buena fe sabe distinguir, más allá de la anécdota, quiénes son las víctimas y quiénes los culpables. (págs. 56 y 57)

Por otra parte, aunque se pretende que la visión es total e imparcial, por lo general no lo es, porque en relación con las condiciones de vida y el ambiente, el autor ve únicamente lo que le sirve para la crítica y el testimonio. Goytisolo insistirá en las malas condiciones físicas de los naturales, ya sea la silicosis de los obreros de la mina de oro de Rodalquilar, o "la tracoma y enfermedades de los ojos que hizo tristemente célebre a la provincia" (página 42), pero no dice nada de los miles de almerienses que, indudablemente, gozan de buena salud. Ferres hará que *Tierra de olivos* refleje patéticamente los abusos de los terratenientes, pero sólo desde el punto de vista del jornalero; *Caminando por las Hurdes* muestra únicamente las tierras que presentan un cuadro de miseria absoluta.

El escritor va a permitir que, por exigencias de la elaboración artística o de la unidad narrativa, los sucesos se modifiquen o su orden se altere, quedando la realidad sujeta a las siguientes mutaciones:

Diálogo. El viajero, en los mejores momentos de su narración, entabla diálogos con los naturales y "hace" que le expongan las circunstancias que rigen su existencia, lo cual también da pie a la crítica y, naturalmente, se presenta como testimonio. Así, apenas iniciado el viaje por tierras de Almería, el compañero de asiento en el autobús habla con el escritor explicándole la situación de la región y señalando lo que se ve al paso para corroborar sus palabras, diciendo: "Fíjese usted". El procedimiento se usa en todos los libros. En *Donde las Hurdes se llaman Cabrera,* el viajero se entera de las causas que crean el bocio y el cretinismo por medio de una conversación con el médico de Benuza, y de los problemas del minifundismo hablando con un indiano de Maracaibo. Pedro, el pastor, o Gil, en *Caminando por las Hurdes,* expondrán a los viajeros idénticos problemas. En *Tierra de olivos* el representante de limpiametales que narra el viaje se encuentra con Manuel, el cual le cuenta la situación de los jornaleros.

Elaboración artística. Es obvio que algunas de las personas que aparecen en estos relatos son el resultado de una transformación de la realidad, dándose así un personaje artísticamente elaborado, visto y sentido. El personaje más importante de *Campos de Níjar* es el escritor, cuya actitud y sentimientos presentan una evolución. El viejo de las tunas es otro personaje, a todas luces modificado. Se trata de un vendedor ambulante que en Níjar se acerca al viajero y le dice: "—¿No quiere usté unas tunas, señor?" Aunque el viejo implora, aquél contesta distraídamente que no. Luego, se lo vuelve a encontrar en la carretera que va al Cabo de Gata. No ha conseguido vender una sola tuna y "mira casi con rabia" al viajero. Cuando le quiere comprar unas, el vendedor que tiene a su "mujer en la cama con fiebre" y que manifiesta "necesito ganar dinero", se niega a vendérselas, regalándoselas. Luego no quiere recibir el pago de las consumidas y, lleno de ira, tira el contenido del cesto por el suelo, concluyendo por pedirle "una caridad por amor de Dios". Por fin, termina por cogerle el billete que el comprador saca de su cartera y se aleja. En *Tierra de olivos* resulta extraño que todos los seres humildes que el viajante encuentra a su paso lo ayuden sin parar mientes en las molestias, mientras que los ricos son incapaces de desviarse de su camino para facilitarle el suyo.

Unidad narrativa. El orden de los sucesos se altera con el propósito de crear un ciclo o una estructura, o para hacer que el relato vaya incrementando en dramatismo hasta alcanzar un punto culminante. *Caminando por las Hurdes* empieza, antes de penetrarse en dicha región, narrando la representación de un auto sacramental, especie de preámbulo al atraso de la comarca, y tras un viaje durante el cual los viajeros no oyen ni música ni cantos, acaba el libro con la descripción de un baile de pueblo. *Tierra de olivos* comienza y concluye con la conversación entre el viajero y una persona, diferente en cada caso, pero que presentan las mismas características personales, e incluso termina el interlocutor del final diciendo exactamente las mismas palabras que dijo el del principio. La mayor parte de las observaciones con valor social que se recogen en *Campos de Níjar* son una repetición de las que se ofrecen en el segundo capítulo, que es donde se inicia el viaje, a saber: las malas condiciones físicas de la gente, la apatía e incapacidad del almeriense, los contrastes entre la riqueza y la pobreza, las fincas del Patrimonio Forestal del Estado, el panorama casi africano.

Pintoresquismo. Parte del esfuerzo por presentar la realidad consiste en recoger notas pintorescas, detalles curiosos, que prestan amenidad al relato y, además, muestran lo más sobresaliente de la gente y de los lugares. Todos los libros de viaje poseen una cierta tendencia hacia el costumbrismo, especialmente en el caso de lo pintoresco, aunque dentro de unos límites reducidos. El testimonio, si ha de ser convincente requiere que los rasgos costumbristas queden subordinados a subrayar la personalidad o el ambiente, no pudiendo salirse tampoco de los límites que dicta la impresión de la realidad. Y así ocurre que cuanta más tendencia costumbrista hay en el relato de un viaje, menos testimonio social queda. Los aspectos pintorescos que se recogen con mayor frecuencia son los siguientes:

Tipos. Se presentan personajes locales, como el gracioso del pueblo, el tonto, el terrateniente, el médico, la maestra, que ofrecen, por lo general, puntos de contacto con los personajes del libro de Cela; algunos sacados directamente, como el lugareño que pregunta "a lo paleto" si el viajero conoce en Madrid o en Barcelona a ciertas amistades que tiene allí, tópico que se encuentra en *Viaje a la Alcarria,* en *Campos de Níjar* y en *Caminando por las Hurdes.* Otros, aunque acusen una influencia celiana, son plenamente originales; y, en algunos casos, superan la gracia e ironía de Cela, como ocurre con el magnífico cura don Manuel y el ágape que ofrece al viajero en *Donde las Hurdes se llaman Cabrera.*

Indumentaria. Como en el *Viaje a la Alcarria,* se describe el vestido de las personas que el viajero encuentra en su camino, pero añadiéndose una nota testimonial, de modo que la ropa sirva para exponer la pobreza de la gente. Los jornaleros que aparecen en *Caminando por las Hurdes* muestran sus harapos, sintiéndose avergonzados de ellos como de la miseria de sus vidas. Otras veces se dan múltiples detalles de la ropa de alguna persona pudiente, con el obvio propósito de crear un contraste y exponer su riqueza, como en el caso de don Fernando, el propietario del Seat 600 en *Tierra de olivos.*

Vivienda. El interior de las casas es algo que todos los libros describen cuidadosamente como medio efectivo para mostrar el género de vida que llevan sus propietarios. La descripción de la vivienda adquiere toda su plenitud testimonial en *Caminando por las Hurdes,* y se encuentra también fielmente descrita en *Donde las Hurdes se llaman Cabrera,* pero siempre con el propósito indicado.

Pueblos. La descripción de las calles, del aspecto de la plaza, de los edificios, del ambiente en general, es otro de los elementos imprescindibles. *Caminando por las Hurdes* detalla cuidadosamente los olores y los ruidos de las calles, el exterior pizarroso de las casas, la importancia del pueblo según el número de casas blanqueadas que tenga. *Tierra de olivos* recoge aspectos de las calles y de los edificios que muestran su pasado, su presente, su miseria o su riqueza. Lo mismo ocurre con las industrias, la agricultura, o el comercio. El aspecto que ofrecen los pueblos refuerza siempre el retrato de las gentes, escogiéndose los detalles que sirven para hacer resaltar la situación de los habitantes. Así, la "fisonomía muy africana" de los lugares nijarenses subraya el fatalismo "casi africano" de las personas.

Paisaje. Las tierras, los accidentes geográficos, la belleza o fealdad del campo, aparecen también en este género de literatura, generalmente descritos con concisión. La apreciación del paisaje varía según la sensibilidad estética del autor. Algunas veces, como en *Caminando por las Hurdes*, se describe dando énfasis a los contrastes entre la pobreza del campo y la belleza de los montes rocosos y pelados. En otros casos, como en *Campos de Níjar*, queda muy cerca de los escritores del 98, tanto en estilo como en contenido. Las notas breves, por medio de las cuales se trata de describir el paisaje, recuerdan los libros de viaje de Unamuno, de quien parece arrancado el siguiente párrafo:

> A la derecha, la llanura se extiende hasta los médanos del golfo, difuminada por la calma. Los atajos rastrean el pedregal y se pierden entre las zarzas y matorrales, chamuscados y espinosos. Las nubes coronan las sierras del Cabo de Gata. En el horizonte, el mar es una franja de plomo derritido. A la izquierda, las cordilleras parecen de cartón.   (pág. 15)

Algunos pasajes de *Donde las Hurdes se llaman Cabrera* también tienen parecido con las descripciones unamunianas, en las cuales se van enumerando la situación de los diferentes accidentes geográficos y las poblaciones:

> Dejo atrás Sigüeya, sobre un fondo de levantados pedernales a cuyo pie corre el río Silván en busca del Cabrera... Mirando al norte desde esta especie de músculo del mundo, se ve a mano derecha la larga y azulada cresta de la Aguina —acrópolis del Bierzo bajo—, de donde aranca el tendón de los montes Aqui-

lanos para unirse a la izquierda con el fulgor enro-
jecido de Las Médulas. Más allá del Bierzo, se elevan
entre brumas las serranías gallegas que culminarán
en el Cebrero. Al sur se ven ahora Sigüeya, Lomba y
Silván, y avanzando un poco, Yebra, Santalavilla y la
hondonada de Benuza.   (pág. 180)

Parte de la apreciación del paisaje, es la insistencia sobre un aspecto "definidor" de la región, como sobre la
"africanidad" del paisaje nijarense, o sobre la "pedregosi-
dad" de la tierra hurdeña.

Estilo. Se narra mediante un realismo objetivo, con selección de detalles, tratando de recrear el ambiente, el paisaje, el interior de un local, todo lo cual revela una influencia azoriniana.

En los diálogos con los naturales se tiende a reflejar
la lengua del hombre del campo, pretendiéndose darle un
aire de autenticidad mediante el uso de ciertos vocablos y
giros locales, a la vez que se transcriben peculiaridades fo-
néticas del habla popular. En realidad se trata de un
lenguaje convencional, simplificado, que, excepto por algunas palabras regionales, es creación literaria. Ciertos aspectos de esta "lengua rústica" son comunes a todos los
libros. Las terminaciones "ado, ada", pierden la consonan-
te; también desaparecen las finales "r, l, d", quedando, por
ejemplo, *mujer > mujé, experimental > experimentá, usted*
> usté; las palabras llanas que terminan en "da, do" pierden esta última sílaba y pasan a ser agudas, *embobada >*
embobá, arruinadas > arruinás; hay tendencia a las contracciones, como en el caso de *d'ordinario, s'espanta, tol.*
Además, se hace uso de un cierto número de vocablos locales. Entre otros, aparecen, en *Viajando por las Hurdes,*
cotorro (cerro), *agarbarse* (esconderse), *lechuguilla* (hierba
comestible), *mangar* (colocar); en *Campos de Níjar, gola*
(canal de entrada), *boliches* (embarcaciones), *jábegas* (embarcaciones), *copo* (pesca de arrastre); en *Donde las Hur-*
des se llaman Cabrera, leitos (lechos de hierba), *parva* (pan
con aguardiente), *filluetas* (especie de torrija), *boto* (pelle-
jo para fabricar mantequilla), *serano* (reunión de mozas y
mozos); en *Tierra de olivos, joyos* (pan con aceite), *pavas*

(autobuses), *parné* (dinero). Aparecen, también, un cierto número de barbarismos que son propios de cualquier región *(naide, haiga, Menesterio)*. Otra característica de la lengua rural es su irregularidad. El escritor no puede reproducirla constantemente a lo largo de la obra, pues perjudicaría la calidad literaria. Por lo tanto, la usará únicamente cuando juzga necesario crear una impresión de "veracidad". En *Campos de Níjar* junto a *vida > vía*, aparecen "engrasado", "al lado". Las mismas personas que dicen "usté" también dicen "par", "cicatriz", "luz"; unas veces se lee "señó", otras "señor". *Tierra de olivos* registra esporádicamente el cambio de *ce, ci > s,* y la persona que dice "ofisiales" dice también en la siguiente línea, "oficio", "enviciao" y "palacio". El uso de la "h" aspirada *(jarto, jinchen)* da lugar a curiosos casos de ultracorrección como "jantena", "juranio", pero, al igual que con otras formas, el uso no es constante, y la misma persona dice:

> —Uno está harto y asqueao —murmura.
> —¿De qué está harto?...
> —...De tó estoy jarto. (pág. 113)

Caminando por las Hurdes recoge algunas veces la transformación de la "o" final en "u". Los pastores que dicen "naide", "tos" pueden decir también "terminado", "ha venido"; sin embargo, en las conversaciones de los mismos viajeros figuran "chupao" y otras palabras de igual terminación.

Campos de Níjar incorpora las características de *Viaje a la Alcarria* a los relatos de viaje de tendencia testimonial, siendo el punto intermedio entre la narración alcarreña y *Caminando por las Hurdes* (1960). Este libro de ANTONIO FERRES y ARMANDO LÓPEZ SALINAS, es la obra más lograda y madura que hasta la fecha se ha publicado.

* * *

Los autores de *Caminando por las Hurdes* (6), que en

(6) Barcelona: Editorial Seix Barral, 1960. El relato no está

el relato son los "viajeros", empiezan la narración en La Alberca, ya casi en el límite de la provincia de Salamanca. Este pueblo vienen a ser para ellos la puerta de entrada a la región. Desde allí se encaminan hacia el sur, hacia Las Mestas, donde la gente tiene buen cuidado de aclarar que "esto casi no son las Jurdes... las Jurdes quedan más detrás" (págs. 33 s.). Continuando hacia el sur, se dirigen hacia Vegas de Coria, a orillas del río Hurdano. Una vez allí, cambian de dirección y ascienden siguiendo el curso del río, hacia el oeste, internándose en lo más pobre y remoto de la región, donde se carece de electricidad, sanidad, médico, farmacia, escuela, y de todo lo que signifique civiñomoral, "la capital de las Hurdes", donde conviven con un grupo de obreros de la Compañía Telefónica que están haciendo la instalación para llevar el teléfono a los pueblos de la zona. De Nuñomoral parten sucesivamente en dos direcciones. Una, siguiendo el río Hurdano hacia El Asegur, Casares de las Hurdes y demás alquerías circundantes, como Huetre y Casarrubio. Luego, otra, siguiendo el río Malvellido, visitando Martilandrán, Fragosa y El Gasco. Después de haber vuelto a Nuñomoral, descienden en dirección sur, hacia Caminomorisco y Pinofranqueado, pueblos que son la entrada natural por el sur de las Hurdes, aunque en este caso es, para los autores, la salida. Desde allí van regresando a la civilización, yendo hacia Casar de Palomero, donde finaliza el relato.

Los viajeros hacen la mayoría de su recorrido a pie, excepto por un trozo comprendido entre Vega de Coria y Nuñomoral que lo hacen en el camión de la Telefónica, no porque quieran, sino porque no hay disponible ningún género de transporte, y, como dice uno de los "telefónicos", "si no fuera por lo del teléfono aquí se pasan semanas y semanas sin ver un camión" (pág. 66).

En La Alberca, antes de penetrar en las Hurdes, asisten a un auto sacramental, La Loa, que se representa en la plaza mayor del pueblo. El suceso es una especie de

completo en la presente edición. Se encuentra traducido al polaco y, en parte, al sueco, y al francés en *Les Temps Modernes.*

obertura que acompaña al levantamiento del telón que ha de dejar al descubierto la escena de atraso en que se encuentran las Hurdes, pobladas por gentes cuya vida transcurre en un ambiente de resignación y fatalismo, propio de un remoto medievalismo rural. Con motivo de la fiesta, acuden los lugareños vestidos con las galas tradicionales; los hombres con "sombrero de borlas, chaqueta de terciopelo, calzones con botonaduras colgantes de plata y botos serranos; traje de vistas con manteo, jubón de terciopelo, y mandil, las mujeres" (pág. 21), que se adornan con peces de plata, relicarios, dijes en forma de cuerno, collares con cruces, galápagos, monedas de oro y plata. Llevan peces, porque "ayudan al niño cuando éste empieza a hablar"; los cuernos porque son buenos para "alejar el mal de ojo". El ambiente, las supersticiones, la ropa, pertenecen a otra época y, como aseguran los viajeros, "parece un día de fiesta en el siglo XVID (pág. 22).

En La Alberca también se observan tres detalles que anticipan lo que luego han de encontrar los viajeros: las moscas que llenan la región, las casas, las calles, los ojos de las criaturas; el olor agridulce del estiércol con que cubren los suelos de las casas; el silencio de todas las calles que, como en el resto de las Hurdes, dan la impresión de que "todo parece quieto, dormido, muerto". Cuando llegan a remotas alquerías, la gente rodea a los viajeros, quieta, sin decir nada. Es un ambiente en el que "hay un silencio", acentuado por el hecho de que no se oye música ni canciones. El capataz de la Telefónica resume esa carencia de interés melódico diciendo: "Aquí nadie sabe cantar. Yo llevo tres meses y no he oído cantar a nadie" (pág. 64). Igualmente, en los niños no hay risas ni alegrías, y más que niños parecen "hombres en miniatura". Esta tristeza, la falta de sones, "el callar casi trágico" que los autores mencionan, no cesa hasta que abandonan la región.

En el prólogo los autores ponen de manifiesto cuál es su propósito: "Una aportación al conocimiento de España", de la España olvidada "donde hambrea todo un pueblo". En realidad, van más allá de la simple exposición, pues no solamente buscan poner de relieve el modo como viven los hurdanos, sino que pretenden llamar la atención sobre la situación de las Hurdes para conseguir "una mayor y mejor comprensión social" de esta región, en particular, y de todas "las Hurdes de hambre y miseria" que quedan dentro de las fronteras de España (págs. 9-11). Si a esto se limitase el libro, tendríamos únicamente un documento social; pero los escritores han creado una obra de arte mediante la modificación y selección de motivos, personajes, ambiente y detalles, por el uso de la lengua y por los procedimientos empleados para conseguir los objetivos deseados. Escrita con una seriedad absoluta, la compasión que los viajeros sienten por las gentes trasciende y, también, la indignación ante la miseria, todo ello sin caerse en lo melodramático, dentro de una contención que es uno de los mayores aciertos del libro. El resultado es una obra sobria, verídica, que por medio de un aparente objetivismo lograr transmitir al lector la visión de las Hurdes. Ésta se presenta por medio de cuatro motivos principales: la vivienda, el campo, la alimentación, y las condiciones físicas de sus habitantes. La impresión que predomina en todos ellos, es la de una visión desoladora e inquietante que hace a los viajeros preguntarse con el "corazón dolido... en qué mundo han caído, en qué sitio oscuro y olvidado". La mayor parte del testimonio se basa en los antedichos cuatro puntos que examinaremos brevemente para mostrar cómo se manifiesta.

El aspecto de las viviendas, tanto en su interior como en su exterior, está cuidadosa y frecuentemente descrito, dramatizándolo como medio de reflejar la existencia de sus ocupantes. Cuando los viajeros llegan a un pueblo, lo primero que hacen es describir cómo son los edificios y cuántos hay encalados. Las casas, que "parecen, más cochiqueras que viviendas de hombres" (pág. 80), tienen paredes y techos hechos con pizarras amontonadas. Las puertas que dan entrada miden setenta y cinco centímetros. Los interiores, sin ventanas o chimeneas, están impregnados de "un indefinible olor, como a maíz podrido, a vinagre, a estiércol" (pág. 53), y es imposible ponerse de pie debido a su escasa altura. No hay luz eléctrica, ni agua, ni apenas muebles, excepto algún cajón de madera. Un obrero de la Telefónica dice del poblado El Rubiaco: "Es una lobera.

Aún hay gente que duerme en nichos, no tienen ni mierda en las tripas" (pág. 66).

Si la vivienda refleja la miseria de los hurdeños, lo mismo ocurre con sus campos que son canchales, cultivos en terraza cuya tierra, sostenida por una pared de pizarras, ha sido llevada hasta allí en espuertas. Un trozo de unos metros, con "siete olivos y una higuera", alimenta a una familia todo un año.

La falta de alimentos es el mayor problema que encuentran los viajeros. Expuesto en su casi totalidad mediante diálogos reveladores, constituye el mayor acierto testimonial del libro. Desde el momento que cruzan la raya de Salamanca y entran en las Hurdes, la manutención se convierte en algo difícil de resolver. En los pueblos como en Las Mestas, no pueden prepararles comida, sólo pueden serviles latas de conservas y, más adelante, únicamente sopas de ajo o unas patatas fritas:

—¿Puede hacernos algo de comer? ¿Unos huevos fritos?

—No hay, nadie come huevos en todo el pueblo...

—¿No tiene conservas?

—No, aquí no hay de eso. (pág. 53)

Por las alquerías del Malvellido y del Jurdano, río arriba, la miseria es todavía mayor. Allí no se amasa pan, ni hay hornos: "El pan es el lujo de las Hurdes... Antes sólo era un remedio que traían los escasos caminantes, lo cambiaban por carne de chivo, y el pueblo pastor lo empleaba como medicina" (pág. 111). En la mayoría de esas alquerías "no venden pan", y en invierno se ven forzados a comer "lechuguilla", una hierba que crece entre las rocas del monte.

Los aspectos de la vivienda, del campo y de la alimentación aparecen en relación con la ruina física de unas gentes que, sin atenciones médicas, van degenerando, hasta el punto de que en algunas alquerías "las criaturas no andan hasta los cinco años". Por medio del diálogo o bien en los párrafos descriptivos, los escritores van poniendo de manifiesto la existencia de toda clase de defectos físicos y enfermedades, como la tracoma, el raquitismo, el bocio y el cretinismo. El testimonio deja una impresión más vívida y posee mayores aciertos cuando el diálogo se hace más sutil, más independiente del dato estadístico o médico. Los mismos jurdeños son los que revelarán las tristes condiciones de su salud. La dueña de la casa de huéspedes de Nuñomoral habla del tío Tolo que "tiene seis dedos en cada mano" y luego asegura que "por aquí hay muchos sordos" (págs. 73-79). Un hombre de Las Mestas, de 52 años de edad, confiesa que es "de los más viejos del pueblo". Gil, un lugareño del alto Jurdano, tiene un solo diente en la boca, el cuello ensanchado por el bocio, la cara aviejada, de hambre. No puede fumar ni beber. López Salinas le pregunta: "¿Qué años tiene usted?" La contestación es un increíble "treinta y dos".

Los cuatro motivos mencionados, constituyen la realidad de las Hurdes, y con ellos los autores van tejiendo el relato de su viaje, exponiéndolos por medio de los siguientes procedimientos: 1) conversaciones entre ambos viajeros; 2) descripciones; 3) diálogos entre los viajeros y los jurdanos.

Las conversaciones entre Ferres y López Salinas, cuando se emplean extensamente, sirven para poner al lector al tanto de algún dato histórico, geográfico, médico o estadístico, y no refuerzan la narración sino que la debilitan, pues el diálogo no es vivo sino que se aproxima a la disertación:

> —Estos pueblos son peor que los otros, parece que no hayan cambiado desde los tiempos del viaje de Marañón, de aquella época de la tierra de Jambri.
> —Pérez Victoria, no hace mucho, en el año 54, decía al Congreso de Endocrinología que, sin exagerar, por esas alquerías, de cada familia alguien padece bocio. Por la Huetre y Robledo y Carabocino señalaba otro foco endémico.   (págs. 98 s.)

El segundo procedimiento para exponer la realidad es el párrafo de autor. Las casas, el paisaje y los campos se describen utilizando una prosa de párrafo corto, en la cual se dan únicamente aquellos detalles que contribuyen al efecto buscado. Estas descripciones tienen las mismas características de "instantánea fotográfica" que las de *Viaje a la Alcarria*, como podrá apreciarse en el siguiente ejemplo:

> La mañana es clara. Junto a un meandro del Hurdano las mujeres lavan ropa. Cerca de la carretera, bajo unos árboles, hay una fuente. Unos niños sentados esperan para llenar sus cántaras. Entre las ramas se ven las techumbres negras de Nuñomoral, brillantes aún por la lluvia. Sale un humo azul entre las grietas de las pizarras. (pág. 78)

El tercer procedimiento es el diálogo entre los viajeros y los jurdanos. Dejando aparte la exactitud o inexactitud de la lengua rural que usan los lugareños, el diálogo forma la columna que sostiene el relato. En lugar de decir que los jurdanos pasan hambre, que carecen de pan, que la región es un foco de bocio endémico, dejan que las mismas personas expongan la situación. Por ejemplo, llegan a una alquería y un hombre les dice que "aquí no todos los días se come pan". Así, se va contando desde fuera sin meterse en los personajes, dejándoles hablar y hacer, para que con sus palabras y sus actos pongan de manifiesto el género de existencia que llevan. Es como si se hiciese una película de los pueblos jurdanos, y al editarla se añadiesen los efectos especiales, la superposición de imágenes, dentro de una unidad artística que sirviera para poner de relieve la tierra y los hombres.

La visión de la situación de las Hurdes encierra también una crítica velada. Los autores se preguntan por qué está la región así, en pleno 1960: ¿por las montañas que la separan del resto de España? Y llegan a la conclusión de que "no son las montañas las que tienen la culpa" (página 69). Los viajeros van dejando caer, acá y allá, las gotas de su crítica amarga, siempre "prudentes sicut serpentes", aunque no lo hacen en forma de disertación. Simplemente exponen los hechos y dejan que el lector por sí mismo saque las oportunas deducciones. Mientras que

244

los pueblos permanecen sumidos en la oscuridad, faltos de luz, las monjas del Cottolengo tienen un grupo electrógeno. Tras toda la miseria y necesidad que padecen los jurdanos, el progreso llega a Nuñomoral, por fin, en forma de teléfono. Para disfrutar del servicio, se les exige la cantidad de cincuenta mil pesetas, "por un teléfono en el Ayuntamiento" (pág. 67). En Vega de Coria, los viajeros hablan con unos jornaleros que, sin empleo en el campo, trabajan en la reconstrucción de la iglesia. "¿Les pagan mucho?" pregunta inocentemente Ferres. "¡Qué va! No cobramos nada". Luego añade uno de los obreros: "El cura ha dicho que no cobramos, que sólo le han dao veinte mil pesetas" (pág. 57).

Es evidente que los autores culpan del estado de las Hurdes a los poderosos, a los gobiernos y gobernantes, los cuales han ignorado totalmente la región y sus habitantes. El breve reportaje gráfico que ilustra el libro es parte también de esta crítica. Dos de las once fotografías, proceden de la película *Tierras sin pan* que hizo Buñoel en 1932. Los autores añaden en el prólogo: "Podemos asegurar que ni el paisaje, ni los tipos y los poblados han cambiado de manera notable. Cualquiera de las fotografías elegidas para el libro pudieron haber sido tomadas durante nuestro reciente viaje".

Caminando por las Hurdes apenas recoge aspectos pintorescos, y cuando lo hace es con la intención de que el lector sienta el ambiente y el drama diario que viven sus habitantes; o bien su presencia es el resultado de la estructura artística. Los dos cuadros que se describen, el auto sacramental de La Alberca y el baile de Caminomorisco, sirven un propósito buscado, y no es casualidad que uno ocurra al iniciarse el viaje y el otro al terminarse.

Al igual que en Cela, hay una cierta tendencia a la descripción del traje que visten los lugareños. El paralelo termina ahí. En Cela el traje se ve por su valor pintoresco, sacándole todo el atractivo posible. En López Salinas y Ferres, el propósito es mostrar la pobreza de la indumentaria, y los detalles sobresalientes son los rotos, los numerosos remiendos:

Y el hombre... de pronto se toca la camisa rota, los andrajos que le cuelgan, los remiendos de distintos colores, y dice:

—Las telas están tan caras...   (pág. 57)

El paisaje de las tierras jurdanas, "tan pobres, tan bellas" (pág. 247), está discretamente sentido, buscando un contraste entre la tristeza del ambiente y la belleza de los riscos que tienen el río a sus pies. Es "la triste hermosura" que se desprende de la naturaleza y rodea las miserables alquerías. Las descripciones, como las mejores del *Viaje a la Alcarria,* son anotaciones en prosa recortada, tan concisa que sólo retiene los rasgos principales:

> Por el claro de un pinar sale la luna entre las nubes color de leche. Ha surgido una leve niebla que empapa la ropa. En un peralte sobre la carretera, donde la luna y la luz difusa del cielo dejan ver una loma blanca, unos hombres se turnan, casi a oscuras, picando en la piedra con una barra.   (pág. 62)

Sin embargo, su prosa carece de los colores y brillantes tonalidades que vemos en la de Cela, siendo apagada, como la misma región que describe. Los autores no son muy inclinados a la apreciación estética de las bellezas hurdanas, y cuando van a ver el Chorro de la Miacera con su bella cascada de cincuenta metros de caída, la descripción ocupa seis líneas.

La representación del habla rural se ajusta a las características comunes a esta clase de libros. Se reproducen expresiones propias del carácter de la gente de pueblo, escritas sin separación entre las palabras, como ocurre cuando una joven se vuelve y les grita, a distancia, a los viajeros: "Hablenaltu". Evidentemente son anotaciones tomadas del natural. En otra ocasión, pasan por una calle y una cascada voz sale del interior de una casa: "—¡Vete a cagá señoritu!" (pág. 30). El habla pintoresca no se reduce a los interlocutores de los viajeros, sino que mientras estos últimos hablan entre sí, lo hacen como Ferres y López Salinas en su intimidad, empleando expresiones de un matiz quevedesco que corresponden a la lengua popular del madrileño, y que muestran una gracia expresiva y gráfica, propia de personas que poseen cierta imaginación metafórica, como decir de una persona delgada que "tiene menos carne que un jilguero", o como en las siguientes líneas:

> —Ese Gil esta más chupao que un pirulí en boca de niño.
> —Sí, pero anda más que un galgo. ¡Vaya tío dándole a las suelas! (pág. 125)

Caminando por las Hurdes acusa en la forma una intensa influencia del relato alcarreño (7), aunque no en el fondo, pues el propósito es totalmente diferente. La forma de narrar es la misma que se emplea en *Viaje a la Alcarria*, siempre refiriéndose a "los viajeros", e igualmente combinando la tercera persona que representa a éstos con la primera del diálogo. Las descripciones de múltiples detalles que dan una impresión de "instantánea fotográfica", así como ciertos aspectos pintorescos (la indumentaria, el paisaje, la tendencia a describir los pueblos), revelan también influencia celesca.

El libro se lee con interés. Los viajeros van pasando por las alquerías y en todas las partes perciben lo mismo: el olor dulzón del estiércol fermentado que impregna los pueblos; en todos los sitios las casas son enanas y hechas de pizarra, los seres raquíticos, la miseria... Pero la repetición no cansa, habiendo suficiente variación para mantener vivo el interés. La prosa de párrafo corto y el diálogo breve contribuyen considerablemente a facilitar la lectura. El itinerario es fácil de seguir, y con una simple mirada al mapa que trae el libro el lector puede recordar sin dificultad el trayecto, cosa que a veces no ocurre en otros relatos. Para concluir, se ha de hacer notar que el propósito de los autores, inquietar, se cumple plenamente. Al

(7) Es obvio que Ferres y López Salinas tienen muy presente el libro de Cela, como lo prueba la siguiente cita que aparece en la narración hurdeña: «—Me río al pensar en "las verdades de a puño" que decía el escritor salía a escribir cuando se echaba a los caminos» (pág. 140).

terminar el libro, el lector siente irritación ante esa realidad.

El segundo libro de ANTONIO FERRES, *Tierra de olivos*, combina, en mayor grado que los precedentes relatos, el elemento novelesco con la narración testimonial.

* * *

Un viajante que vende, primero, ropa interior de nylon y, luego, limpiametales y artículos de droguería, relata un viaje de unos cuarenta o cincuenta días por *Tierra de olivos* (8). El libro se refiere a zonas de las provincias de Córdoba, Jaén y Granada, y se divide en dos partes. La primera, y más extensa, comprende la región sudeste del Guadalquivir, incluyendo varios trayectos que, por su falta de claridad, se convierten en un enredo para el lector. Empieza en Lucena y Rute, provincia de Córdoba. Apenas iniciado el libro, cuenta una visita que hizo a Lucena hace dos años. Pasa luego a la provincia de Córdoba, a Loja y Algarinejo; vuelve a entrar en Córdoba pasando por Priego de Córdoba, llegando hasta Jaén, donde visita Alcaudete. Interrumpe la narración en este punto y dedica un capítulo a una visita que hizo a Martos, el año anterior, aunque en esta ocasión no pase por allí. La siguiente etapa, entre Alcaudete-Bujalance (Córdoba)-Baena-Castro del Río, es difícil de seguir. Al llegar a Castro del Río, interrumpe de nuevo el relato del presente viaje, y se refiere a otro que hizo entre Montemayor y Cabra. La primera parte concluye con el trayecto Castro del Río-Montilla. En este pueblo relata su estancia en la ciudad de Córdoba, hace ya más de un mes. La segunda parte, siguiendo el Guadalquivir, ofrece menos complicaciones. Sale de Montilla y en tren cubre la distancia Montilla-Córdoba-Montoro. Luego pasa a la provincia de Jaén, yendo a Andújar, Bailén, Linares y Baeza. En Baeza concluye el viaje.

La naturaleza del itinerario se presta a confusiones en

---

(8) Barcelona: Editorial Seix Barral, 1964. El libro no está completo, pues faltan las páginas dedicadas a describir un fusilamiento.

algunas partes, a lo que contribuye también la forma en que se narra. El relato pierde claridad cuando el viajante interrumpe la narración del viaje y cuenta la estancia en otro sitio diferente que nada tiene que ver con el actual recorrido. Cuando está contando el trayecto que se inicia en Alcaudete (Jaén), pasando por Bujalance, Baena, hasta Castro del Río, dice: "Recuerdo que, en ocasiones, en otros viajes, cuando me dedicaba a vender quincalla o cosas de poca monta, me quedaba mirando y me asaltaba la inquietud. Tenía la misma impresión" (pág. 118). Sigue con un párrafo aparte que empieza: "En uno de estos viajes me ocurrió algo así, en el pueblo de Cabra", y entonces cuenta, no lo que pasó en Cabra (que aparece seis páginas después), sino el viaje que hizo entre Montemayor y Cabra. La confusión aumenta porque, en ciertas ocasiones, es difícil saber por dónde anda. En el primer capítulo, el viajante manifiesta que no puede decir en realidad dónde está: "Hay muchas plazas parecidas, y las habitaciones vienen a ser lo mismo en todas partes" (pág. 13). En el siguiente párrafo, el relato cambia al pasado ("cuando crucé por Lucena, hace un par de años..."), pero todavía se ignora dónde se encuentra. En la página 22 acaba la narración de la pasada visita a Lucena. El lector sospecha que el viajero ha de estar en la misma ciudad, puesto que manifiesta que "este año he vuelto a la misma pensión". Efectivamente, en la página 25 se dice que "callejeando he descubierto el camino por donde llegué a Lucena".

El viajero va presentando los pueblos y campos que encuentra a su paso por la región olivarera más rica de España. Lo que ve y lo que describe sirve para poner de relieve la penuria y la dura existencia de los trabajadores del campo, frente a la riqueza y fácil vida de los ricos propietarios. Para que el lector perciba esta situación, el autor recurre a los siguientes puntos de referencia:

1)   El viajero-representante de limpiametales, oriundo de la provincia de Jaén, recuerda la pobreza del campo cuando él era niño y su padre era un jornalero. La situación es la misma que los obreros experimentan hoy. El recuerdo se combina con ciertos incidentes de la guerra civil.

2)   Un jornalero, o algún familiar suyo, habla con el

representante y expone la miseria en que vive, el escaso jornal, el poco trabajo que se le da y junto a esto, se refiere a la riqueza de los olivares y de las empresas aceiteras.

En todo momento el representante muestra la humildad de su carácter y las privaciones a que se ven sujetos, por medio de lo que dicen: "El padre de un servidor es jornalero, pero no tié trabajo ahora. Somos seis hermanos y un servidor es el mayor de tós" (pág. 102). El viajero se duele de la pobreza del jornalero y se identifica con ella, refiriéndose a lo que nota en las personas con las cuales se encuentra en el camino:

> El pequeño tenía la cara lista, a ratos, pero luego torcía su mirada asustadiza hacia el suelo. Una mirada como hecha de muchos miedos y de muchas hambres. Yo mismo, siendo chico, había mirado a las personas así, temerosamente. (pág. 103)

La mayoría de las referencias que prueban la tesis de que el pobre es explotado por el rico, proceden de sucesos que son de segunda mano, contados por alguien que el viajero encuentra en su camino. Cuando se menciona que la estación queda a "unos cuatro kilómetros" del pueblo de Alcaudete, pero que está a la puerta de una finca, una mujer comenta:

> —¿A que no sabe que cuando pusieron el tren pagó muchos dineros el dueño de esta finca de Fuente-Orbes? Por eso está la estación tan retirá, pa que uno quedara a gusto, tuvieron que jorobar a tos los miles de vecinos de Alcaudete. (pág. 86)

Dentro de esas referencias hay un detalle interesante, desde el punto de vista de paternidad artística, que es la coincidencia entre una página de *Tierra de olivos* (1964) y otra de *Año tras año* (1962). Ferres relata el siguiente suceso:

> Resulta que un nene había salido a cuidar un par de cerdos, porque se lo mandó la madre. Como los

cochinos se metieron en un "piojar", en el huertecillo de un vecino (pa que ustedes me entiendan), tanto le amenazó el vecino al chico con que lo iba a llevar al cuartel a que le zurrara el sargento de la guardia civil, y tanto miedo tenía el chico, que cuando supo que era verdá, se colgó de un olivo. Amaneció colgao. (pág. 211)

López Salinas cuenta lo mismo de este modo:

Hace días... un cabrerillo se ahorcó. Había ido a un olivar a robar aceitunas y tuvo la desgracia de que lo viera ese tipo. Las cabras, mientras él robaba las aceitunas, invadieron un sembrao y se comieron grano por valor de veinte duros. El tipo, el mierda ese de que te hablé, se dejó decir que en cuanto pillara al chico lo iba a apalear. El chico, lleno de miedo, huyó al monte. A los tres días lo encontraron colgado de un olivo. Se mató por miedo. (pág. 246)

3) El viajante ve a los hombres en las plazas, sin trabajo, víctimas del paro forzoso. Ante la situación del campo andaluz, el campesino acaba por emigrar hacia el norte o al extranjero, antes que seguir cogiendo aceituna a cambio de una corta temporada de escaso jornal.

4) El viajero describe la ruina y decadencia exterior en que van quedando esos pueblos medio deshabitados, muertos a causa de la emigración.

5) A lo largo de su viaje, encuentra también a algunos ricos que no hacen nada, mostrándolo por medio de lo que dicen o hacen (o dejan de hacer):

Un tipo que tiene el cigarrillo entre los labios, está revolviendo las fichas del dominó, con las dos manos... Uno propone que —para no sé qué fiesta— vayan a comerse un chivo... También veo pasar a... tipos encogidos, que llevan la vara en la mano y la boina pegada a los cascos. Los ricos siguen jugando al dominó, otra baza, y otra, sin parar. (pág. 190)

Las conversaciones con los ricos son de una brevedad casi sumaria. Por su parte, éstos creen que el pobre vive mejor que nunca. Un dueño de "importantes comercios", ante la vista de un dependiente que está colocando montones de objetos en la acera, comenta desde el café: "Lo modernizao que está poniéndose todo". Y añade:

> —¡Luego se queja la gente de la carestía! ¿Cuándo ha visto usté jornaleros pensando en zapatos, comprando camisa y hasta juguetería pa sus nenes?
> —Aunque no puede la gente, ahora tienen otras aspiraciones... —insinúo con timidez.
> —Sí. Pero lo malo es que luego se quejan.
>
> (pág. 185)

6) Algunas de las situaciones y problemas se discuten entre un grupo de viajantes que coinciden con el itinerario del representante de limpiametales.

7) Cuando el presente viaje no basta para exponer la tesis del explotado y del explotador, el representante se refiere a recuerdos de pasados viajes.

Esta visión, aunque muy cierta, no resulta muy sutil y adolece de parcialidad. Su veracidad queda limitada, también, por una manifiesta tendencia al pintoresquismo y al colorido costumbrista, que revela una fuerte influencia de *Viaje a la Alcarria*. Muy parecido al alcarreño Julio Vacas es el caso del viejo que compone versos, que "él llamaba relaciones":

> El arado no tié reja,
> ni hastil tiene el azadón.
> Y finalmente le digo
> pa que se entere mejor,
> que el yerno que a usté le dieron;
> el que conmigo casó,
> creímos era entero,
> y nos lo dieron capón.
>
> (pág. 114)

Igualmente parecido es el desconfiado que sospecha que el viajero es otra persona, y que le pregunta repetidamente por su identidad, porque le recuerda a alguien. Se trata de un guarda del Patrimonio Forestal del Estado, que se dirige al representante: "¿Usté no es del Ministerio?" Más adelante insiste: "—Figure, y perdone, me recuerda usté muchísimo a un señor del Ministerio" (pág. 61).

El interés por los gentilicios ofrece también puntos de contacto con las narraciones de Cela:

> ¿Y cómo se llaman los de Cabra...? —le preguntaba, repitiendo la broma a cada momento—. ¿Cómo se llaman los de Cabra, Juan?   (pág. 121)

Un aspecto de ese interés por lo pintoresco son los nombres que se dan a las cosas en diferentes sitios, como los que recibe un bollo en cuyo interior se vierte un chorro de aceite:

> —¿Quieres un joyo? —pregunta la vieja.
>
> —En Priego los llaman joyos, ¿verdad?
> —Ya sabe que en toa Andalucía tienen muchos nombres —se le reviven los ojos—. En Jaén les llaman paniaceites, en Porcuna y Bujalance y por ahí les llaman cantos, y cachurros en un pueblo que dicen Lopera.   (pág. 74)

El uso del apelativo gracioso tampoco falta en *Tierra de olivos*. El mote de "Culoyeso" (pág. 57) que, por ejemplo, recibe un comerciante, podría muy bien ser celesco, lo mismo que la tendencia a que los personajes digan frases ingeniosas que divierten por su gracia: "Miré usté siempre ha habío pobres, pobresillos y pobretones. Lo malo es ser de lo más pobretonsillo" (pág. 24). Sin embargo, algunas veces, este ingenio degenera en la procacidad.

Las personas que el viajero va encontrando en su itinerario se agrupan del siguiente modo: los viajantes, compañeros de profesión; los pobres, obreros, jornaleros, y sus familias; los ricos, comerciantes o terratenientes. Muchos de estos personajes son anónimos, y aunque se identifican con algún suceso, no poseen el relieve necesario para que se destaquen del fondo del libro.

Los viajantes son el elemento de unión entre los jornaleros y los terratenientes, y sus comentarios sobre la injusticia social del campo sirven para hacerla resaltar desde un punto de vista exterior. Entre ellos, el único que tiene algo de individualidad es el asmático don Manuel, pero todos presentan características comunes de clase y sus juicios son del mismo tono y factura. Los ricos sólo ofrecen aspectos demasiado negros. No se trata de este o aquel rico, sino que el juicio se refiere a "la clase de los ricos", vista como casta indeseable, nunca como un individuo. En las pocas situaciones en que un rico aparece en el relato, resulta ser demasiado inconsiderado. Tal es el caso de don Fernando, "hombre ya mayor, aunque bien conservado. Lleva un par de anillos en la mano, y viste un traje entero, con camisa blanca y corbata de seda", que por recomendación de un comerciante lleva al viajante hasta Bailén... o hasta sus cercanías, porque, cuando empezia a llover, el propietario del coche, dice:

— ¿Dónde quiere que le deje?
— En Bailén, si me hace el favor.
— En Bailén, en Bailén no puede ser. Hay una bifurcación en la carretera general, pero como tendrá buenas piernas... —sonríe.　　　　　　　　　　　(pág. 196)

Es la actitud opuesta a la de cuantas personas humildes encuentra el representante, que se apartan de su camino para acompañarlo. La intención es clara. Por lo demás, las referencias a la clase rica están hechas desde el punto de vista de aquéllas.

Los jornaleros poseen, en algunos casos, una personalidad más independiente, aunque el relato tiene el propósito de mostrar los abusos que sufren como "clase", no como individuos. Este propósito se nota en la misma disposición del libro, que recuerda *La piqueta* o *Con las manos vacías*: la narración se abre y concluye con un mismo motivo, la pobreza frente a la riqueza de millones de olivos, quedando en el centro el núcleo del libro que lo prueba. No es accidental que la primera persona que el viajero encuentra sea un tal Manuel "que miraba a los olivos y se ponía fuera de sí" (pág. 20). Manuel, que acaba emigrando a Bélgica, concluye su aparición diciendo: "—Cuántos olivos... ¡Si me dieran aunque no fuera más que una perra gorda por ca uno que podemos contar!" (pág. 21). Estas palabras coinciden con las de la última persona que el viajero encuentra en Baeza, y con la cual se cierra el relato. El hombre de Baeza, que emigra también, comenta "aquí no hay más que olivos", a la vez que "está nervioso, y echa perdigones de saliva al hablar" (pág. 207). Su aparición acaba igual que la del primero: "—Si nos dieran aunque no fuera más que una perra gorda por cada olivo que podemos contar..." (pág. 212).

La observación lingüística concuerda con los rasgos generales de los demás libros, aunque en este caso es más uniforme, y las expresiones populares más numerosas. Indudablemente, Ferres posee un buen oído para la captación del habla popular, pero la obra pierde finura por exceso de notas de lo bajo y malsonante, tales como "me cago en diez" (pág. 23), "para que luego te encarguen cuatro mierdas" (pág. 31), "llevo un sacarómetro que vale un huevo" (pág. 76), "me cago en sos" (pág. 94), y otras por el estilo; o las referencias a los orinales, observación que culmina con la siguiente nota: "Nuestra civilización es la del aceite de oliva y de los orinales. Verá usté aceite y orinales en todas las pensiones" (pág. 88).

Tierra de olivos interesa más por los problemas y las penalidades que sufre la gente que como libro de viaje. Ferres muestra claramente su solidaridad con los humildes y su indignación, muy verdadera y humana, ante la situación del campo andaluz. Presenta una acre visión crítica de la inmensa pobreza del campesino en una tierra de enormes riquezas, mostrando que el rico explota al pobre. La narración no logra superar la objetividad, la visión exenta de recursos fáciles, la claridad y sencillez del itinerario, que caracterizan a *Caminando por las Hurdes*. Por otra parte, la estructura defectuosa, la frase baja, la fuerte influencia de Cela en la tendencia hacia lo pintoresco y gracioso, restan méritos al relato.

* * *

Ramón Carnicer, en *Donde las Hurdes se llaman Cabrera* (9), fusiona los aspectos testimoniales de *Caminando por las Hurdes* con lo pintoresco de *Viaje a la Alcarria*, siendo la unión de estos dos elementos lo que caracteriza al relato. La influencia de los dos citados libros es clara, pero Carnicer se distingue por su fina ironía. Con Cela, tiene en común el embellecimiento de la miseria, de la ignorancia, ingenuidad y resignación de las gentes, en quienes siempre encuentra un rasgo que se presta al comentario lleno de gracia. El pintoresquismo sigue las líneas generales del libro de la Alcarria, sin que falten los apelativos, las coplas, las situaciones cómicas (plenamente logradas), y los tipos de características esperpénticas, algunos de los cuales superan, o por lo menos igualan, los del relato de Cela. Magnífico es, en todos sus aspectos, el "cura viejo" don Manuel, así como también son personalidades interesantes el indiano, los maestros don Juan Manuel y don José María, y otros. En el aspecto testimonial, sigue el procedimiento del relato jurdeño, tratando de ofrecer una visión de los males endémicos de la región leonesa y de sus habitantes, de su atraso, pobreza y abandono. Para lograrlo, el viajero mostrará cómo son los pueblos y las tierras, el interior de las casas, cómo visten las personas, qué comen, y las enfermedades y degeneraciones que los afligen, como el bocio y el cretinismo, sustancialmente lo mismo que en *Caminando por las Hurdes*. La diferencia consiste en que Ferres y López Salinas lo hacen ver por medio de la acción, de la descripción y del diálogo directo con los naturales, pero Carnicer tiende a mostrarlo indirectamente mediante la conversación con personas de posición superior a la de los campesinos, es decir, el médico, la maestra, el indiano, el cura.

(9) Barcelona: Editorial Seix Barral, 1964.
Otras obras de Carnicer: *Cuentos de ayer y de hoy* (Premio Leopoldo Alas, 1960); *Los árboles de oro* (Barcelona: Seix Barral, 1962); *Vida y obra de Pablo Piferrer* (Madrid: C.S.I.C., 1963).
Es profesor de la Universidad de Barcelona.

Los principales méritos de *Donde las Hurdes se llaman Cabrera*, es su prosa elaborada, a veces en exceso, y sobre todo su amenidad, y, naturalmente, el propósito de dar a conocer un aspecto de la España olvidada, siguiendo las intenciones de la nueva generación de escritores españoles.

Por el río abajo, de ALFONSO GROSSO y ARMANDO LÓPEZ SALINAS, relata "un viaje a pie por tierras de la baja Andalucía, exactamente a lo largo del delta del Guadalquivir" (pág. 8). Aunque el viaje fue hecho durante el mes de agosto de 1960 y el relato escrito entonces, atestiguan los viajeros en el prólogo que "todas las observaciones sociológicas continúan teniendo vigencia a pesar de los años transcurridos" (pág. 9) hasta su aparición en 1966 (10). El libro sigue en todos sus aspectos el modelo de *Caminando por las Hurdes*, aunque presenta algunas diferencias que conviene apuntar. La narración del viaje por las Hurdes tiene mayor interés debido a la naturaleza de su miseria legendaria, es un documento que encierra en sí una considerable dimensión dramática y los autores no tienen que añadir mucho para mantener el interés. El caso de la baja Andalucía es muy diferente: ya no se trata de una tierra miserable, sino de que la riqueza está concentrada en unas pocas manos mientras que el resto de la gente se encuentra en una absoluta pobreza. Teniendo esto en cuenta es natural que en *Por el río abajo* se señale, en forma directa y atrevida, la situación que ha creado el latifundismo, haciendo una continua contraposición entre el jornalero y el terrateniente. Por otra parte, se pone mayor énfasis en el detalle costumbrista que en *Caminando por las Hurdes;* el número de anécdotas es mucho mayor, habiéndose suprimido las poco interesantes disquisiciones que, en el relato hurdeño, hacen los dos viajeros. La descripción paisajista tiene mucha más importancia que en el viaje por las Hurdes, y siguiendo la técnica que Grosso emplea en sus novelas, se recogen breves notas (colores, luces, ruidos), aspectos del campo que se combinan con los diálogos.

(10) París: Editions de la Librairie du Globe, 1966. Alfonso Grosso tiene otros dos libros de viaje que permanecen inéditos y que ha escrito en colaboración: con Juan Goytisolo, *Hacia Morella;* y con Manuel Barrios, *A poniente desde el estrecho.*

Se recogen en esta parte las novelas que tratan de ofrecer una visión de la quiebra de las relaciones humanas, cuyo último aspecto es una tendencia a la alienación de aquellos individuos que se muestran inconformes con el estado de cosas. Estas narraciones complementan las que se estudiaron en la sección dedicada a "la abulia", pues la escisión y quiebra que prevalece en la sociedad es, a todas luces, un resultado directo de su inmovilidad y anquilosamiento. Las causas de esa situación tienen una explicación histórica que no hemos de intentar aquí; sus consecuencias empezaron a manifestarse en las guerras carlistas y siguen haciéndose patentes hoy día. Naturalmente, puede decirse que toda la problemática que recoge la novela "social", es el resultado de una falta de entendimiento entre varios sectores de la población, de un mal avenimiento. Por eso las novelas que aparecen en esta sección tienden hacia una interpretación global del estado de la sociedad, recogen actitudes de una mayoría con respecto a un caso arquetípico. Ya no se trata de narraciones que exponen la situación de un grupo determinado o que enfocan verticalmente las relaciones entre dos clases opuestas, vistas bien de arriba a abajo, como en el caso de las actitudes de la rica burguesía para con el humilde, o bien de abajo hacia arriba, como en los relatos que denuncian la situación de los mineros comparándola con la del personal directivo, sino de relatos que contienen implicaciones mucho más generales que, mediante un enfoque horizontal, tocan diversos órdenes de la vida nacional. En otras palabras: los libros que forman parte de esta sección son, en varios sentidos, un epílogo de los temas que aborda la novela "social", y por eso los presentamos cerrando este estudio. Algunos abarcan simultáneamente aspectos de las desigualdades que existen en el campo, de la situación del proletario, de la actitud de la burguesía, del estado en que se encuentran las regiones de la España olvidada, etc., para mostrar un amplio cuadro que es indicio de los valores y sentimientos que imperan en el ámbito nacional.

Las características esenciales de este grupo empiezan a establecerse en las narraciones que ofrecen una visión caleidoscópica de la quiebra y desintegración moral de la sociedad urbana, pero generalmente los sucesos se muestran desconectados de su base social; luego, hay otras que relatan las actividades de ciertos malhechores y hacen ver cómo su aparición se debe a factores sociales y políticos; finalmente, las hay que ofrecen una serie de aspectos procedentes de todos los ámbitos y formas de vida, para reflejar por medio de ellos el estado de ánimo, el carácter del hombre actual, las profundas raíces históricas de la quiebra de las relaciones humanas. Éstas representan la culminación de la novela "social", sus más ambiciosas y amplias creaciones.

La visión de la ruina moral y material, de la desesperanza y pesimismo que existía en los años de crisis que siguen al final de la contienda, aparece en la novela de la postguerra inmediata. CARMEN LAFORET, en *Nada* (1945), presenta aspectos que reflejan el estado de la sociedad barcelonesa, lo que ocurre entre algunos de los grupos que la forman, sirviéndose para ello de las complejidades psíquicas, emocionales, de los personajes. Pero no puede decirse, estrictamente hablando, que se trata de una obra de significado social, pues Laforet "no parece plantearse nunca el *porqué* de sus vidas truncadas... Puede decirse... que hay algunos momentos... en los que la conexión entre la "personalidad" o la conducta de los tipos novelescos, y el mundo objetivo, histórico-social, "exterior", no puede menos de transparentarse, pero ello ocurre... sólo... al margen de su íntima idea de los hechos" (1).

La realidad psíquica, anormal, de los personajes, se combina con la presentación de varias capas de la sociedad

(1) Eugenio G. de Nora, *La novela española contemporánea*, II, ii, pág. 150.

urbana en *Las últimas horas* (2), de José Suárez Carreño. Esta novela muestra tres sectores: el del hampa y de los
mendigos, que viven del hurto y de la limosna; el de la
baja clase media, que, incapaz de atender a sus necesidades, llega a consentir que sus hijas se prostituyan con tal
de tener dinero; el de la aristocracia, que derrocha el dinero en un vano intento por llenar una vida vacía, carente
de felicidad.

Las últimas horas va mucho más allá que *Nada* en el
enfoque del tema social, presentando el modo de sentir y
de ver la realidad que tiene cada uno de los grupos. Pero
esta realidad no es objetiva, y lo testimonial está superpuesto, desde afuera, sobre las anormalidades psíquicas del potentado Ángel Aguado (el simbolismo del nombre corresponde a la personalidad del personaje), sobre las andanzas
semi-picarescas del "golfo" Manolo, y sobre la situación
de la prostituta Carmen. Lo simbólico y moralizante que
contiene la novela, en el sentido de que el pobre es el más
feliz y el que más obtiene de la vida, se refuerza al final,
cuando Ángel Aguado y Carmen mueren en un accidente
de automóvil, mientras que Manolo queda ileso y se aleja
del lugar pensando que "hay que vivir... ser como tú eres
en este instante" (pág. 322). La realidad interior de Aguado, su masoquismo, su feroz egoísmo, que le impide la felicidad, dan lugar a extensas confesiones y monólogos, que,
por su reiteración, se hacen pesados. Así, los pensamientos
de Aguado al morir, o tal vez después de estar muerto,
ocupan la casi totalidad de dos capítulos. Todo esto queda
al margen de la novela de tipo social y testimonial, y no
convence por esa "escasa fusión... de los elementos en juego, y por la insuficiencia de su enraizamiento, por su carácter a veces superpuestamente literario" (3).

El elemento objetivo que falta en las obras de Laforet
o de Suárez Carreño, ese "coger la realidad por los pelos"
con el propósito de captar la vida de los personajes que
componen la sociedad urbana para mostrar cómo es, será
el objetivo primordial de Camilo José Cela al escribir su

(2) Barcelona: Ediciones Destino, marzo de 1950. Premio Eugenio Nadal 1949.
(3) Eugenio G. de Nora, op. cit., pág. 187.

mejor obra. Con *La colmena* (4), Cela no solamente queda consagrado como el escritor más importante de su generación, sino que, influyendo definitivamente en la novela social posterior, da nuevo impulso a esa vuelta hacia el realismo que él mismo había iniciado con *Pascual Duarte*. Por otra parte, *La colmena* es una obra que no ha sido superada por ninguna de las que la siguen (5). Éstas tienen características ya presentes en el libro de Cela. Partiendo de él, las intensifican, o presentan una peculiar faceta, como es el caso de la novela de Luis Martín Santos. Con el propósito de ver luego cómo se manifiestan en otras obras, vamos a señalar, brevemente, cuáles son esas características.

Lo peculiar de estas novelas es que traten de dar, en los mejores casos, una visión total y objetiva de cómo viven los habitantes de una gran ciudad, incluyendo a representantes de varias clases sociales: los pobres, la clase media, los ricos. En otras palabras: se tiende hacia una visión global que refleje la realidad de un tiempo, de una sociedad, de un pueblo. Como escribe Cela en su "Nota a la primera edición" de *La colmena:* "Un trozo de vida narrado paso a paso, sin reticencias, sin extrañas tragedias, sin caridad, como la vida discurre, exactamente como la vida discurre" (pág. 9). Para lograr presentar ese "trozo de vida", el novelista dará una visión fragmentada, compuesta de muchos incidentes y personajes. Éstos, según afirma el propio Cela en la antedicha nota, ascienden a "ciento sesenta", que José Manuel Caballero Bonald (autor del apéndice que contiene el censo) eleva a "doscientos noventa y seis personajes imaginarios y cincuenta personajes reales; en total, trescientos cuarenta y seis" (pág. 10). Cela muestra los aspectos tétricos, llenos de miseria y desesperanza, que hay en ciertos sectores de la vida madrileña, la cual "sigue cociéndose en el inclemente puchero de

(4) Barcelona: Editorial Noguer, agosto de 1963. Quinta edición. La primera data de 1951.
(5) «Una obra inserta en nuestra mejor tradición realista, y... profundamente renovadora..., la novela más valiosa y significativa publicada en España después de 1936». Eugenio G. de Nora, op. cit., pág. 120.

la sordidez" (pág. 15), presentándolos con crudeza, "sin caridad". Esta visión caleidoscópica es la representación "en cierto modo más significativa que ninguna otra de la quiebra de una sociedad" (6). El énfasis en los aspectos más desagradables de la vida urbana ha sido tachado de unilateral. Pero, sin embargo, esto es algo común a casi todos los escritores que se ocupan de "lo social", aunque algunos muestren comprensión y compasión, mientras que otros, como en el caso de *La colmena*, no dejan que los sentimientos del autor aparezcan en la obra. En todo caso, aunque no sea una realidad absoluta, completa en todas sus facetas, buenas y malas, es una realidad representativa de un aspecto de la vida madrileña, y de ahí su valor testimonial y social.

Una de las características que luego aparecerá en otras obras, sobre todo en *Tiempo de silencio*, es la deformación humorística, a veces irónica, de la realidad interior y exterior de los personajes, con tendencia a describir con cierta crueldad rasgos de la miseria humana, como en el siguiente caso:

> La casa de doña Celia es una casa que rezuma ternura por todos los poros; una ternura, a veces, un poco agraz, en ocasiones, es posible que un poco venenosilla. Doña Celia tiene recogidos dos niños pequeños, hijos de una sobrinita que murió medio de sinsabores y disgustos, medio de avitaminosis, cuatro o cinco meses atrás. Los niños, cuando llega alguna pareja, gritan jubilosos por el pasillo: "¡Viva, viva, que ha venido otro señor!" Los angelitos saben que el que entre un señor con una señorita del brazo, significa comer caliente al otro día.   (pág. 156)

La visión global, la estructura fragmentada, los aspectos sórdidos, la deformación humorística de la realidad, que se encuentran en *La colmena*, reaparecerán en otros au-

(6)   Eugenio G. de Nora, op. cit., pág. 123.

tores, dándose énfasis, sobre todo, a la intención social y testimonial (7).

La novela de Zunzunegui, *Esta oscura desbandada* (1952), puede señalarse como una de las obras que continúan la línea establecida por *La colmena*, pero reemplazando la visión caleidoscópica con la reincidencia, casi monocorde, en sucesos de un doble significado: la decadencia de la vieja burguesía contrapuesta a la corrupción y desintegración moral de la sociedad actual; la vieja concepción de la vida y sus valores, contrapuesta a la materialista y rapaz de hoy día. En muchos aspectos, las novelas del género de *Esta oscura desbandada* o de *Mi idolatrado hijo Sisí* (1953), son antecedentes de los libros que estudiamos aquí, y lo dicho en el capítulo II podría repetirse y aplicarse de nuevo ahora.

La noria (8) de LUIS ROMERO, es otra de esas novelas directamente influidas por *La colmena* (9). El libro de Romero carece de argumento, siendo un conjunto de esquemas de la vida de muchos personajes, unidos simplemente por el repetido procedimiento de dedicar el siguiente boceto al personaje secundario que se mencionó en la parte anterior. Los personajes, una vez sumariamente presentados de acuerdo con dicha fórmula, se pierden de vista. *La noria* trata, en esencia, de dar esa visión global por medio de una estructura fragmentada. Se hace hincapié, con intención testimonial y social, en los aspectos sórdidos que muestran la quiebra de una sociedad. Sin embargo, la obra resulta débil a causa de los monólogos interiores por medio de los cuales los personajes revelan su pasado o sus ideas acerca de las personas con quienes se relacionan. Es-

(7) Otra obra posterior de Cela, *El molino de viento* (1956), enfoca toda una sociedad, esta vez en provincias. Sin embargo, *El molino de viento* degenera en caricatura, recargando los rasgos de humor de lo bajo, truculento y monstruoso. El libro es inferior, en todos sus aspectos, a *La colmena*.

(8) Barcelona: Ediciones Destino, marzo de 1952. Premio Eugenio Nadal 1951.

(9) Nora señala, muy acertadamente, que «las fuentes inmediatas... creemos poder concretarlas en *La colmena* de Cela y en el *Ulysses* de Joyce, libros ambos de gran actualidad al llegar Romero a Buenos Aires en 1951». Op. cit., pág. 194.

tos monólogos, expresados por medio de frases truncadas, incompletas, de estructura telegráfica, se repiten dos o tres veces por página y, como consecuencia, la calidad artística de la obra sufre, cayendo en una mecanización (10) que llega a cansar. El siguiente ejemplo puede servir de muestra:

> (—Carlos, demasiado tarambana. "Elvira lo que necesita es casarse..." Rubor. "Las mujeres han de casarse, los hombres no." Un asunto feo; simulación de incendio; denuncia. Para el jueves lo más tarde. Cosa mala. Arruinado. ¿No les meterán en la cárcel? No creo, ¡ay pobres! *Locura de amor*. Le daré recuerdos para sus padres. Bromas; rubor. Es algo juerguista; mujeres de ésas. Denuncia por incendio intencionado. Complicidad del subagente. Acta, perito, denuncia, dimisión... Abren.) (pág. 95)

El tema de los atracadores aparece, tal vez por primera vez, en la novela de TOMÁS SALVADOR, *Los atracadores* (11). Se trata de un grupo de tres adolescentes (Carmelo Barrachina, el "Compare"; Ramón Orea, "Chico Ramón"; Vidal Ayuste, el "Señorito"), que, bajo la dirección del último, forman una banda. Lo que empieza siendo un juego, pasa a ser algo más serio: primero atacan a un sereno para quitarle una pistola, luego atracan farmacias, y concluyen por asesinar a quienes se oponen a sus acciones. Después de haber suspendido sus actividades por una temporada, un inspector de policía reconoce, en casa del padre del "Señorito", la pistola de cachas de plata que éste había usado en los atracos. La policía sólo logra capturar vivo al "Compare"; otro muere al intentar huir y el tercero se suicida. Aquél es juzgado y sentenciado a muerte. La novela acaba con la descripción del ajusticiamiento.

Los atracadores pertenecen a tres sectores de la sociedad. Uno (Ramón) es un obrero, otro (Carmelo) procede de la clase media baja, y el tercero (Vidal) es un estudiante

---

(10) «Caben no pocas objeciones, tanto estéticas como ideológicamente a este libro». Eugenio de Nora, op. cit., pág. 194.

(11) Barcelona: Luis de Caralt, abril de 1955.

universitario, hijo de un abogado importante. Como ya se dijo en la parte dedicada a *La abulia,* Salvador trata de indicar que el fracaso de la juventud española es un reflejo y una consecuencia del fracaso de la generación de sus padres, pero sin lograr establecerlo. Igualmente insuficiente es la visión de la "juventud perdida, censurada, prohibida", frente a la hostilidad de la sociedad ("la hidra de cien cabezas"), de la que se defiende: "Ellos también, señores, se defienden; ellos también creen tener un enemigo enfrente" (pág. 261). La verdadera idea que parece subrayar la novela es que las leyes no poseen suficiente fuerza represiva para defender la sociedad, por tratarse de "leyes rigurosas, leyes crueles, leyes que presuponen en los demás un deseo, una voluntad de violación" (pág. 260), a menos que los que deben cumplirlas posean la suficiente educación para acatarlas voluntariamente. Pero todo esto, repitiendo lo expuesto anteriormente, se ofrece como epílogo y queda totalmente desligado de los hechos. Salvador, en vez de hacer patente su significado social, de profundizar en el trasfondo ideológico de los sucesos que narra, se concentra en los aspectos exteriores y superficiales, es decir, en las acciones de los atracadores, llegando a caer en el "cinematografismo" peculiar de la subliteratura de "gangsters". Ciertamente, la novela tiene momentos acertados (la ejecución, el atraco al "meublé", etc.), en ciertas ocasiones el ritmo narrativo llega a cautivar al lector, pero estos logros quedan rebajados por la pobreza estilística, lingüística y estructural.

Luis Romero reelabora (como en otros casos) el tema de los atracadores en *Los otros* (12), poniendo énfasis en mostrar cómo la injusticia y la desigualdad social empujan a esos hombres al crimen.

La novela narra cómo una importante empresa de Barcelona va a pagar la nómina del sábado, para lo cual el cobrador, señor Portaló, ha de retirar del banco la cantidad de ciento veinticinco mil pesetas. Un obrero ha estudiado la trayectoria del cobrador y esa mañana sale de casa con una pistola en el bolsillo, dispuesto a apoderarse del dine-

(12)   Barcelona: Ediciones Destino, marzo de 1956.

ro. La mujer del viejo cobrador se está muriendo y éste no se presenta a trabajar. En su lugar mandan al banco a un empleado joven, José Mateo. El atracador, que no esperaba apenas resistencia, se encuentra con que el empleado defiende la cartera tenazmente, y, en la lucha, le hiere de dos disparos. Acosado por varios transeúntes y por una pareja de guardias, tiene que huir sin el dinero, perseguido por los disparos de la policía, uno de los cuales acierta, pero, a pesar de la herida, logra escapar en un taxi. El resto del día lo pasa escondido en un solar vacío. Al llegar la noche sale de su escondite con el propósito de que su mujer Carlota, su padre, o algún amigo, lo esconda y cure. Sin embargo, no encuentra a nadie y, agotado por la pérdida de sangre, cae muerto en la calle. La novela concluye con la identificación del cadáver por los testigos que presenciaron el atraco.

Los sucesos sirven para exponer la desigualdad social que existe en una gran ciudad. De una parte se presenta una visión del modo de ser y pensar que tiene la burguesía industrial y comercial; de otra, los obreros y empleados de baja categoría; luego, en segundo plano, la policía, la gente toda que habita la urbe. El atracador no comete el crimen contra una empresa o persona determinada sino contra una sociedad que le niega una vida decente, contra la colectividad, y por eso siente que no puede esperar ayuda de la gente, "porque las ciudades todas se defienden cuando alguien se rebela contra sus leyes" (pág. 177) (13). Le parece que "la hostilidad de millón y medio de ciudadanos" se cierne sobre él y que "le aplastará" (pág. 115), viéndose no solamente perseguido por la policía sino también por "miles de hombres". Esta idea de la hostilidad colectiva de una gran urbe contra el individuo que no se conforma con los límites que se le imponen, domina en la novela, y por eso la incluimos en esta sección, ya que su verdadero propósito no es exponer los problemas laborales,

(13) «La révolte est claire: c'est celle d'un homme du peuple contre l'Espagne cléricale, arbitraire et policière. A ce titre, l'agresseur devient vite sympathique». C[laude] C[ouffon], «Les autres, par Luis Romero», *Les Lettres Nouvelles*, N.º 62 (Juillet-Août, 1958), pág. 132.

sino examinar las interreacciones entre diferentes capas de la sociedad. Simultáneamente, Romero explora las actitudes y la situación en que se encuentran los obreros (por medio de los pensamientos del atracador); los empleados de ínfima categoría (como es José Mora, el atracado; el cobrador, señor Portaló, etc.); los patronos (es decir, el dueño de la empresa cuyo dinero han querido robar). Estos personajes son representativos de ciertos grupos de la sociedad española, e incluso los dos principales (el atracador y el industrial), carecen de nombre. Veamos en qué consiste su carácter simbólico.

Luis Romero expone las características esenciales de un patrono con el propósito de hacer ver su egoísmo y cómo esta clase de persona justifica su modo de proceder y su existencia, todo ello mediante reacciones y comentarios que se podrían llamar "típicos" y "representativos". El resultado es un contraste (logrado y lleno de ironía) de lo que es la realidad y lo que el patrono cree que es, lo que hace incurrir a éste en frecuentes contradicciones entre lo que dice y lo que hace. Así, este industrial se ha enriquecido mediante turbias e ilegales operaciones; además, aprovechándose de la falta de competencia, fabrica motores de mala calidad, "motores que no son buenos y él lo sabe" (pág. 80); y, sin embargo, piensa que, "trabajando como Dios manda, se puede ganar muchísimo dinero. Eso sin hacer daño a nadie y con la conciencia tranquila" (pág. 200). En otros momentos tergiversa los hechos de un modo peculiar, siempre para justificarse, como cuando piensa que al empleado herido sólo le dará una pequeña recompensa porque "el dinero no es lo principal en esta vida, que lo importante son los gestos y los valores espirituales" (pág. 152). Condena el atraco, no porque sea dinero suyo sino porque "representa el alimento de... ochenta honradas familias de empleados y trabajadores" (pág. 153). También se contradice frecuentemente, como cuando se queja de que los obreros reciben excesivos beneficios y, sin embargo, en otro momento, piensa en sus gastos particulares y cree que "el que trabaja debe vivir bien" (pág. 80). La actitud del dueño de la empresa respecto a sus empleados es, asimismo, característica:

Trabajan sus ocho horitas diarias, y luego, al fin de la semana, no tienen más que alargar la mano y cobrar su jornal. Y si trabajan más horas, pues entonces hay que pagárselas con recargo. ¿Quién le paga a él horas extraordinarias? No, que no le envidien su suerte; hoy día, es preferible ser obrero a patrono. Todas las leyes les protegen y no tienen preocupaciones. En cambio, a él, entre los impuestos, las cargas sociales y otras gabelas, le están haciendo imposible la existencia... Luego dirán que si vive bien, que si gana dinero. ¡No faltaba más! Alguna compensación ha de tener el que trabaja como trabaja él.

(págs. 248 y 249)

Estas palabras del industrial encierran la ironía de admitir que el negocio le está enriqueciendo y, a la vez, cree que es mejor ser obrero que patrono. Además desconfía de sus empleados: "Ya sabe usted cómo están los obreros; desde la guerra... En esa ocasión demostraron lo que eran la mayor parte de ellos" (pág. 198).

En *Los otros* también se expone la situación del obrero y del empleado, que coincide en todos sus puntos con la que presentan los demás novelistas. En efecto, Romero hace patente el exiguo jornal que perciben a cambio de su trabajo, mientras que otros se enriquecen con su esfuerzo. A esto añade un factor más: la resignación. Todos los trabajadores siguen calladamente en su estado de pobreza, en sus pensiones y casas humildes, esperando la tarde del domingo para ir al cine o al fútbol, resignados a una vida sin alegría, en la cual no pasa, sustancialmente, nada.

Los otros representa un avance con respecto a *La noria*. Sin embargo, los sucesos quedan, frecuentemente, desligados de su significado social. Esto procede del modo como se narra, en su mayor parte por medio de pensamientos e interiorizaciones del personaje, poniéndose poco énfasis en la acción o el diálogo. El resultado es que el significado social no brota de los hechos, como debiera, y por eso no es todo lo concluyente que sería de desear, aunque en esto (como en otros muchos aspectos) Romero logra superar

Los atracadores, dando a su novela una dimensión que falta, completamente, en la de Tomás Salvador.

En *Los otros* la narración discurre alternativamente, combinándose las apariciones de los personajes, pasándose de uno a otro, en un esfuerzo por mantener la atención del lector. Un incidente que llega a cautivar el interés es la huida del atracador y la suerte del atracado, pero la tensión narrativa decae a medida que la novela progresa, y la excesiva longitud dedicada a la lenta agonía de aquél llega a cansar. El estilo irónico de Romero, que luego culminará en *El cacique*, así como los contrastes entre la realidad y lo que el industrial cree que es, constituyen, por otra parte, los mejores logros de la novela.

Las calles y los hombres (14) es una interesante colección de nueve narraciones, un principio y un final, de JOSÉ MARÍA DE QUINTO. Cada una de esas partes viene a ser como un capítulo de un panorama general de los años de la postguerra civil que muestra la quiebra de la sociedad española. Es una visión fragmentada en múltiples sucesos y personajes, que se mantiene unida por la temática, y por el tono lúgubre, estremecedor, que prevalece a lo largo del libro. Las narraciones de Quinto, a pesar de sus indiscutibles méritos y de ajustarse a las características propias de las obras que incluimos en esta sección, quedan fuera de nuestro estudio por pertenecer, en realidad, al género del cuento.

El tema de los atracadores barceloneses vuelve a aparecer en *Los perros mueren en la calle* (15), de JOSÉ MARÍA CASTILLO NAVARRO, que, aunque pone más énfasis en el as-

(14) Madrid: Editorial Aramo, 1957.
José María de Quinto ha escrito dos novelas, inéditas: *La protesta* y *La obra*.
(15) Barcelona: Editorial Planeta, diciembre de 1961.
Otras obras de Castillo Navarro: *La sal viste de luto* (Barcelona: Luis de Caralt, 1957); *Con la lengua fuera* (Barcelona: Luis de Caralt, 1957); *Las uñas del miedo* (Barcelona: Luis de Caralt, 1957), Premio Ciudad de Barcelona 1957; *El niño de la flor en la boca* (Barcelona: Pareja y Borrás, 1959), relatos; *Manos cruzadas sobre el halda* (Barcelona: Editorial Planeta, 1959); *Caridad la negra* (Barcelona: Luis de Caralt, 1961); *El grito de la paloma* (París: Editions du Seuil); *Murcia* (Roma: Luciano Landi).

pecto social de los hechos, sigue muy de cerca las narraciones que le preceden en este tema (el atraco del "meublé" procede indudablemente de Salvador; el asunto del obrero que se convierte en atracador como único medio de lograr una vida mejor, y la comparación de su existencia con la del burgués, ya hemos visto que se encuentran en Romero). Los episodios de la novela se refieren a dos hermanos, Mario y Andrés (los atracadores), y a un tercero, Poncio, que, aunque se conforma con su suerte, es un miserable. La situación de Mario y Andrés, como obreros, ofrece un paralelo con la de los hijos de familias ricas que viven en las proximidades de su barrio. Este paralelo tiende a justificar la actuación de los dos hermanos, mostrando que es la única forma de rebelarse contra una sociedad que les niega una vida decente. La condena del burgués acomodado, satisfecho de sí mismo, se expone en estos términos: "Su padre, como la mayoría de los hombres de su tiempo, se creía normal y respetable... ignorando que ser digno de... ser humano era interesarse por la justicia, por la comprensión, la comodidad y los intereses de los semejantes" (pág. 111). Mientras que Mario y Andrés se ven forzados a la alternativa, igualmente trágica, de trabajar sin descanso y vivir en la miseria, o dedicarse al atraco y, de hecho, morir, los hijos de esas familias acomodadas siguen, como la bella y decadente Susi, en "su vicio dominante (que) era la abulia, el egoísmo y la pereza" (pág. 198).

La novela de Castillo Navarro tiene interés por los aspectos sociales que ofrece, aunque no se trata de nada nuevo. Como obra literaria interesa mucho menos. El diálogo es escaso, predominando, por el contrario, largos párrafos descriptivos y abundantes interiorizaciones del personaje. El final relata la lucha a tiros en un tren en marcha, con la correspondiente persecución policíaca por encima de los techos de los vagones, que concluye con la muerte de Mario. Ésta es la parte más débil y menos convincente de toda la obra, por su artificiosidad y cinematografismo.

Además de las novelas ya indicadas, existen otras que tratan, en todo o en parte, de los hombres que empujados por la necesidad recurren al atraco, o bien que debido a sus convicciones ideológicas, han participado en actos de violencia contra el orden establecido, en un intento por lograr un cambio. En la mayor parte de estos casos, el énfasis se pone en los hechos exteriores, en sus implicaciones policíacas o criminales, pero quedando desligados de su significado y trascendencia social, salvo la que pueda encontrarse en el fondo; por otra parte tampoco añaden nada, ni en el sentido social ni en el artístico, a lo ya expuesto. La excepción, sobre todo en la presentación formal de los hechos, es *Las noches sin estrellas* (16), de NINO QUEVEDO. Esta pequeña novela narra las actividades de una banda de "maquis" que opera en los Pirineos, y los esfuerzos del ejército por aniquilarlos. Hay en *Las noches sin estrellas,* una cierta reminiscencia temática (posiblemente más casual que de influencia directa) de *For whom the bell tolls,* aunque la prosa se acerca mucho más al estilo de Heminway en *The old man and the sea,* coincidiendo también en el énfasis de la lucha epopéyica de un pequeño grupo contra fuerzas superiores. Nino Quevedo ha escrito un magnífico relato de gran concisión, empleando una prosa de frase corta y de aparente (aunque trabajada) simplicidad, que constituye su mayor encanto, aunque no su único mérito. El autor logra aprisionar al lector en la red de fatalidad y angustia que envuelve a estos hombres; el acierto consiste en dejar ver cómo en momentos de optimismo, los personajes manifiestan la esperanza de poder eludir el inevitable y fatal destino que los espera, pero inmediatamente caen en un negro pesimismo al darse cuenta de su situación, al enfrentarse con la realidad de su existencia. El destino se cumple cuando el jefe decide abandonar sus actividades y volver a la vida normal, en cuyo punto, él y la mayor parte de sus hombres caen en una emboscada. Sin embargo, aunque se exponen las razones que han empujado a esos hombres a actuar, su significado como parte de la realidad no es lo suficientemente conclusivo en el sentido social; esto no quita, naturalmente, para que sea una obra de positivos méritos.

Dentro de la vertiente de la literatura social que mues-

---

(16) Barcelona: Editorial Destino, marzo de 1961. Quevedo nació en Madrid en 1929. Es abogado.

tra la alienación que padecen ciertas gentes, se encuentra *Los vencidos* (17), de ANTONIO FERRES. Los sucesos que narra Ferres quedan comprendidos entre los días del cerco de Madrid y el verano de 1945, y constituyen un testimonio del régimen brutal a que fueron sometidos los españoles detenidos al terminar la guerra civil, la situación de los presos políticos en las cárceles, el trato, los castigos, las ejecuciones. El tema tiene puntos de contacto con *O. P.*, de Ramón Sender, pero Ferres profundiza en la situación social y política del país, añadiendo un fondo que refleja las actitudes de vencidos y vencedores, así como el estado de ánimo de cada parte, no sólo en la cárcel sino también en el mundo exterior que, de un modo u otro, queda conectado con la existencia de los presos. En la técnica, Ferres sigue el procedimiento empleado por López Salinas en *Año tras año*, es decir, haciendo breves menciones al progreso de la segunda guerra mundial como medio para fijar el transcurso del tiempo, a la vez que sirven para reforzar la unidad y conexión de los sucesos relatados. Aunque las referencias a la guerra mundial se relacionan estrechamente con el proceder de los personajes, y Ferres emplea además otros recursos técnicos para mantener el interés del lector, éste decae considerablemente en la cuarta y última parte del libro, sobre todo por la falta de acción que caracteriza a la novela, y por la reincidencia en las actitudes de Miguel, oficial de prisiones, y en las de Federico, médico detenido por su participación en la guerra, repetidas hasta la monotonía. Si como parece, *Los vencidos* fue escrita después de *La piqueta* (la primera y hasta ahora, mejor novela de Ferres), supondría un retroceso considerable. Falta en *Los vencidos* la selección de detalles y personajes representativos, la fina trama de *La piqueta*, la rápida progresión de sucesos que en esa obra mantiene la atención del lector; incluso el interés humano de lo que se cuenta es inferior. El libro contiene numerosos errores tipográficos, lo cual sería disculpable, pues posiblemente Ferres no tuvo ocasión de corregir las pruebas, pero ade-

(17) París: Editions de la Librairie du Globe, 1965. La novela fue escrita mucho antes de 1965, pues se publicó en italiano en 1962, bajo el título *I Vinti* (Milán: Feltrinelli, 1962).

más se aprecia una falta de pulimento y la prosa está descuidada, todo lo cual parece indicar que se trata de una novela escrita de prisa.

Algunas de las novelas que dan un testimonio de la quiebra de las relaciones humanas que existe en el seno de la sociedad actual, tienden hacia una exploración del pasado, a un análisis del presente y, a la luz de éstos, aventuran un dictamen profético del futuro. Son obras de mucha más complejidad y ambición que las hasta ahora estudiadas y, posiblemente, las de mayor trascendencia. Ya no se limitan a presentar la situación de un único grupo, o a mostrar la escisión existente entre dos sectores de la sociedad, sino que mediante el examen de casos y situaciones sacados de todas las esferas, ahondan en el carácter y modo de ser del hombre español, con el propósito de hacer, a modo de radiografía, un autoanálisis nacional. Este examen expone el fracaso de los valores nacionales y, sobre todo, del sentido de la vida, de la conciencia nacional que se ha abotargado.

Las novelas que intentan hacer esa radiografía nacional (*Tiempo de silencio, Estos son tus hermanos, Las ruinas de la muralla, Señas de identidad*) tienen mucho de examen noventaiochocista, aunque sin el carácter especulativo de aquellos escritores, pues ahora se trata de un análisis de circunstancias concretas, no de la españolización de Europa y de la europeización de España. Su punto de partida tal vez se encuentre en las novelas de Pío Baroja (*Camino de perfección* es el ejemplo más claro, más próximo al tono, contenido y propósito de los libros que ahora veremos). Se puede hallar un precedente más reciente en las novelas que muestran, desde un punto de vista histórico, la descomposición moral de la vieja burguesía española y de las cuales ya nos hemos ocupado anteriormente; pero si se ha de buscar un paralelo más exacto, se podría decir que por su enfoque de la realidad total, por su visión caleidoscópica, siguen muy de cerca el procedimiento narrativo de *La colmena*, pero entiéndase que se trata de una "colmena" muy diferente a la de Cela, infinitamente más honda y amplia, que comprende toda la vida nacional, haciendo hincapié en el significado de los sucesos narrados y en sus implicaciones históricas, sociales, religiosas y políticas, llevadas hasta los extremos de una negrura y pesimismo sin límites.

Tiempo de silencio, primera y última novela de LUIS MARTÍN SANTOS (18), tal vez sea de entre los libros arriba citados, el que más claramente se ajusta a ese paralelo, continuando los rasgos que aparecen en *La colmena* y en otra obra celiana posterior, *El molino de viento* (1956), pero extremándolos y dándoles una dirección y significado opuestos. Luis Martín Santos en esta obra genial, única en la novelística actual española, muestra el proceder y las actitudes de los diferentes grupos que componen la sociedad madrileña pero, al acercarse a los personajes, a los problemas o a la situación social, da curso a la ironía y a la burla cruel. Con agudeza poco común presenta múltiples facetas de Madrid, de las relaciones sociales, de las instituciones y de la vida nacional, pero siempre con sarcasmo, usando un léxico raro, una sintaxis dislocada, y juegos retóricos; en otras palabras, un prodigio de artificiosidades, de malabarismos, que hacen que sea una obra de difícil lectura. Bajo ese barroquismo se oculta un angustioso preguntarse "¿qué somos?", un examen crítico del tiempo histórico que le ha tocado vivir al hombre español actual, y la conclusión, desencantada y pesimista, de que es un *Tiempo de silencio*.

* * *

El argumento de *Tiempo de silencio* (19) es relativamente simple, aunque se trate de una novela compleja a causa de los elementos que deforman la narración. Don Pedro es un becario del Instituto de Investigación, en cuyos laboratorios estudia el cáncer en ratones (especialmente importados de Illinois). Cuando aún no ha concluido el ex-

(18) Falleció, a consecuencia de un accidente de automóvil, el 21 de enero de 1964.
(19) Barcelona: Seix Barral, segunda edición, 1965. La primera es de 1962.

perimento, su ayudante, Amador, le comunica que "se acabaron los ratones" (pág. 7). Afortunadamente, "el Muecas", expulsado proveedor de animales para las investigaciones del Instituto, tiene algunos ratones, pues "se llevó ejemplares de ambos sexos con el exclusivo objeto de conseguir mantener su pureza genética y así volver a vender estos ejemplares al laboratorio cuando se hubiesen extinguido" (pág. 11). La posibilidad de que las dos hijas de Muecas hayan podido contraer el cáncer, más la curiosidad de saber cómo pueden sobrevivir ratones criados en condiciones tan adversas, unido a la necesidad de continuar sus estudios, hace que don Pedro se decida a visitar la chabola donde vive Muecas.

Pedro reside en una modesta pensión regentada por una viuda de militar, su hija Dora y su nieta Dorita, hija ilegítima. Las tres se proponen, con claras intenciones matrimoniales, que Pedro se decida por "la tercera generación". Allí lo va a buscar Amador y juntos se dirigen "hacia las legendarias chabolas y campos de cunicultura y ratología del Muecas" (pág. 25). En la visita se muestra cómo es el barrio, cómo viven en las chabolas, qué clase de gentes las habita. En este punto, aparece un nuevo personaje, Cartucho, "chulo de navaja", novio de Florita (la hija mayor de Muecas). Concertada la adquisición de los animales, don Pedro, "como noche de sábado", se dirige a un café de ambiente literario donde se reúne con su amigo Matías. Tras copiosas consumiciones de ginebra, Pedro y Matías se encuentran en el prostíbulo regentado por doña Luisa. Pedro se separa allí de su amigo y vuelve a la pensión. Al entrar, se da cuenta de que Dorita duerme sola, y de que esto ha sido preparado para que caiga; por un momento lucha contra el deseo, vacila y cae. De madrugada, Muecas llama a la puerta de la pensión, buscando a don Pedro, pues Florita tiene "una... insólita y alarmante pérdida de sangre" (pág. 101). Aunque Pedro no posee licencia para practicar medicina, acude a la chabola de Muecas, a donde también llega Amador con instrumentos médicos. Una vez allí, se pone en claro que "el padre de Florita está en trance de llegar a ser padre-abuelo" (pág. 107), y que ella había tenido un aborto, causa de la hemorragia. Pedro le hace una intervención, a pesar de que le parecía "casi-muerta". Durante la operación, Florita muere.

Desde la puerta de la taberna de enfrente, Cartucho vigila las entradas y salidas de la casa de Muecas, sospechando que alguien se ha aprovechado de Florita. Cuando Amador se aleja con los instrumentos, Cartucho lo amenaza si no le dice quién ha sido el culpable del embarazo. Amador, asustado, miente: "Fue el médico" (pág. 121).

En la misma tarde del domingo, Pedro y Matías van a casa de éste, verdadero palacio. Allí conoce a la madre de Matías que les anuncia una conferencia de filosofía que será pronunciada por el "Maestro" al día siguiente. Los dos amigos asisten, e igualmente a la recepción que sigue. Al final de ésta, "alguien" (Dorita) llega para avisarles que la policía anda tras los pasos de Pedro. Asustados, acuden a doña Luisa para que lo esconda en el "palacio de las hijas de la noche" (pág. 147).

Matías ha encontrado a Amador y lo lleva para que aclare la inocencia del acusado. Cártucho los sigue con el propósito de vengarse del médico. Tras de todos ellos va un policía. De este modo, Pedro es descubierto y detenido. En la comisaría, el "investigador extinto y recién-nacido practicón quirurgo" (pág. 116) confiesa algo que no ha hecho: el aborto y la muerte de Florita. Mientras tanto, "la redonda consorte del Muecas" había conseguido que a Florita la enterrasen en sagrado, pero, apenas inhumada, llega una orden de exhumación y autopsia. Llevado el cadáver al depósito, la mujer del Muecas se queda a la puerta, gimiendo: "Que me la están matando" (pág. 194). Llamada la policía, Ricarda es detenida. En el calabozo, siente el dolor de la hija muerta y denuncia a los verdaderos culpables.

Pedro, ya libre, acude al despacho del Director del Instituto, y, aunque es inocente, le es suspendida la beca. Como resultado tendrá que hacer oposiciones y dedicarse a la práctica privada. "La honrada familia" (pág. 215) organiza una merienda para celebrar el feliz desenlace del asunto policial y, a la vez, anunciar el noviazgo entre Dorita y Pedro. Después del familiar ágape, el "todavía-no-pero-ya-casi-inevitable-hijo" (pág. 214), lleva a Dora y Dorita al teatro. Concluido el espectáculo, aquélla insiste en ir a la verbena, donde casualmente se encuentra también Cartucho. Éste observa cómo los novios bailan entre la muchedumbre y, mientras Pedro trata de comprar unos churros, Cartucho apuñala a Dorita sin que nadie se dé cuenta. Muerta Dorita, Pedro se dirige a un pueblo castellano donde va a establecer la práctica. Por el camino se siente fracasado en todas sus aspiraciones, derrotado en todos los aspectos de su existencia y, con indiferencia total, se nota condenado al silencio por una sociedad que le priva de todo lo que ha querido y buscado, confesándose a sí mismo que ya ni siquiera gritar puede: "Pero yo, ya, total, para qué. Es un tiempo de silencio" (pág. 238).

El verdadero propósito de la novela es mostrar la sociedad madrileña en sus diferentes estratos, vistos como compendio del "hombre ibero", del ambiente y del carácter nacional. La sociedad aparece dividida en tres esferas, "una esfera inferior, una esfera media y una esfera superior" (pág. 130) que representan las siguientes clases: 1) la clase baja; 2) la clase media intelectual y científica; 3) la alta sociedad, constituida por aristócratas de la fortuna y el intelecto. Para examinarlas, el autor se vale de la narración de sucesos que coloca en lugares o ambientes determinados, zonas bien delimitadas y separadas en la novela. Así, los que se refieren a la esfera aristocrática están asociados con la familia de Matías; la clase media intelectual se mantiene dentro de los límites del café, y la clase media científica dentro del Instituto. En el caso del bajo pueblo (aproximadamente una quinta parte del libro), los sucesos ocurren en el barrio de chabolas, en el cementerio del Este, en el prostíbulo de doña Luisa, en la pensión donde vive Pedro. Luis Martín Santos, con verdadero espíritu clínico (20), vivisecciona esas diferentes esferas para mostrar, con una carcajada, el carácter de sus componentes, el ámbito en que viven y lo que pasa en él. Las situaciones y los personajes están magníficamente observados, y tienen elementos vivos, sacados de la realidad. Luego, ha-

(20) Fue doctor en medicina. Ocupó el puesto, hasta su muerte, de Director del Sanatorio Psiquiátrico de San Sebastián.

ce comentarios humorísticos en torno al personaje o a los sucesos, convirtiendo de ese modo la crítica y el testimonio social en materia de burla o risa. Hasta en los momentos más cruciales se deja ver, por debajo de los comentarios, una risa contenida. La vida en el barrio de chabolas, "soberbios alcázares de la miseria" (pág. 42), como dice el novelista, está vista por medio de ese procedimiento. Un ejemplo muy significativo es el recibimiento que Muecas hace a don Pedro y que, como tal, es natural en el sentido de que la actitud de Muecas es la de un hombre bajo ante el superior que lo visita. Su miseria se hace patente, ya que la vivienda es casi inhabitable, y tiene que alimentar a su familia de desperdicios, subsistiendo, a duras penas, gracias a la cría de gatos y perros y, recientemente, ratones. Don Pedro toma asiento "en una a modo de cama hecha con cajones que allí había" y Amador descansa sobre lo "que resultó ser una olla oxidada con un agujero" (pág. 49). Sin embargo, el recibimiento se comenta como si se tratase de la recepción que, en su mansión, un noble hidalgo hiciera a sus huéspedes; se pretende que los asientos son "sitiales..., sillería forrada de raso". De este mismo modo, superponiendo el comentario festivo sobre la triste realidad, se describe la importancia y el "status confortable" (pág. 59) del "gentleman-farmer" (pág. 56) dedicado a la cría de "yearlings", en realidad ratones, poseedor de una "mansión residencial" (pág. 60):

> El ciudadano Muecas bien establecido, veterano de la frontera, notable de la villa, respetado entre sus pares, hombre de consejo, desde las alturas de su establecimiento ganadero veía a los que —un trapito alante y otro atrás— pretendían empezar a vivir, recién llegados, en pringosos vagones de tercera, desde el lejano país del hambre.   (pág. 58)

Lo que se dice en el párrafo es natural: Muecas ya está situado, es respetado por los vecinos, y ve llegar a otros nuevos que no tienen medios de vida, ni vivienda, ni conocimientos en el barrio. Lo que perturba es el estilo barroco-humorístico que se superpone a la realidad: llegan en efecto en "vagones de tercera", pero no con "un trapito alante y otro atrás"; ciertamente, Muecas está ya establecido en el barrio, pero no tiene las características que el novelista le atribuye. Otro caso notable es el aborto de Florita. Pedro llega por segunda vez a la chabola y encuentra a Florita desangrándose. Decidido a operarla allí mismo, se encuentra, naturalmente, con una falta total de las facilidades que son necesarias para la intervención, no teniendo ni siquiera anestesia:

> Tratándose de hembra sana de raza toledana pareció superflua toda anestesia, que siempre intoxica y que hace a la paciente olvidarse de sí misma, y es en este punto en el que mejor se cumplieron los cánones modernos que hoy, por obra y gracia de la reflexología, la educación previa, los ejercicios gimnásticos relajantes de la musculatura perineal y la contracción de las mandíbulas en los momentos difíciles consiguen de vez en cuando hermosísimos ejemplos de grito sin dolor. (pág. 106)

Después de estas divagaciones humorísticas aparece, inmediatamente, la realidad brutal: "Más inculta la muchacha rugía con palabras destempladas (en lugar de con finos ayes carentes de sentido escatológico)" (pág. 107).

Al describir una reunión de la alta sociedad, compara ese grupo de gentes a pájaros en una enorme pajarera que "encaramados en tales perchas y con un vaso de alpiste en la mano lanzaban sus gorgoritos en todas direcciones" (pág. 135). Original es, también, la descripción de los enterramientos verticales del cementerio del Este, como si se tratase de una producción en cadena, siguiendo "las reglas emanadas del taylorismo-bedoísmo" (pág. 142). De igual manera se describe la merienda dada por las dueñas de la pensión para celebrar la libertad de Pedro, añadiéndole las características de un sarao; idénticamente, la tertulia de un café se compara a una playa en verano; y así en otros casos.

Tanto los sucesos que se narran como los comentarios humorísticos que se hacen a su alrededor, son, únicamente, instrumentos para una crítica demoledora, de tintes negros, a veces revestida de la amargura de un Quevedo, otras veces semejante a un aguafuerte goyesco. No se trata, desde luego, de una crítica con el propósito de llamar la atención, por ejemplo sobre la situación de un sector de la población para así lograr una mejor comprensión. Las situaciones y personajes representativos del bajo pueblo, de la alta burguesía, del mundo intelectual, de la clase media, etc., que aparecen en la novela están vistos únicamente como partes de un todo, son diversos factores de un problema que el novelista analiza y de las preguntas que se formula: ¿qué es lo que se puede esperar del actual hombre español?, ¿cuál es su perspectiva, su destino? Para encontrar una respuesta examina el sentido de la vida y de la conciencia nacional, y al darse cuenta de cuál es la realidad, la crítica cínica y despiadadamente y, además, la ridiculiza. Pero por debajo de la burla queda el pesimismo, el dolor y, en resumen, una total desesperanza.

La visión desoladora, amargada, revela una persona desencantada con la sociedad española y con el carácter nacional, yendo mucho más allá de la visión que Pío Baroja tenía de España. Lo que Martín Santos siente es que el ambiente nacional está poseído de una total parálisis, pues en la meseta, dice, "la idea de lo que es el futuro se ha perdido hace tres siglos y medio". Continuando el tema del carácter del hombre castellano, que tan magníficamente expuso Unamuno en *En torno al casticismo*, el novelista juzga que el español es "un trozo de mojama". Sarcásticamente dice que la indiferencia y la falta de propósito es un estado que resulta cómodo. Es mejor no desesperarse, ni moverse, ni hacer nada: "Es cómodo ser eunuco, es tranquilo, estar desprovisto de testículos, es agradable a pesar de estar castrado tomar el aire y el sol mientras uno se amojama en silencio" (pág. 238). Al final se traza un paralelo entre el Monasterio del Escorial, Pedro, y el carácter nacional. El monasterio "tiene todas sus cinco torres apuntando para arriba y ahí se las den todas. No se mueve" (pág. 240), como tampoco lo hace el fracasado investigador, o el individuo típicamente nacional, sintiéndose un San Lorenzo: "Éste que soy yo, a ese lorenzo... que... estaba en silencio mientras le tostaban" (pág. 240). En última instancia, el carácter nacional aparece definido en términos totalmente derogatorios. Qué somos, se pregunta Pedro, y él mismo se contesta:

> No somos negros, no somos negros, los negros saltan ,ríen, gritan y votan para elegir a sus representantes en la ONU. Nosotros no somos negros, ni indios, ni países subdesarrollados. Somos mojamas tendidas al aire purísimo de la meseta, que están colgadas de un alambre oxidado, hasta que hagan su pequeño éxtasis silencioso.
> (pág. 238)

El concepto que Martín Santos tiene de la casta hispánica es el pivote sobre el que se apoya toda su crítica nacional. En primer lugar, se presenta a los españoles como "un pueblo que tiene las frentes tan estrechas" que "todos somos tontos. Y ese ser tontos no tiene remedio" (pág. 129). La casta, lleva "sangre visigótica enmohecida" y "bajo pueblo mediterráneo... adheridos a sus estructuras asiáticas". Las "víctimas" de esta mezcla integrativa, asegura el autor con sarcasmo, "miserablemente vegetarán vestidos únicamente de gracia y no de la repulsiva técnica del noroeste", agudeza que se resume en la siguiente serie definidora del carácter de la raza hispánica:

> Cantehondo, mediaverónica, churumbeliportantes faraonas, fidelidades de viejo mozo de estoques, hospitalidades, équites, centauros de Andalucía la baja, todas ellas siluetas de Elefanta, casta y casta y casta y no sólo casta torera sino casta pordiosera, casta andariega, casta destripaterrónica, casta de los siete niños siete.
> (pág. 129)

Dentro de esta actitud anti-nacional, se encuentran rasgos de originalidad, como son la teoría de la corrida de toros como encarnación, y escape, del odio nacional. Sin embargo, donde se muestra más acremente la actitud hacia "la esencia de un país que no es Europa" (pág. 60) es en relación con "la vileza de un pueblo" (pág. 225), del bajo pueblo español. La gente del barrio de chabolas aparece ridiculizada, comparada con los rasgos de "homólogos aborígenes" (pág. 58), con los "pueblos cazadores y ganaderos" (pág. 108), y en el mejor de los casos, con tribus africanas de "negritos de barriga prominente y pobres negras de oscilantes caderas que apenas para taparrabos tenían" (pág. 59). Ante la pobreza y la miseria que existe en el barrio de chabolas, la realidad se envuelve en una carcajada:

> ¡De qué maravilloso modo allí quedaba patente la capacidad para la improvisación y la original fuerza constructiva del hombre ibero! ¡Cómo los valores espirituales que otros pueblos nos envidian eran palpablemente demostrados en la manera como de la nada y del detritus toda una armoniosa ciudad había surgido a impulsos de su soplo vivificador!
>
> (pág. 43)

El novelista hace que su personaje visite ese barrio, sí, pero no con el propósito de lograr una mejor comprensión de su situación; solamente es para criticar irónica y ácidamente (como se puede apreciar en los ejemplos anteriores) esta falla de la sociedad, la gran agudeza que supone resolver de manera tan "ingeniosa" el problema de la vivienda, el gran progreso (en realidad un atraso que mediante una antítesis compara al de algunas tribus africanas) que supone su erección. El sarcasmo llega a su máximo punto cuando contempla esos "soberbios alcázares" (y añade: de la miseria) y los considera como motivo de orgullo nacional: "¡Qué conmovedor espectáculo, fuente de noble orgullo para sus compatriotas!" (pág. 44). Además, considera la falta de energía, la resignación de las gentes que son incapaces de librarse de la miseria en que se encuentran, y juzga que incluso quedan por debajo de "especies más inteligentes: las hormigas, las laboriosas abejas, el castor americano" (pág. 44). No es menos corrosiva la descripción crítico-enumerativa de las características de Madrid y de sus ciudadanos.

El mundo intelectual y científico también cae bajo el

demoledor escrutinio, aunque con razones mejor funda-
das que en el caso del pueblo. Para enjuiciar la afición
por "ese vacío con forma de poema o garcilaso que llaman
literatura castellana", se examinan las conversaciones sobre tópicos literarios en las tertulias de café y, se asegura,
que "de allí no salía nada" (pág. 68). En el campo científico, la crítica tiende a la burla y al descrédito, si bien es
necesario reconocer que, en el fondo, no se aparta mucho
de la realidad; adquiriendo su mayor intensidad cuando se
refiere a los trabajos de laboratorio, la preparación de tesis,
los conocimientos de los empleados del Instituto, cuyo Director, por ejemplo, asegura que "de verdad... todo está en
los libros" (pág. 211). Lo que se dice de los Institutos, presentándolos como admirables y dignos de encomio, es irónico: la realidad es todo lo contrario. Los investigadores
trabajan con los siguientes "útiles para la puesta en ejecución de sus ideas": "Unas veces unas ratas desparejadas,
otras veces unos volúmenes en alemán, otras veces una colección incompleta de una revista norteamericana" (pág.
207). Ante cuyos "eficaces estímulos" para el trabajo, el
sarcasmo brota en exclamaciones encaminadas a hacer patente los sorprendentes resultados que los científicos españoles consiguen con tan ilimitadas y grandiosas facilidades:

>   ¡Cuántas patentes industriales no surgen en nues-
> tro suelo que apresuradamente adquieren los rapaces
> industriales extranjeros! ¡Cuántas drogas inéditas y
> eficaces no vienen cada día a mejorar los medios de
> lucha de nuestros voluminosos hospitales! ¡Cuántos
> teóricos desarrollos de las ciencias más abstrusas, la
> física, el cálculo de matrices vectoriales, la química
> de las macroproteínas, la balística astronáutica son
> comunicados a las Academias de los países cultos
> para su estudio y admirada comprobación! ¡Cuántos
> ingeniosos prodigios de las ciencias aplicadas no sor-
> prenden al visitante de cualquiera de nuestras Expo-
> siciones de Inventores!   (pág. 207)

Muchas de estas críticas despectivas y ridiculizantes

aparecen en la novela como elaboración mental de Pedro, el cual, mientras trabaja en el laboratorio, piensa en la incapacidad española para la ciencia.

Los dos personajes principales de la novela son Pedro y su amigo Matías, pero ambos no están plenamente desarrollados. Pedro, como personaje, es un tanto nebuloso, difícil de aprehender; sus actos, incluso su carácter, carecen a veces de dimensión. Por eso, su retirada hacia "el tiempo de silencio", el asco que siente, los repetidos "ajjj", no convencen completamente. Esto es comprensible si se considera que Pedro no está concebido con el propósito de ahondar en su íntima personalidad, sino que sus actos y pensamientos tienen significado simbólico. La exposición de su carácter, de su conducta, se adapta a un arquetipo nacional de hombre de estudio y reflexión que se enfrenta con el abotargamiento de la sociedad y trata de orientar su vida en un cierto sentido, de acuerdo con las perspectivas que tiene. Sin embargo, su existencia es una prolongada serie de fracasos, el mayor de los cuales es su incapacidad para la acción, su resignación al "tiempo de silencio" en que se encuentra, llegando a pensar que "estoy desesperado de no estar desesperado" (pág. 240). Esta última postura de Pedro, su conformidad, es la respuesta a las preguntas que el escritor se ha ido formulando a lo largo de la novela sobre las posibilidades que tiene el hombre en la sociedad española, su perspectiva, su destino. En resumen: Pedro viene a ser la encarnación viviente de la derrota, de la desesperanza, de la resignación, sentidas en el ámbito nacional y, sin duda, por su creador.

En segundo lugar aparece Matías, que tiene una personalidad más concreta y real que Pedro, porque como "señorito" posee unos rasgos que caen dentro de lo "típico", igual que en el caso de Cartucho. Si aquél posee todos los rasgos de un hijo de familia rica con aficiones literarias, éste posee los de un sujeto del hampa madrileña, con sus ribetes de "chulo".

Los demás personajes están vistos a distancia y el lector no llega nunca a conocerlos, apareciendo a veces tan deformados que pierden cuanta personalidad pudieran tener. Esto no quiere decir que no posean una cierta complejidad de carácter, sino que cuando la tienen se emplea, por lo general, con fines irónicos. Así, Muecas posee una doble personalidad que refleja muy bien su carácter artero; cuando se dirige a don Pedro, se refina y da a "su voz naturalmente recia una cierta composición meliflua" (pág. 49), tratando de aparecer cortés, bien mirado; por el contrario, cuando se dirige a otras personas grita desaforadamente: "—¡Flora, Florita! ¡Trae una limonada en seguida!" Igualmente, cuando va a buscar a Pedro para que atienda a su hija que se desangra, adopta un aire de suma inocencia, oculta la verdadera causa, y sólo dice lo que le conviene para convencer al doctor.

La realidad de los personajes aparece también disminuida por lo que dicen, pues no es raro que una persona de ínfima educación y conocimientos diga palabras, o haga observaciones, que no coinciden con su personalidad. La viuda del militar, por ejemplo, se refiere al novio que dejó a su hija soltera, como al "protervo" (págs. 22 y 23). La vieja Dora manifiesta que ciertas personas de categoría la habían solicitado cuando "ella estaba en la floración o eclosión o infrutescencia de su palmito" (pág. 225), tan impropio de la anterior como lo es, en boca de Muecas el siguiente discurso:

> —Es cosa sabida, que el calor da la vida. Como en las seguidillas del rey David. Dos doncellas le calentaban, que si no ya hubiera muerto. Y lo mismo se echa de ver en las charcas y pantanos. Basta que apriete el sol para que el fangal se vuelva vida de bichas y gusarapos. (pág. 52)

El resultado es que, con frecuencia, no hay diferencia entre lo que dicen los personajes y lo que dice el autor, sobre todo en el caso de Pedro y Matías. A veces, tampoco existe entre uno de éstos y otro de ínfima categoría social.

Lo que más distingue a *Tiempo de silencio* es el uso de la lengua y de recursos retóricos que quedan supeditados, muchas veces, a efectos irónicos. Pedro, después de su desafortunada noche de sábado, en la que no sólo se embriaga, sino que opera cuando no debiera y, además, sucumbe a la tentación de Dorita, amanece al siguiente día envuelto en un "vómito vinoso", y la repulsiva condición en que se encuentra contrasta con el epíteto de "arcángel yacente" (pág. 117). Ejemplos parecidos, en los cuales la adjetivación o el nombre constituyen una burla en contraste con la realidad, son numerosos en la novela. Entre otros muchos: a la persona que hace abortar a Florita produciéndole la muerte, se la identifica como "el mago de la aguja" (pág. 107), sin duda por el fracaso de la operación; a Matías, cuando visita el lupanar de doña Luisa, se le designa como "el doncel enamorado" (pág. 89), o el "yacente caballero" (pág. 90); cuando Pedro propone que le oculte doña Luisa, se le llama "el doncel doliente" (pág. 152); aparece la "vedette" en el escenario, y el autor exclama regocijado: "¡Qué diablo-sorprendente cojuelo-sorprendido espacio desnudado!" (pág. 219). No hay mejor modo de describir este uso que el novelista hace de las palabras con propósito burlón, y de un modo barroco, que citando lo que dice sobre la conducta de Matías:

> Siguió riéndose luego como si todo hubiera sido ya arreglado y como si sólo ya le quedara por hacer una pirueta, un salto mortal desde lo alto de una silla, para despedirse del respetable público y hundirse en el mundo diurno que misteriosamente se obstina en persistir más allá de las lonas del circo y de su música.   (pág. 153)

Para ejecutar esa "pirueta", Martín Santos recurre también al juego de palabras y de conceptos, como cuando Amador se refiere a los ratones, diciendo: "Pariendo como paren que me creo que paren sin parar" (pág. 12).

Pero como no hay tregua ni descanso en este alarde verbal, y como la lectura es lenta y difícil a causa de los juegos retóricos, hay momentos, sobre todo al final, en que la novela llega a cansar. Es curioso que un escritor tan antihispánico como Martín Santos caiga en el vicio hispano-católico por excelencia: el conceptismo, el alarde verbal, la agudeza a lo Quevedo.

La prosa de *Tiempo de silencio* es eminentemente barroca. En primer lugar resalta el uso del hipérbaton, así como también la metáfora y la sinécdoque. Hay, además, una considerable tendencia a lo experimental y desusado. Con frecuencia se suprime la puntuación, se hace uso de arcaísmos, e incluso se desatienden normas de ortografía como la capitalización de nombres ("madrid, madrid, madrid en méjico se piensa mucho en ti"; "sepelio de conde de orgaz", pág. 229). Son frecuentísimos los neologismos de toda clase, como "quiddidad" o "resucitalcitrante". Parte de esta tendencia a la creación lingüística consiste en emplear términos médicos y científicos en sentido figurado, no pocas veces irónico, como al referirse al investigador que trabaja para descubrir el cáncer, llamándole "terebrante husmeador" (pág. 8). Frecuente es la construcción de vocablos compuestos de varias palabras unidas por medio de guiones. Al policía que, previamente afable y paternal, se enfada porque Pedro niega su culpabilidad en el aborto, se le llama "Júpiter-tonante, Moisés-destrozante-de-becerros-áureos, Padre-ofrecedor-de-generosos-auxilios-que-han-sido-malignamente-rechazados, Virtud-sorprendida-y-atónita-por-la-magnitud-casi-infinita-de-la-maldad-humana" (pág. 170).

La narración presenta una firme tendencia a la enumeración, en serie, de frases cuyos términos se van repitiendo a modo de escalones que conducen a un punto culminante, en cuyo momento se resuelve la oración pendiente por medio del verbo que queda a considerable distancia del sujeto, o por medio de la frase subordinada que está igualmente distanciada del antecedente. Esta repetición da origen a complicaciones, por el hecho de que, en ciertos casos, una de las repeticiones contiene en sí otra larga serie, a modo de paréntesis. La descripción de Madrid empieza: "Hay ciudades tan descabaladas, tan faltas de sustancia histórica, tan traídas y llevadas por gobernantes arbitrarios, tan caprichosamente edificadas en desiertos..." La serie continúa hasta alcanzar veintisiete términos paralelos, pero al llegar al que dice "tan llena... de autores de comedias de costumbres", se abre, dentro de la serie, un paréntesis que incluye diez clases de comedias. La confusión del lector aumenta porque el comienzo de la idea que el escritor expone, "hay ciudades tan descabaladas", tiene su conclusión cuarenta y tres líneas después, con "que no tienen catedral" (pág. 15). El resultado son párrafos interminables, en los cuales se usa una prosa vertiginosa, que podría llamarse "automática", por su parecido con cierta poesía del período surrealista. La sala de visitas del burdel de doña Luisa se califica de "esferoidal, fosforescente, retumbante, oscura-luminosa, fibrosa-táctil", y, después de una apretada página concluye: "Cuna, placenta, mecomio, deciduas, matriz, oviducto, ovario puro vacío, aniquilación inversa" (pág. 87). Dicho cuarto se denomina de unas cuarenta y dos formas diferentes, entre las que se encuentran: "Cabina de un vagon-lit a ciento treinta kilómetros por hora..., cabin-log de un faruest..., camarote agitado por la tempestad del índico..., barquilla hecha de mimbre de montgolfiera..., ascensor lanzado hacia la altura de un rascacielos", y otros.

El mismo diálogo pierde su usual forma, y se presenta formando parte de largos párrafos ,separados los interlocutores solamente por la puntuación: ""Oye", digo. "Diga", dice. "Iremos mañana a su chabola". "Qué contento se pondrá"" (pág. 13). Aunque es uno de los puntos más débiles de la novela, se usa en algunos momentos con carácter innovador. Originales son los momentos en que Dorita, angustiada ,se presenta en la comisaría con la pretensión de ver a Pedro. El diálogo reproduce únicamente una parte de la conversación, en este caso la del policía, silenciando lo que dice Dorita, aunque por las respuestas se puede deducir:

> —¿Por quién pregunta?
> —No. No se puede.
> —¿Usted qué es de él?
> —No. No puedo decirla nada.
>
> (pág. 181)

Esta técnica del diálogo incompleto da lugar a un momento, de gran acierto, durante el cual sólo se da parte de la frase y el resto se deja como supuesto, ayudando al lector por medio de un paréntesis sugeridor:

—Claro que si usted se empeña... (posibilidad de recurrir a otras vías abandonando el camino de la inteligencia y la amistosa comprensión).

—No, nada de eso... (negativa alarmada).

—Así que estamos de acuerdo... (superación del apenas aparente obstáculo).

—Bueno... (primer peligroso comienzo de reconocimiento).

—Perfectamente. Entonces usted... (triunfal).

—¿Yo?... (horror ante las deducciones imprevistas).

—¡¡Ya me estoy cansando!! (pág. 169)

El paréntesis, como en otros escritores de la actualidad, se emplea con frecuencia; pero Martín Santos es mucho más original en el uso del contraste. Donde mejor se revela la efectividad de esta técnica es en el estilo irónico-sarcástico-burlesco que caracteriza la genial novela; se tiende a contraponer lo serio a lo burdo, lo desmesuradamente imposible (aunque grandioso) a lo real (pero insignificante). El tono jocoserio aparece siempre entre lo supuesto y lo verdadero. Las dueñas de la humilde pensión donde reside Pedro se deciden a dar una fiesta para anunciar el noviazgo de Dorita y Pedro. Se asegura que "no pudieron organizar una comida servida por criados de librea", ni "tampoco... un cocktail con bebidas exóticas y whisky". La imposibilidad se justifica con excusas irónicas: en el primer caso es debido a que "el comedor de la casa estaba ocupado por los habituales huéspedes"; en el segundo se explica que "encontraban estos alimentos escasamente nutritivos y algo indigestos". La verdad es que estas humildes propietarias de pensión de ínfima categoría no pueden llegar a esa grandeza. El resultado es la realidad: "Así que dispusieron una sana merienda española con chocolate espeso" (pág. 214). Este contraste entre lo ficticio y desmesurado y la pobre realidad es una técnica que se usa constantemente en la creación del estilo irónico.

Otro de los aspectos de la técnica narrativa de *Tiempo de silencio*, en cierto modo paralelo al anterior, es el paso de una situación supuesta, metafórica, a otra real; proceso que empieza por exponer un principio científico para desembocar en la realidad narrativa. Esta técnica, típica del autor, refleja su personalidad médica. Hay un momento, por ejemplo, en el cual el policía Similiano sigue a Cartucho, y éste a Matías y a Amador, todos ellos camino del sitio donde se esconde Pedro. A dicha persecución precede una descripción de cómo actúa la procesionaria del pino, cuyas actividades son, en cierto modo, análogas a las que los mencionados personajes desarrollan a través de todo Madrid.

Similar a la técnica precedente es el cambio de enfoque de lo general a lo concreto. Una descripción o comentario puede dar un giro inesperado y, de pronto, las alusiones se hacen específicas. En el siguiente párrafo el autor describe en tercera persona la situación del pueblo madrileño para, sin ninguna pausa, dirigirse a él: "...El hombre —aquí— ya no es pueblo, que ya no pareces de pueblo, hombre, que cualquiera diría que eres de pueblo y que más valía que nunca hubieras venido del pueblo porque eres como de pueblo, hombre" (pág. 17).

Por último, diremos que la novela contiene alusiones a ciertos personajes reales. La evocación de Goya indica apreciación de su genio y arte. Los seis pensamientos que tiene Pedro sobre el Quijote demuestran un profundo interés por la obra cervantina y su significado; así como la evocación de Cervantes revela comprensión de su personalidad y genio. No puede decirse lo mismo de las maliciosas alusiones que hace a Ortega y Gasset con motivo de la "conferencia del "Maestro" para un público decadente y burgués, escena que los orteguianos no perdonarán nunca a Luis Martín Santos" (21).

* * *

Al contrario de Luis Martín Santos que se caracteriza por su visión irónica y negativa de la vida nacional, DANIEL

(21) Ricardo Domenech, «Ante una novela irrepetible», *Ínsula*, N.º 187 (junio, 1962), pág. 4.

Sueiro, en *Estos son tus hermanos* (22), presenta un caso representativo, de alcance general, de la alienación que existe en la sociedad española, a la vez que explora las características de esta escisión y da una esperanza para el futuro.

Un exiliado político, Antonio Medina, cuya única ambición durante veinte años de ausencia ha sido, dice, "volver. Volver a mi casa y a mi tierra" (pág. 64), regresa a su ciudad natal con el propósito de quedarse para siempre y llevar una vida tranquila. El gobierno le ha exonerado de toda culpa y, al concederle un pasaporte, ha reconocido su derecho a vivir en el lugar de su elección: Cuenca. A pesar de los años pasados, las personas de ciertas convicciones políticas y religiosas ven con profundo disgusto su regreso. Apenas llegado a Cuenca, el periódico local empieza a hablar de las atrocidades cometidas durante la guerra por los "rojos"; su cuñada y su hermano se sienten molestos a causa de su presencia; se habla de su participación en una larga serie de crímenes; la gente, excepto en unos pocos casos, evita su compañía; le propinan una paliza en la calle; alguien le busca para vengar en él la muerte de su familia; aparecen letreros en las paredes diciendo: "Nuestra paz no es para los rojos" (pág. 235), "Hay un asesino entre nosotros" (pág. 236), "Aquí vive un traidor. Hagámosle la vida imposible" (pág. 206). Después, la policía recibe dos anónimos que le acusan de crímenes concretos, pero totalmente infundados. El comisario llama a Antonio Medina y le revela la identidad de los autores que le han denunciado: su hermano y su cuñada. La novela termina con la vuelta de Antonio al exilio.

Estos son tus hermanos tiene un pensamiento central sobre el que la novela gravita constantemente: ¿Ha entrado España en un período de tolerancia y comprensión? ¿El tiempo transcurrido desde la guerra ha borrado el recuerdo de lo ocurrido entonces? ¿Ha cesado la escisión existente entre los españoles? ¿Hemos alcanzado realmente la paz? ¿Se ha olvidado todo, o por el contrario continúa

(22)   México: Ediciones Era, 1965.

aún vivo el odio y el deseo de desquite? Los sucesos de la novela muestran que los llamados "hombres de bien", bajo el pretexto de la religión y de un mal entendido patriotismo, no están dispuestos a olvidar nada. Antonio invoca su derecho a vivir en su patria pues le dice a su hermano, "ésta es mi tierra, tanto como de ellos, y ésta es mi casa, tanto como tuya" (pág. 208), a lo que el hermano contesta:

> —Nosotros pertenecemos a esta ciudad, a este país...
> —Yo ¿no?
> —No —dijo Pascual—. Tú, ya no.
>
> (pág. 210)

En último término, tenemos la usual proyección en el futuro: ¿No tiene solución ese estado de cosas? Antonio lo cree imposible en el presente o en el inmediato futuro, si bien su opinión no es completamente derrotista; es una tarea encomendada a la próxima generación, a la de su sobrino: "Tú vas a ser, pasado el tiempo, quien va a acabar con todo esto... ¡No huyas Lorenzo, no te vayas de aquí! Si vosotros os vais, esto no tendrá remedio nunca" (pág. 263).

Estos son tus hermanos está escrita sin grandes alardes técnicos, pero la obra contiene una cuidada estructuración de los sentimientos de Antonio, de sus hermanos, y de las gentes. Paulatinamente, Antonio va pasando de la esperanza a la desesperación. Cuando llega a Cuenca, se muestra cómo, en realidad, está contento de volver a encontrarse entre "los suyos" y cómo ha olvidado el pasado; pero a medida que van ocurriendo los sucesos que provoca su presencia, va despertándose su rencor y acaba por "revivir en la sustancia de su sangre el despecho y el rencor, una cólera, un coraje antiguos y ya para siempre inextinguibles" (pág. 246). Esta progresión se ve también en el caso de su cuñada y hermano, aunque es de otro género. Éstos creen que su hermano viene a pedir la parte de la herencia que le corresponde, y aunque al principio lo reciben bien, luego van manifestando una progresiva frialdad y hasta malquerencia, todo lo cual culmina con la denuncia para obligarlo a marcharse.

En relación con las novelas anteriores de Sueiro, *Estos son tus hermanos* representa un notable avance, habiendo superado los descuidos y la precipitación narrativa de *La criba*. Se trata ahora de una obra mucho más sólida, de un indudable interés, tanto humano como documental y social, muy superior a la inconclusa e insuficiente realidad de aquélla. El interés procede, en primer lugar, de la exposición de ciertas actitudes y valores aún vigentes, muy característicos de una capital de provincia; y en segundo lugar, se debe a la hábil presentación de los motivos que Paula y Pascual tienen para denunciar a su hermano, propios de esos espíritus sórdidos e hipócritas que acostumbran a ocultar su codicia bajo una capa de religiosidad y adhesión política, pero que en realidad, no es ni lo uno ni lo otro.

Las ruinas de la muralla (23), de JESÚS IZCARAY representa una curiosa mezcla de novela política y de análisis del estado de escisión que prevalece en la sociedad, superponiendo lo ideológico sobre lo social. Sin embargo, lo importante de *Las ruinas de la muralla* es el examen de la vida nacional, no la exposición política que queda en segundo término y que carece de interés. Dejando aparte lo político, que no nos interesa aquí en absoluto, diremos que la obra es "un signo más del tiempo, del tiempo de España" y de los intentos de explicación que encontramos en la actual novelística. El relato comienza en París, durante una reunión de jóvenes universitarios afiliados al partido comunista, continúa durante la visita que algunos de ellos hacen a sus respectivas familias en España, y concluye poco después de su regreso a Francia. En ese lapso de tiempo se narra una serie de sucesos que reflejan la concepción de la vida y de los valores, que tienen diversos grupos representativos de españoles: el terrateniente, el empleado, el falangista, el gracioso del pueblo, el universitario, el obrero, el empleado de oficina, la generación de preguerra, la que hizo la guerra, y la joven generación.

(23) París: Editions de la Librairie du Globe, 1965.

Mediante la estratificación de tan variados y dispares puntos de vista, se llega a crear un amplio cuadro de la situación y mentalidad de la sociedad española.

El análisis del carácter de los personajes representativos tiende a poner de manifiesto la existencia de una España "vieja" (estática, de signo conservador), cuyos valores y creencias aparecen simbolizados por las ruinas de la vieja muralla que rodea al pueblo de Nobleda, antagónica de una España "nueva" (dinámica, de intenciones renovadoras), y, sobre todo, se examinan las actitudes de los hombres que forman ambas. El análisis sigue el clásico concepto de Lukács, mostrando cómo el modo de ser de los personajes tiene sus raíces en hechos más lejanos, que han moldeado sus vidas y carácter. En el caso de don Máximo Puebla, rico terrateniente granadino que disipa su vida y su fortuna, se intenta llegar a una explicación de su carrera tras la concupiscencia; su hijo se dice que "era fácil percibir en aquel tumulto sensual, en aquel ir y venir de querida en querida y de venta en venta... algo exasperado y triste. ¿El poso de antiguas frustraciones? ¿Un intento de huida a no sabía dónde?" (pág. 217); luego rememora la historia de su padre, la herencia de creencias ya caducas que había recibido de sus antepasados, su existencia que era la continuación de una forma de vida ya establecida por el bisabuelo Fernando, primero, seguidor de Prim, y, luego, decidido partidario de la Restauración. El mismo procedimiento se emplea para ahondar en las circunstancias vitales de cada uno de los jóvenes universitarios que forman el grupo, explorando no sólo sus ideas actuales y haciendo ver cómo han emergido en su inmediato pasado, sino también contraponiéndolas a las que les fueron inculcadas en su niñez y período formativo, cuyo pasado lejano también se narra.

El idealismo político que aparece en algunas de sus páginas, sobre todo en las conclusiones que encierra la obra, es el aspecto menos convincente de la novela y, desde luego, está puesto al servicio de las directrices del Partido, llana y claramente, sin ocultarlo bajo falsas apariencias. A pesar de esto, Izcaray conquista un punto de vista lo suficientemente ecuánime para que su obra sea válida en lo principal: el examen de las diferentes capas que forman la sociedad nacional. Por eso, su valor documental y artístico no se puede negar.

En el aspecto estructural, la narración es una tupida red de sucesos, en parte recuerdos, tejidos alrededor de los diferentes personajes. La progresión dramática es casi inexistente, se reduce al estado de salud de Higinio, dirigente del grupo; al proceso de adaptación en Francia de los universitarios; y, sobre todo a la visita que Esteban hace a Nobleda, su pueblo. Los sucesos que forman parte de estos tres núcleos, e incluso los que quedan en su inmediata periferia, están debidamente integrados. Lo malo del caso es que Izcaray ha intentado dar mayor alcance a la novela, y por eso narra no sólo la vuelta de Esteban y de su mujer a Nobleda, sino también el regreso de los otros universitarios a sus respectivas "Nobledas". Los sucesos que les ocurren a los primeros tienen un pleno significado, y el autor capta con gran acierto el carácter de los personajes nobledenses y el ambiente social y político; pero en las otras situaciones no se puede decir lo mismo, pues apenas están soslayadas, ni siquiera aparecen debidamente integradas con el resto de la narración, dan la sensación de haber sido agregadas con el propósito de reforzar la situación existente en Nobleda, es decir, para hacerla más trascendental. El resultado es todo lo contrario: todos esos aspectos secundarios distraen la atención que el novelista ha centrado en Nobleda.

Juan Goytisolo va mucho más allá que los novelistas citados anteriormente en el examen del sentido de la vida nacional, aumentando por un lado la subjetividad interpretativa y, por el otro, llevando a sus últimos extremos la exposición de la alienación y del abotargamiento de la conciencia social. Si en *Juegos de manos*, en *La isla* y en otras novelas anteriores, Goytisolo presenta una realidad cuyo fondo y consecuencias son poco convincentes, ahora, con *Señas de identidad*, supera esas deficiencias y entra en un nuevo período creador. Aquellas obras (sobre todo el ciclo que va desde *Juegos de manos* a *La resaca*) "rozan problemas a veces interesantes, pero hay en todas ellas una gran improvisación", como ha reconocido el mismo Goytisolo, son el resultado de "un predominio excesivo de las influencias librescas sobre las experiencias vitales" (24). *Señas de identidad*, por el contrario, emana de esas experiencias vitales; representa un notable e intenso esfuerzo de autoanálisis nacional, tal vez el más ambicioso que se haya escrito en forma de novela.

Señas de identidad (25) es un vasto cuadro nacional visto a través de la conciencia de Álvaro, último miembro de una pudiente familia burguesa catalana. Álvaro, residente en París, de profesión fotógrafo, se encuentra en su finca, cerca de Barcelona, donde convalece de un ataque al corazón. El relato empieza un día de agosto de 1963, a las siete menos diez de la tarde, y concluye a la siguiente mañana. Durante ese tiempo que Álvaro pasa de vigilia (y la posterior visita a Montjuich, capítulo que cierra el libro), el personaje va reconstruyendo sucesos de la vida nacional junto a otros de carácter autobiográfico, que van desde su nacimiento, hace treinta y dos años, hasta 1963, mientras examina el álbum de familia, una carpeta donde conserva unas declaraciones que empleó para hacer un documental fracasado sobre la emigración del obrero español, un atlas, un paquete de cartas de su bisabuelo, etc.; simultáneamente escucha el Réquiem de Mozart, y bebe vasos de Fefiñanes. Estos documentos "juntamente personales y colectivos, públicos y privados, conjugando de modo armonioso la búsqueda interior y el testimonio objetivo, la comprensión íntima... y el desenvolvimiento de la conciencia civil de los Reinos Taifas", le permite iluminar "facetas oscuras y reveladoras de la vida de España" (pág. 165), desde diversos lugares (Barcelona, París, La Habana, Yeste, etc.), y en diversas épocas (la República, la guerra civil, la postguerra, la actualidad). Mediante el doble desdoblamiento en el tiempo y en el espacio, en lo subjetivo y en lo objetivo, el novelista puede narrar situaciones que ilustran por igual las actitudes que existen, o existieron, tanto en el lado nacional, republicano o comunista, en el interior o en el exilio, en la burguesía o en

(24) [Emir Rodríguez Monegal], «Juan Goytisolo. Destrucción de la España sagrada», *Nuevo Mundo*, N.º 12 (junio, 1967), pág. 45.
(25) México: Joaquín Mortiz, octubre de 1966.

el proletario, en el pueblo o en los órganos oficiales, en el revolucionario o en las fuerzas vivas. Así, Álvaro recuerda el café de madame Berger donde se reúnen los exilados españoles en París y rememora ciertos sucesos que le ocurrieron allí, y, al hacerlo, reflexiona sobre las actitudes de este grupo, analiza su carácter, y llega a poner de relieve su posición ridícula y su falta de comprensión de la realidad. La opinión de "los hombres de bien" sobre la situación de España, así como la interpretación oficial, se le vienen a la mente en forma de "Voces" colectivas; luego, numerosos incidentes ilustran (a veces ni acciones siquiera, simplemente frases recogidas al azar, como en el caso de los turistas) exactamente en qué consiste esa situación, y sobre ésta, Álvaro desarrolla sus pensamientos. Lo característico de *Señas de identidad* es esa relación entre la acción y la reflexión, entre lo observado y los pensamientos que el personaje elabora sobre la realidad; pero el núcleo de la obra no lo constituye la acción sino la reflexión, la constante elaboración sobre la conciencia del hombre español y sobre el significado de los años que han transcurrido desde la guerra. En último término, lo más importante de la novela es el elemento subjetivo, la crítica política (igualmente dura con los vencedores de la guerra que con los vencidos) y social, incluyendo a todos los estratos de la sociedad, "burguesía (monopolista o nacional, rural o urbana), proletariado, campesinos, capas medias" (pág. 235), que se han resignado a una forma de vida pasiva. Goytisolo los sienta en el banquillo de los acusados y sobre todos, por igual, recae el veredicto de culpables.

Los sucesos que Álvaro recuerda en su larga vigilia, forman parte de una apasionada búsqueda de la conciencia del hombre actual, tanto del que reside en la península como fuera de ella. En primer término, trata de comprender su renuncia a los principios y creencias sustentados por su familia, "el fundamento y la razón de tu desvío", se dice, "tu regla de conducta, tu manera de ser" (pág. 456), o sea la postura adoptada por aquéllos que se manifiestan inconformes con el prevalente estado de cosas. Pero ocurre que a pesar del autoanálisis que Álvaro hace de su radical separación, de su rebeldía que le lleva a "romper con... cuanto sin pedirlo tú te dieron ellos / dios religión moral leyes fortuna" (pág. 354), no logra superar su conciencia de fracasado, su incapacidad innata, heredada de una casta abúlica, para todo lo que signifique sacrificio. Cuando se da cuenta de que algunos amigos suyos han arriesgado la vida por un ideal, siente "un reproche mudo" a causa de su existencia muelle y parasitaria. Se trata de un examen que indudablemente está elaborado a base de elementos autobiográficos, y sobre esa base se levanta una de las acusaciones más tremendas que se hayan dirigido contra la burguesía española. Luego, en un segundo término más objetivo y general, se enfoca la actitud de sumisión y conformismo que prevalece en la sociedad actual, resultado, en su opinión, "de una subterránea labor de generaciones consagradas a la noble y dichosa misión de mantener contra viento y marea la rígida inmovilidad de los principios, el respeto necesario de las leyes, la obediencia veloz y ciega a las normas misteriosas que gobiernan la humana sociedad jerarquizada en categorías y clases sociales" (pág. 235). El modo de ser del pueblo actual da pie a una feroz crítica. Se trata de hombres que "discutían con extraña pasión de la rodilla de un futbolista o el muslo herido de un matador de toros, toros ellos mismos y ni siquiera eso, mansos felices que hablaban con arrogancia de lo permitido y se permitían condenar lo condenado, triste rebaño de bueyes sin cencerro, pasto de aprovechados y cínicos" (pág. 237). Este examen crítico es únicamente el resultado de una serie de experiencias y situaciones vividas (situaciones que, por otra parte, son bien conocidas, pero que nunca han sido tan clara y valientemente expuestas), que se emplean como testimonio multidimensional, y que se proyectan en dos direcciones: hacia el pasado y hacia el futuro, quedando el presente en punto muerto. La exploración del pasado(incluso remontándose al reinado de Alfonso XII y a la época colonial), desemboca inevitablemente en los hechos que constituyen la actualidad, y después se abre la perspectiva del futuro (o mejor dicho la falta de perspectiva), y las posibilidades que encierra para el hombre actual. En este sentido, Goytisolo llega a la misma conclusión que Martín Santos. Para Goytisolo tampoco hay ninguna esperanza concreta en el futuro inmediato. La única posibilidad que tiene Álvaro es la retirada (como en el caso del médico de *Tiempo de silencio*), por eso escucha que el premonitorio coro de "Voces" le dice:

> Reflexiona todavía estás a tiempo
> nuestra firmeza es inconmovible ningún esfuerzo tuyo logrará socavarla
> piedra somos y piedra permaneceremos
> no te empecines más márchate fuera
> mira hacia otros horizontes danos a todos la espalda
> olvídate de nosotros y te olvidaremos
> tu pasión fue un error
> repáralo
> SALIDA
> SORTIE
> EXIT
> AUSGANG   (pág. 484)

El análisis y la última conclusión a que llega Goytisolo son mucho más sombríos que en el caso de Martín Santos; son también más demoledores y críticos, hasta el punto que puede decirse que *Señas de identidad* es la antología del pesimismo y del fracaso, sentidos no sólo por el personaje central sino también en el ámbito nacional.

Una novela de la extensión de *Señas de identidad* (485 páginas de apretada prosa), cuya principal característica es la introspección, la evocación y el recuerdo, requiere un notable esfuerzo por parte del escritor para mantener el interés del lector. Goytisolo lo logra en la casi totalidad de la novela, no sólo por la naturaleza de lo que cuenta sino también por los variados recursos técnicos que emplea. La narración no sigue la progresión del tiempo, sino que los episodios se relatan superponiendo los de igual significado o bien, cuando así es necesario, contraponiendo dos diferentes que hagan resaltar las reflexiones de Álvaro. La mayor parte del libro se narra en segunda persona (singular o plural), en forma autobiográfica, aunque también se recurre a la primera persona del plural, y en los diálogos y otros pasajes, a las de tercera. Los párrafos de las "Voces", por ejemplo, aparecen sin puntuación, y en las últimas páginas del libro la puntuación se reemplaza por arreglos tipográficos. Estos recursos hacen que el libro tenga un cierto carácter innovador. Su lectura requiere una atención concentrada, debido a que a veces el continuo cambio de planos hace al lector perderse; esto ocurre también a causa de la tendencia a evocar lugares y narrar incidentes marginales. Por ejemplo, el desengaño que sufre madame Heredia, aunque interesante en sí, resta atención a los hechos directamente relacionados con el propósito de la novela. Lo mismo podría decirse de la evocación de Venecia, de las referencias a Amsterdam y a otras ciudades europeas, verdadero prurito por exhibir conocimientos que no tienen nada que ver con el resto de la narración. En efecto, hay muchas cosas que sobran en *Señas de identidad*, falta una selección de sucesos representativos pues, a veces, se repiten, mientras que en otros casos, como en el de Enrique, apenas se soslayan.

Hemos visto cuáles son las novelas que se ocupan de los problemas de carácter social que existen, o han existido, en España en el período 1942-1968. Las observaciones que hemos hecho sobre algunos autores y sus obras han de ser necesariamente provisionales, pues falta la necesaria distancia de tiempo para trazar un juicio definitivo; además, en su mayor parte son novelistas aún en plena producción que pueden dar una orientación totalmente diferente a su obra futura.

Observando los temas tratados, la forma en que se exponen, dónde se pone el énfasis, etc., notaremos que la posición adoptada por los novelistas del realismo social es fundamentalmente crítica, y mediante el testimonio condenan la actitud conservadora de la burguesía y la posición represiva de las llamadas "fuerzas vivas", la apatía y conformidad de las gentes, y así sucesivamente. Estas obras representan un intento de inyectar un reactivo en la vida nacional, son el reflejo de unos tiempos y unas circunstancias por las que ha pasado, o está pasando, el pueblo español en general. En las primeras novelas que aparecen después de la guerra, se notará una tendencia a los temas laborales, a denunciar la miseria que existe en ciertos sectores de la población. Luego, a medida que el realismo crítico social gana intensidad, aparecen los intentos de interpretación de la conciencia nacional y el análisis de su abotargamiento.

La novela de intención social no es, como hemos visto, un fenómeno nuevo en España, ni tampoco debe tanto como se ha dicho a las influencias extranjeras. Las influencias existen (caso de Brecht, Lukács y otros) pero sin servilismos, son más bien de carácter teórico que de inspiración en autores específicos. Se ha dicho que es un movimiento tardío con respecto a la novela "social" europea o americana, lo cual se debe al aislamiento que trajo la postguerra civil, pero esto no conviene tomarlo tan literalmente. La novela social española de preguerra aparece a su debido tiempo, y si la novela "social" de la postguerra se considera como la continuación directa de la novela "social" de la década del treinta (con el obligado paréntesis de unos quince años), tendremos que se trata de una tendencia bastante longeva, pero no tardía, que presenta dos etapas. En la de preguerra, predomina la intención revolucionaria y la interpretación lírica; en la de postguerra, la intención es crítica y la interpretación realista. La longevidad es explicable, desde otros puntos de vista, pues la novela "social" se escribe sólo cuando hay una problemática que reflejar, y en España sigue tan vigente antes como después del conflicto. Las circunstancias históricas y sociales no son las mismas en la península que en el resto de la Europa occidental, por eso la novela de la postguerra se retrasa con respecto a otros países, pero luego cobra ímpetu y enlaza con el realismo crítico social, llegando a coincidir con la literatura rusa del período post-staliniano. A la luz de las obras estudiadas se puede llegar a la conclusión de que la novela "social" española representa la continuación de la tradición literaria castellana. La evolución, claro es, se ajusta a la concepción artística de diferentes épocas, pero el análisis de la sociedad se encuentra no solamente en el período que sigue a la guerra, sino también en el que la precede, en los escritores del noventaiocho, en las obras del naturalismo realista, en el naturalismo, en el realismo pleno, en el realismo de transición. Así, se puede establecer una línea realista que comprendería, enlazándolos, a Goytisolo-Cela-Zunzunegui-Sender-Baroja-Blasco Ibáñez-Clarín-Galdós; o se puede trazar una serie de relaciones para ver cómo el lirismo neorromántico de una Concha Espina se continúa en Arconada y llega a López Pacheco, o cómo ciertos temas se repiten: el de la vida del empleado ya está en Galdós, el del minero en Ciges Aparicio, el del campesino explotado en Blasco Ibáñez, el examen de la crisis de la sociedad en la generación del noventaiocho, en Larra, en Cadalso.

Examinando el conjunto de nuestra novelística, se notará que hay ciertas obras que representan un hito en el desarrollo de la nueva novela "social", son relatos que resaltan entre los demás, y que por lo general inician un ciclo de producción. En 1954 aparecen dos novelas casi iniciales en la tendencia social: *Los bravos*, de Jesús Fernández Santos, y *Juegos de manos*, de Juan Goytisolo. La obra de Fernández Santos ejerce influencia en los novelistas posteriores por su técnica cuidada, por la sencillez de su prosa, en fin, por su escueta presentación de los hechos simbólicos y representativos. En cuanto a Goytisolo, se trata del escritor que con mayor decisión explora los caminos de lo social; su aportación reside en una serie de primeras obras, más valiosas desde el punto de vista histórico que desde el artístico, novelas que abren las puertas del realismo crítico social: *Juegos de manos* inicia la modalidad de pintar la abulia de la sociedad, *La resaca* es una de las primeras narraciones que enfocan la vida en los barrios de chabolas; *Campos de Níjar* es el primer libro de viajes con intención testimonial.

Poco después de la aparición de los relatos iniciales de Fernández Santos y Goytisolo, empiezan a escribir un creciente número de novelistas que ahondarán en la vida nacional y perfeccionarán el realismo crítico, resaltando algunas obras no sólo por la profundidad de su visión y por la perfección formal, sino también por el carácter innovador, por su experimentación con múltiples formas de transmitir la realidad. Destaca el diálogo depurado, el objetivismo maestro de *Tormenta de verano;* la literatura de viajes culmina con el dramático e impresionante documento de *Caminando por las Hurdes;* hay novelas que resaltan por la integración y trabazón de los diversos elementos puestos en juego, como en *Dos días de setiembre;* otras por su laborioso ahondar en las raíces de España, como *Señas de identidad;* mientras que *Tiempo de silencio* alcanza un lugar preeminente en la literatura castellana por su genial presentación. Llama la atención en estas novelas el cuidado mecanismo estructural, la consciente preocupación del escritor por integrar los diversos elementos de su narración de modo que resulte un todo armónico. En este aspecto que podríamos llamar de relojería, destaca también *La zanja.*

No todas las novelas "sociales" quedan a la altura de esos libros cumbres, ni mucho menos. Como ya apuntamos en los lugares apropiados, los hay muy inferiores; otros son francamente malos. Sus defectos son, en conclusión, de una doble naturaleza. Generalmente, el novelista es incapaz de ceñirse a los estrechos límites del realismo selectivo, su creación no alcanza la suficiente calidad artística pues en vez de dar a sus personajes un carácter representativo, aparecen revestidos de un excesivo lirismo o romanticismo, o bien el escritor se deja arrastrar por sus simpatías, idealiza excesivamente a sus personajes y, por consiguiente, pierde su posición objetiva. También ocurre, a veces, que el novelista recarga el elemento testimonial y la obra suele entonces convertirse en una calamidad periodística. Estos relatos aunque interesen por lo que tienen de reflejo de la realidad, son de un valor literario inferior y, desde el punto de vista artístico, no poseen una gran importancia.

La novela "social" española es un género que no ha concluido aún; todavía siguen publicándose narraciones de esta clase. Hay, además, numerosas obras inéditas. Muchos escritores así lo han preferido antes de publicarlas incompletas. No obstante, sus características y tendencias ya están establecidas.

A las págs. 59-62. Juan Marsé ha cambiado posteriormente el tono irritado y agresivo de su literatura en *Últimas tardes con Teresa* (Barcelona: Editorial Seix Barral, 1967). Se trata de una joven universitaria, Teresa, hija de una rica familia catalana, que tiene inquietudes sociales, o cree tenerlas, e idealiza todo cuanto pertenezca a la esfera obreril. Tanta es su predisposición hacia lo que signifique revolución social, que se enamora de Pijoaparte, un ratero que ella supone ser un dirigente obrero. Los equívocos que la llevan a tal conclusión, su actitud cuando descubre la verdad, constituyen la idea central de la novela: ciertas personas toman una postura socialista y revolucionaria, sin que en realidad les importe la situación que dicen combatir. Esta explosión irónica no tiene nada que ver con la novela "social" que nos ocupa, aunque verse sobre una situación que indudablemente existe en ciertos círculos universitarios.

A la pág. 65. Otra obra interesante que trata de la abulia es *Trampa* (Madrid: Aguilar, 1964, segunda edición. La primera es de 1962), de ÁNGEL MARÍA DE LERA. Lo que Lera trata de novelar en este libro es la actitud de la burguesía rica hacia los obreros: "Una es cristiana, pero no por eso se puede dudar que Dios nos ha puesto a cada uno en su sitio: ellos, abajo, y nosotros, arriba. Y no vamos a enmendarle la plana a Dios" (pág. 160). De otra parte, se ofrecen los sentimientos de los obreros hacia esa burguesía acomodada: "Ellos siguen viviendo como Dios... Se quejan, se quejan, pero continúan viviendo como si nada hubiese pasado. Nosotros, en cambio..." (pág. 103). Lo que en realidad novela Lera es "un estado de conciencia", que se refleja en Mario, el hijo de familia rica, rebelde a la tradición familiar, que confiesa que los obreros "son personas como tú y como yo, por no decir mejores" (pág. 173). Este estado de conciencia se expone mediante conversaciones sobre el tema, en las cuales Mario se muestra en discrepancia con sus familiares. Su actitud coincide en todos sus puntos con la nueva postura católica en materia social, mientras que la de su familia se ajusta a la vieja idea de la superioridad de clase como designio divino. En este sentido, Lera muestra una preocupación moral, no tanto por el obrero como por la alta burguesía, incapaz de ajustarse a los nuevos moldes. Lo malo es que dichas "teorías" no se desprenden de los hechos, sino que se imponen desde afuera, como si fuesen ideas del autor, con convencimiento "a priori" de su validez.

Aparte de lo ideológico, hay una trama sentimental, como en las demás obras de este autor, que tiene que ver con los problemas matrimoniales de Elena y Álvaro, a quien ella supone enamorado de otra mujer, cuando, en realidad es un homosexual. Elena, para salvar la honra del hijo que va a tener, asesina a su marido. Esta parte, perfectamente separable del tema social, posee el mérito de contener una intriga (con su correspondiente sorpresa) bien presentada, pero su valor disminuye por la tendencia del novelista al melodramatismo. Como se apreciará en el siguiente ejemplo, Lera "continúa sin refrenar su tendencia al melodrama, derivada de su afán por la "pasión desnuda", con ansia de tragedia clásica que no ha llegado a conseguir" (José R. Marra López, "Lera, Ángel María de: Trampa", *Ínsula*, N.º 191 [octubre 1962], pág. 8):

—Aprenderé y haré lo que quieras —empezaba a ahogarla la congoja y se abrazó a su pecho, y fue resbalando mientras gemía—: ¡Álvaro, Álvaro! Tal vez no merezca ser tu esposa, pero puedo ser tu querida.

Álvaro era un poste de hierro, frío, insensible... Elena había resbalado hasta caer de rodillas. Abrazada a las piernas del hombre, seguía implorando:

—Si quieres darme dinero, si eso te gusta, te lo cogeré —los sollozos contenidos enturbiaban y ahogaban sus palabras—. Pero dime que sí y no me huyas. Ya ves: te lo pido de rodillas. Pégame, písame, si quieres, Álvaro. (pág. 216)

A la nota 12, pág. 79. El capirote (México: Joaquín Mortiz, 1966).

A la pág. 125. El capirote (México: Joaquín Mortiz, abril de 1966. El original fue escrito durante la primavera y verano de 1961. Las versiones rusa y francesa aparecieron en 1964), de ALFONSO GROSSO, versa también sobre el jornalero andaluz si bien sólo la primera parte de la novela (titulada "La marisma") se desarrolla en los arrozales de la desembocadura del Guadalquivir, mientras que las otras dos partes restantes ("Prisión Provincial" y "Viernes Santo") tienen lugar en Sevilla.

Un jornalero temporero, Juan Rodríguez López, es acusado falsamente de un hurto. Detenido, confiesa su culpabilidad para evitar que le sigan maltratando. Al llegar a la Prisión Provincial se retracta; sin embargo, a pesar de su declaración de inocencia, pasan ciento ochenta y tres días antes de que quede en libertad, lo suficiente para contraer la tuberculosis. Su enfermedad se va agravando en los siguientes meses que pasa en Sevilla, apenas sin trabajo, excepto la recogida de carbonilla. Durante la Semana Santa es contratado de costalero cuando ya la enfermedad está muy avanzada. El esfuerzo que tiene que hacer le produce vómitos de sangre, hasta que por fin, el Viernes Santo, muere bajo el paso del Crucificado.

El capirote es una interpretación de la vida "de los pocos que lo tienen todo y de los muchos que nada poseen en las tierras del Sur" (pág. 122), vista por medio de lo que le ocurre a Juan Rodríguez, el "pelantrín" que es el símbolo de las víctimas de una sociedad casi feudal. La intención del novelista es, sin lugar a dudas, exponer cómo un mecanismo inhumano tritura y arruina a un hombre "que había roto las reglas del juego de la Justicia... que había infringido las normas de los sagrados derechos de la propiedad de la tierra, donde se fundamenta la armonía de los latifundios, el equilibrio y la paz campesina" (pág. 38). Pero esa justicia se convierte en un escarnio cuando se muestra el encarnizamiento de las fuerzas correctivas con un inocente; la inmensa injusticia que el Sistema le ha hecho, concluye en la Semana Santa bajo el paso del Crucificado. Si se considera que el señor Merry-James, opulento terrateniente, es nazareno y asiste a la conducción del paso bajo el que muere el "pelantrín", el desenlace de la novela es bien claro: "Entre saetas, aplausos, incienso, claveles y cornetas, el Cristo, con los brazos en cruz, avanzaba lentamente, dejando en su camino hacia la Catedral un delgado e impreciso hilillo de sangre", la sangre de Juan Rodríguez. Sus sufrimientos, Pasión y muerte, son por extensión, los del campesino andaluz desposeído de tierra y aún de trabajo.

El significado de la novela, su interés humano, queda muy reducido a causa de la forma de narrar los sucesos, sobre todo en la última parte que pone demasiado énfasis en la descripción costumbrista de la Semana Santa, muy "típica" y colorista, casi diríamos reporteril. Además, la prosa barroca, el excesivo uso de reiteraciones, de largos párrafos de paralelismos que no dicen nada, ahogan con frecuencia la narración. El mismo paisaje, las sensaciones sensoriales que tan magníficamente sabe captar Grosso, se describen con excesiva frecuencia, y, aunque hay en ellas metáforas excelentes, cansa su repetición. En resumen: *El capirote* es muy inferior a *La zanja;* le falta la cuidada selección de hechos y personajes representativos que caracterizan a ésta.

A la nota 5, pág. 130. Otras obras de Sueiro: *La rebusca y otras desgracias,* cuentos (Barcelona: Editorial Rocas, 1958); *Los conspiradores,* cuentos (Madrid: Editorial Taurus. Recibió el Premio Nacional de Literatura 1959); *Toda la semana,* cuentos (Barcelona: Editorial Rocas, 1964); *Estos son tus hermanos* (México: Editorial Era, 1965); *La noche más caliente* (Barcelona: Plaza y Janés, 1965); *Solo de moto* (Madrid: Ediciones Alfaguara, 1967).

A la pág. 132. Juan José Rodero, en *El sol no sale para todos* (Barcelona: Plaza y Janés, 1966), aborda también el tema de las estrecheces económicas que padece el modesto empleado, mostrando las continuas amarguras del querer y no poder. En la novela de Juan José Rodero se trata de un oficinista que se ve obligado a casarse con una estudiante universitaria. Incapaz de mantener a su familia adecuadamente, sin otras posibilidades de mejorar de situación, se ve obligado a irse a trabajar en Alemania. El novelista, sin grandes alardes técnicos, muestra cómo la emigración es una incógnita, una incertidumbre con la que se enfrenta el personaje, no por el gusto de probar fortuna, sino forzado por la necesidad y la falta de horizontes.

A la pág. 157: El tema del minero no es nada nuevo pues tenemos varios antecedentes en la literatura castellana, concretamente en el relato documental de Manuel Ciges Aparicio, *Los vencedores* (1908), y sobre todo en el de Concha Espina con *El metal de los muertos* (1920).

El metal de los muertos muestra en forma testimonial los problemas laborales que existen en la cuenca minera, presentando también las aspiraciones y demandas de los mineros, a la vez que se denuncia el empleo de la religión como mordaza para mantener al proletario callado. No falta en esta novela la comparación (como luego hará López Salinas) entre la miseria del minero y las comodidades y lujos que disfruta el personal directivo. Las penalidades e injusticias que padece el minero se hacen resaltar de un modo muy parecido al empleado en el actual realismo crítico social, e incluso la narración de éstas posee fuerza cuando se enfocan directamente. Lo malo del caso es que la situación de las minas de Riotinto aparece desvirtuada y falseada en gran parte de la novela. En primer lugar, porque se intenta defender los derechos del minero en nombre de una redención cristiana que, aunque sea el punto de vista de la escritora, no encaja en el ambiente de la mina, y por lo tanto, le presta un tono poco convincente a la narración; en segundo lugar, porque el problema laboral se presenta como si fuese el resultado de la opresión y rapacidad de unos extranjeros que explotan a los mineros. El verdadero significado de la situación se escamotea de este modo: al testimoniar los abusos, la escritora sustituye el fondo del problema social por una acusación antiimperialista que no tiene nada que ver con aquélla. Por eso, Ramiro de Maeztu confundió las legítimas aspiraciones del obrero con el trasfondo nacionalista, al escribir el siguiente comentario sobre la novela: "Los pobres mineros explotados se revuelven contra el hecho de que los explotadores extranjeros los consideren de raza inferior. Tienen razón en ello" (junio de 1931). El lector que comprende el significado de ciertas situaciones, sabe muy bien, como lo sabía Concha Espina, que el problema minero que ella testimonia no tiene nada que ver con la nacionalidad de la empresa.

El interés de la novela de Concha Espina, lo que de perenne hay en ella, reside en lo que cuenta de la existencia de los mineros, lo cual queda rebajado considerablemente por el modo como lo cuenta, hoy totalmente caduco. Lo mejor de la presentación formal es, sin duda, cuando deja a los personajes hablar; pero cuando cae en la tentación de explicar o describir (y cae con excesiva frecuencia), lo hace en un tono altisonante, hinchado en demasía, retórico y lírico. El descenso de Aurora a la mina, por ejemplo, es comparable a algunas descripciones del fantástico viaje al País de las Maravillas: "Ella recibe, férvida, la iridiscente consulta de los cien ojos extraños que al fulgir parecen llenos de lágrimas... Oye Aurora otra vez el balbuceo del milagro: las piedras, los fulgores, las tonalidades, los sonidos, gesticulan y sollozan" (Obras completas, I, pág. 497). En realidad se trata de un oscuro, sucio y maloliente túnel. Este lirismo, mucho más subido de tono que el empleado posteriormente por César M. Arconada, se desborda continuamente, alcanza notas exageradas, y, agravado por el sentimentalismo excesivo que caracteriza a los personajes femeninos de Concha Espina, se hace francamente insoportable.

La novela de López Salinas representa una depuración del relato de Concha Espina, al que supera en todos sus aspectos. Básicamente, todo lo que se narra en La mina ya estaba presente en *El metal de los muertos*, pero López Salinas quita las divagaciones líricas (se entiende en su inmensa mayoría) de la escritora montañesa, suprime los elementos equívocos del cristianismo e imperialismo, y concentra la acción en unos pocos personajes representativos.

General

ÁLBORG, Juan Luis. *Hora actual de la novela española*. Madrid: Taurus [1958], 333 págs., ilust.

CASTELLET, José María. *Notas sobre literatura española contemporánea*. Barcelona: Laye, 1955, 94 págs.

G. DE NORA, Eugenio. *La novela española contemporánea* (1898-1960). Madrid: Editorial Gredos [c. 1958], 567 + 413 + 508 págs.

GARCÍA LÓPEZ, José. *Historia de la literatura española*. Barcelona: Editorial Vicens-Vives [1962], séptima edición, 708 págs. ilust.

LAMANA, Manuel. *Literatura de postguerra*. Buenos Aires: Editorial Nova [1961], 144 págs.

PÉREZ MINIK, Domingo. *Novelistas españoles de los siglos XIX y XX*. Madrid: Editorial Guadarrama, [1957]. 348 págs., ilust.

RUST, John Badcke. «La novela contemporánea en España (1939-1954)». Tesis de Middlebury College, 1960 (?).

SÁINZ DE ROBLES, Federico Carlos. *Panorama literario; al margen de los libros*. Madrid: [s. e.], 1954-1955. Vols. I y II.

TORRENTE BALLESTER, Gonzalo. *Panorama de la literatura española contemporánea*. 2.ª edición. Madrid: Editorial Guadarrama, 1961. 469 y 475-1.078 págs.

ALBERES, R. M. «La renaissance du roman espagnol», *Revue de Paris*, N.º 68 (Octobre 1961), págs. 81-91.

BAQUERO GOYANES, Mariano. «La novela española de 1939 a 1953», *Cuadernos Hispanoamericanos*, N.º 67 (julio 1955), págs. 81-95.

— «Realismo y fantasía en la novela actual española», *La Estafeta Literaria*, N.º 185 (15 de enero 1960).

BENÍTEZ CLAROS, R. «Nuestra pobre novela realista», *La Estafeta Literaria*, N.º 219 (15 de junio 1961), págs. 1, 8, 11.

BOUSOÑO, Carlos. «La novela española de la postguerra», *Revista Nacional de Cultura*, N.º 124 (septiembre-obtubre 1957), págs. 157-167.

CANO, José Luis. «La novela española actual», *Revista Nacional de Cultura*, N.º 125 (noviembre-diciembre 1957), págs. 18-22.

CASTELLET, José María. «La joven novela española», *Sur*, N.º 284 (1963), págs. 48-54.

— «La novela española, quince años después (1942-1957)», *Cuadernos del Congreso por la Libertad de la Cultura*, N.º 33 (noviembre-diciembre 1958), págs. 48-52.

— «El primer coloquio internacional sobre la novela», *Ínsula*, N.º 152-153 (julio-agosto 1959), págs. 19 y 32.

— «Coloquio Internacional sobre novela en Formentor», *Cuadernos del*

313

Congreso por la Libertad de la Cultura, N.º 38 (septiembre-octubre, 1959), págs. 82-86.

— «Veinte años de novela española (1942-1962)», *Cuadernos Americanos*, CXXVI (enero-febrero 1963), 290-295.

CELA, Camilo José. «Dos tendencias de la nueva literatura española», *Papeles de Son Armadans*, N.º 79 (octubre 1962), págs. 1-20.

CIENFUEGOS, Sebastián. «Le roman en Espagne (1920-1957)», *Europe*, N.º 345-346 ((enero-febrero 1958), págs. 17-29.

CIRRE, José Francisco. «El protagonista múltiple y su papel en la reciente novela española», *Papeles de Son Armadans*, N.º 98 (mayo 1964), págs. 159-170.

COINDREAU, Maurice Edgar. «Homenaje a los jóvenes novelistas españoles», *Cuadernos del Congreso por la Libertad de la Cultura*, N.º 33 (noviembre-diciembre 1958), págs. 44-47.

CORRALES EGEA, L. «¿Crisis de la nueva literatura?» *Ínsula*, N.º 223 (junio 1965), págs. 3 y 10.

COUFFON, Claude. «Las tendencias de la novela española actual», *Revista Nacional de Cultura*, N.º 154 (1962), págs. 14-27.

DELIBES, Miguel. «Notas sobre la novela española contemporánea», *Cuadernos del Congreso por la Libertad de la Cultura*, N.º 63 (agosto 1962), págs. 34-38.

DELIBES, Miguel; FERNÁNDEZ FIGUEROA, J.; CASTELLET, José María. «La novela española contemporánea», *Índice de Artes y Letras*, N.º 173 (junio 1963), págs. 9-13.

DOMENECH, Ricardo. «Una generación en marcha», *Ínsula*, N.º 162 (mayo 1960), pág. 11.

— «Una generación en marcha», *Ínsula*, N.º 163 (junio 1960), pág. 5.

— «Meditación sobre estética narrativa», *Ínsula*, N.º 175 (junio 1961), pág. 4.

FERGUSON, Albert Gordon. «Spain Through Her Novel (1940-1960): A Study of Changes in Mores and Attitudes as Reflected in the Contemporary Novel», *Disertation Abstracts*, XXIV, 1615 (Nebr.).

FERNÁNDEZ ALMAGRO, Melchor. «Esquema de la novela española contemporánea», *Clavileño*, N.º 5 (septiembre-octubre 1950), págs. 15-28.

GULLÓN, Ricardo. «The Modern Spanish Novel», *Texas Quarterly*, IV (Spring 1961), págs. 79-96.

KNAPP JONES, Willis. «Recent Novels of Spain. 1936-1956», *Hispania*, XL (1957), págs. 303-311.

MANCISIDOR, José. «La literatura española bajo el signo de Franco», *Cuadernos Americanos*, LXIII (mayo-junio 1952), págs. 26-48.

MARCO, Joaquín. «En torno a la novela social española», *Ínsula*, N.º 202 (septiembre 1963), pág. 13.

MARRA-LÓPEZ, José R. «Libros de viaje», *Ínsula*, N.º 220 (marzo 1965), pág. 7.

MAYER, Roger Noel. «¿Existe una joven literatura española?», *Cuadernos del Congreso por la Libertad de la Cultura*, N.º 33 (noviembre-diciembre 1958), págs. 53-58.

OLMOS GARCÍA, Francisco. «La novela y los novelistas de hoy. Una encuesta», *Cuadernos Americanos*, CXXIX (julio-agosto 1963), páginas 211-237.

PALLEY, Julián. «Existentialist Trends in the Modern Spanish Novels», *Hispania*, XLIV (March 1961), págs. 21-26.

PEGEARD, Robert. «Romanciers et conteurs espagnols actuels», *Mercure de France*, N.º 1123 (1957), págs. 530-537.

PÉREZ DE LAS HORAS, E. «Testimonio de las jóvenes generaciones españolas», *Cuadernos del Congreso por la Libertad de la Cultura*, N.º 63 (agosto 1962), págs. 50-61.

PRJEVALINSKY FERRER, Olga. «Las novelistas españolas de hoy», *Cuadernos Americanos*, CXVIII (septiembre-octubre 1961), págs. 211-223.

SÁNCHEZ MAZAS, Miguel. «La actual crisis española y las nuevas generaciones», *Cuadernos del Congreso por la Libertad de la Cultura*, N.º 26 (septiembre-octubre 1957), págs. 9-23.

SASSONE, Helena. «Hacia una interpretación de la novela española actual», *Revista Nacional de Cultura*, N.º 142-143 (1960), págs. 43-57.

Novelistas

Arce, Manuel

ESTEBAN, José. «Arce, Manuel: Oficio de muchachos», *Ínsula*, N.º 205 (diciembre 1963), pág. 9.

S(OBEJANO), G(onzalo). «Oficio de muchachos, de Manuel Arce», *Papeles de Son Armadans*, N.º 105 (diciembre 1964), págs. 338-341.

Ávalos, Fernando

MARRA-LÓPEZ, José Ramón. «Cuatro nuevos novelistas», *Ínsula*, N.º 182 (enero 1962), pág. 4.

— «En plazo, de Fernando Ávalos», *Cuadernos del Congreso por la Libertad de la Cultura*, N.º 61 (junio 1962), pág. 88.

Caballero Bonald, José Manuel

C(ANO), J(osé) L(uis). «Charlando con José Manuel Caballero Bonald», *Ínsula*, N.º 185 (abril 1962), pág. 5.

DOMENECH, Ricardo. «Dos días de setiembre y la nueva novela», *Ínsula*, N.º 193 (diciembre 1962), pág. 4.

G(ARCÍA) ATIENZA, J(uan). «Dos días de setiembre, de J. M. Caballero Bonald», *Cuadernos del Congreso por la Libertad de la Cultura*, N.º 69 (febrero 1963), págs. 90-91.

Grande, Félix. «José Manuel Caballero Bonald: Dos días de setiembre», *Cuadernos Hispanoamericanos*, N.° 163-164 (julio-agosto 1963), págs. 141-144.

Castillo Navarro, José María

García Atienza, Juan. «Los perros mueren en la calle, de Castillo Navarro», *Cuadernos del Congreso por la Libertad de la Cultura*, N.° 61 (junio 1962), pág. 89.

Santos Fontenla, F. «Castillo Navarro: Los perros mueren en la calle», *Ínsula*, N.° 185 (abril 1962), pág. 8.

Cela, Camilo José

Ilie, Paul. *La novelística de Camilo José Cela*. Madrid: Editorial Gredos, 1963.

— «The Novels of Camilo José Cela». Tesis de Brown University, 1959.

Kirsner, Robert. *The novels and travels of Camilo José Cela*. Chapel Hill: University of North Carolina Press [1964].

Prjevalinsky Ferrer, Olga. *El sistema estético de Camilo José Cela; estructura y expresividad*. Valencia: Editorial Castalia, 1960, 171 págs.

Zamora Vicente, Alonso. *Camilo José Cela*. Madrid: Editorial Gredos, 1962, 250 págs.

Agustí, Ignacio. «Sobre el Nuevo Lazarillo y sobre Camilo José Cela», *La Estafeta Literaria* (15 de noviembre 1944).

Barea, Arturo. «La obra de Camilo José Cela», *Cuadernos del Congreso por la Libertad de la Cultura*, N.° 7 (julio-agosto 1954), págs. 39-43.

Bécaraud, J. «Tradition et renouvellement dans le roman espagnol contemporain», *Critique*, N.° 14 (1958), págs. 135-136 y 709-719.

Bueno Martínez, Gustavo. «La colmena, novela behaviorista», *Clavileño*, N.° 17 (septiembre-octubre 1952), págs. 53-58.

Cano, José Luis «La colmena», *Ínsula*, N.° 67 (15 de julio 1951), págs. 4-5.

— «Viaje a la Alcarria», *Ínsula*, N.° 28 (15 de abril 1948), pág. 5.

Castellet, J(osé) M(aría). «Iniciación a la obra narrativa de Camilo José Cela», *Revista Hispánica Moderna*, XXVIII (1962), págs. 107-150.

C(astellet), J(osé) M(aría). «El molino de viento, por Camilo José Cela», *Índice de Artes y Letras*, N.° 29 (septiembre 1956), pág. 19.

Cela, Camilo José. «Pascual Duarte, el limpio», *Papeles de Son Armadans*, N.° 21 (1961), págs. 227-231.

Durán, M. «La estructura de La Colmena», *Hispania*, XLIII (1960), págs. 19-24.

Fernández Cuenca, C. «Camilo José Cela escribió La familia de Pascual Duarte aislándose en una oficina sindical», *Correo Literario*, N.° 70 (15 de abril 1953).

316

FOSTER, David William, «Cela's Changing Concept of the Novel», *Hispania*, XLIX (1966), págs. 244-249.

GONZÁLEZ LÓPEZ, E. «Camilo José Cela, La Colmena», *Revista Hispánica Moderna*, XX (1954), págs. 231-232.

GULLÓN, Ricardo. «Idealismo y técnica en C. J. C.», *Ínsula*, N.º 70 (15 de octubre 1951), pág. 3.

HOYOS, A. de. «Cintas Rojas, Pascual Duarte y el campesino de Cagitán», *Correo Literario*, N.º 76 (15 de julio 1953).

HUARTE MORTON, Fernando. «C. J. Cela: Bibliografía», *Revista Hispánica Moderna*, XXVIII (1962), págs. 210-220.

IGLESIAS, Ignacio. «La actual novelística española», *Cuadernos del Congreso por la Libertad de la Cultura*, N.º 3 (septiembre-diciembre 1953), págs. 105-106.

ILIE, Paul. «Primitivismo y vagabundaje en la obra de C. J. C.», *Ínsula*, N.º 170 (enero 1961), pág. 170.

IZQUIERDO HERNÁNDEZ, M. «Diagnóstico de dos novelas», *La Estafeta Literaria*, N.º 6 (31 de mayo 1944).

KIRSNER, Robert. «Spain in the Novels of Cela and Baroja», *Hispania*, XLI (1958), págs. 39-41.

LÓPEZ IBOR, J. J. «Psicopatología y literatura», *La Estafeta Literaria*, N.º 6 (31 de mayo 1944).

M. C. «C. J. C.: La colmena», *Clavileño*, N.º 9 (mayo-junio 1951), pág. 67.

PREDMORE, R. L. «La imagen del hombre en las obras de Camilo José Cela», *La Torre*, N.º 33 (1961), págs. 81-102.

TORRENTE BALLESTER, Gonzalo. «La colmena, cuarta novela de Camilo José Cela» *Cuadernos Hispanoamericanos*, N.º 22 (1951), págs. 96-102.

TORRES RIOSECO, Arturo. «Camilo José Cela, primer novelista español contemporáneo», *Revista Hispánica Moderna*, XXVIII (1962), págs. 166-171.

Fernández Santos, Jesús

[?] «Entrevistas. Jesús Fernández Santos», *Ínsula*, N.º 148 (15 de marzo 1959), pág. 4.

ALFARO, María. «J. Fernández Santos: En la hoguera», *Ínsula*, N.º 128-129 (julio-agosto 1957), pág. 13.

GIL NOVALES, Alberto. «Los bravos», *Ínsula*, N.º 120 (diciembre 1955), pág. 6.

— «En la hoguera», *Cuadernos Hispanoamericanos*, N.º 112 (1959), págs. 74-75.

IZCARAY, J. «Una novela de J. F. S.: «En la hoguera», *Nuestras Ideas*, N.º 5 (1958), págs. 98-101.

SÁNCHEZ FERLOSIO, Rafael. «Una primera novela: Los bravos», *Correo Literario*, N.º 6 (octubre 1954).

COUFFON, Claude. «Recontre avec Jesús Fernández Santos», *Les Lettres Nouvelles*, N.º 62 (Juillet-Août 1958), págs. 127-132.

Ferres, Antonio

Díaz Lastra, Alberto. «Antonio Ferres: Tierra de olivos», *Cuadernos Americanos*, N.º 179 (noviembre 1964), págs. 386-387.

Domenech, Ricardo. «Viaje a las Hurdes», *Ínsula*, N.º 171 (febrero 1961), pág. 4.

Gil Novales, Alberto. «La piqueta», *Cuadernos Hispanoamericanos*, N.º 134 (febrero 1961), págs. 275-277.

J. L. «La piqueta, novela de Antonio Ferres», *Nuestras Ideas*, N.º 8 (1960), págs. 103-104.

M(arra)-L(ópez), J(osé) R. «Ferres, Antonio: Con las manos vacías», *Ínsula*, N.º 222 (mayo 1965), pág. 8.

— «Ferres, Antonio: Tierra de olivos», *Ínsula*, N.º 216-217 (noviembre-diciembre 1964), pág. 20.

Núñez, Antonio. «Encuentro con A. Ferres», *Ínsula*, N.º 220 (marzo 1965), pág. 6.

Soler, María de los Ángeles. «El pan y el hombre. Dos libros», *Índice de Artes y Letras*, N.º 139 (agosto 1960), pág. 24.

García Hortelano, Juan

[?] «[Tres] 3 preguntas a Juan García Hortelano», *Índice de Artes y Letras*, N.º 150-151 (julio-agosto 1961), págs. 4-5.

Díaz, M. «J. García Hortelano: Nuevas amistades», *Nuestras Ideas*, N.º 8 (1960), págs. 102-103.

Gil Novales, Alberto. «Nuevas amistades», *Cuadernos Hispanoamericanos*, N.º 126 (junio 1960), págs. 385-386.

Marra-López, José R. «En torno a Nuevas amistades», *Ínsula*, N.º 158 (enero 1962), pág. 20.

— «Tormenta de verano», *Ínsula*, N.º 187 (junio 1962), pág. 4.

Soler, María de los Ángeles. «El pan y el hombre. Dos libros», *Índice de Artes y Letras*, N.º 139 (agosto 1960), pág. 24.

Goytisolo, Juan

Cano, José Luis. «Juan Goytisolo: Campos de Níjar», *Ínsula*, N.º 167 (octubre 1960), págs. 8-9.

— «Juan Goytisolo: Juegos de manos», *Ínsula*, N.º 111 (15 de marzo 1955), pág. 7.

Castellet, José María. «Juan Goytisolo y la novela española actual», *La Torre*, N.º 33 (1961), págs. 131-140.

Cirre, José Francisco. «Novela e ideología en Juan Goytisolo», *Ínsula*, N.º 230 (enero 1966), págs. 1 y 12.

Coindreau, Maurice-Edgar. «La joven literatura española», *Cuadernos del Congreso por la Libertad de la Cultura*, N.º 24 (mayo-junio 1957), págs. 39-43.

Corrales Egea, José. «Entrando en liza. Cinco apostillas a una réplica», *Ínsula*, N.º 152-153 (julio-agosto 1959), págs. 26-27.

Díaz, Martín. «La resaca», *Nuestras Ideas*, N.º 7 (1959), págs. 92-93.

Díaz-Plaja, Fernando. «Naufragio en dos islas. Un paralelo narra-

318

tivo: Goytisolo y Golding», *Ínsula*, N.° 227 (octubre 1965), pág. 6.

DOLLINGER, H. «Juan Goytisolo», *Die Kultur*, N.° 6 (1958), pág. 111.

F(ERNÁNDEZ) S(ANTOS), F. «La resaca», *Índice de Artes y Letras*, N.° 129 (octubre 1959), págs. 20-21.

GOYTISOLO, Juan. «Para una Literatura Nacional Popular», *Ínsula*, N.° 146 (15 de enero 1959), págs. 6 y 11.

GUEREÑA, María. «Campos de Níjar y Para vivir aquí», *Nuestras Ideas*, N.° 9 (1960), págs. 84-86.

I(GLESIAS), I(gnacio). «Fiestas y La resaca», *Cuadernos del Congreso por la Libertad de la Cultura*, N.° 36 (mayo-junio 1959), págs. 114-115.

LARRA, C. «Jeux de mains», *Europe*, N.° 345-346 (Janvier-Février 1958), págs. 246-249.

MARRA-LÓPEZ, José R. «Tres nuevos libros de Juan Goytisolo», *Ínsula*, N.° 193 ((diciembre 1962), pág. 4.

MARTÍNEZ CACHERO, José María. «El novelista Juan Goytisolo», *Papeles de Son Armadans*, N.° 95 (febrero 1964), págs. 124-160.

RODRÍGUEZ MONEGAL, Emir. «Juan Goytisolo. Destrucción de la España sagrada», *Nuevo Mundo*, N.° 6 (junio 1967), págs. 44-60.

SCHWARTZ, Kessel. «The United States in the Novels of Juan Goytisolo», *Romance Notes* (University of North Carolina), VI (1956), págs. 122-125.

TORRE, Guillermo de la. «Los puntos sobre algunas íes novelísticas (Réplica a Juan Goytisolo)», *Índice*, N.° 150 (15 de mayo 1959), págs. 1-2.

WEBER, J. P. «Jeux de mains, Deuil au Paradis», *La Nouvelle Revue Française*, N.° 78 (1959), págs. 1103-1104.

WURMSER, A. «Le vide de l'horreur», *Les Lettres Françaises* (abril 1961).

Grosso, Alfonso

NÚÑEZ, Antonio. «Encuentro con Alfonso Grosso», *Ínsula*, N.° 232 (marzo 1966), pág. 4.

SANTOS FONTENLA, F. «Grosso, Alfonso: La zanja», *Ínsula*, N.° 180 (noviembre 1961), pág. 9.

Lera, Ángel María de

NÚÑEZ, Antonio. «Lera, Ángel María de: Con la maleta al hombro», *Ínsula*, N.° 232 (marzo 1966), pág. 9.

M(ARRA)-L(ÓPEZ), J(osé), F. «Lera, Ángel María de: Los olvidados», *Ínsula*, N.° 174 (mayo 1961), pág. 8.

— «Lera, Ángel María de: Tierra para morir», *Ínsula*, N.° 220 (marzo 1965), pág. 10.

— «Lera, Ángel María de: Trampa», *Ínsula*, N.° 191 (octubre 1962), pág. 8.

— «Una novela de interés nacional», *Ínsula*, N.° 207 (febrero 1964), pág. 5.

— «Trampa, de Ángel María de Lera», *Cuadernos del Congreso por la Libertad de la Cultura*, N.º 65 (octubre 1962), pág. 93.

López Pacheco, Jesús

CAMPOS, Jorge. «J. López Pacheco: Central eléctrica», *Ínsula*, N.º 146 (15 de enero 1959), pág. 8.
IZCARAY, J. «Central eléctrica», *Nuestras Ideas*, N.º 7 (1959), págs. 94-96.

López Salinas, Armando

BOULANGER, M. «A. López Salinas: La mine», *La Nouvelle Revue Française*, N.º 116 (1962), págs. 334-335.
DOMENECH, Ricardo. «Viaje a las Hurdes», *Ínsula*, N.º 171 (febrero 1961), pág. 4.
GIL NOVALES, Alberto. «La mina, de Armando López Salinas», *Cuadernos Hispanoamericanos*, N.º 133 (enero 1961), págs. 140-142.
MARRA-LÓPEZ, José R. «La mina», *Ínsula*, N.º 162 (mayo 1960) página 9.
NÚÑEZ, Antonio. «Encuentro con A. López Salinas», *Ínsula*, N.º 230 (enero 1966), pág. 4.
OLMEDO, F. «La mina», *Nuestras Ideas*, N.º 8 (1960), págs. 79-85.

Marsé, Juan

SANTOS FONTENLA, F. «Marsé, Juan: Encerrados con un solo juguete», *Ínsula*, N.º 172 (marzo 1961), pág 8.
VARGAS LLOSA, Mario. «Una explosión sarcástica en la novela española moderna», *Ínsula*, N.º 233 (abril 1966), págs. 1-12.

Martín Santos, Luis

DOMENECH, Ricardo. «Ante una novela irrepetible», *Ínsula*, N.º 187 (junio 1962), pág. 4.
— «Luis Martín Santos», *Ínsula*, N.º 208 (marzo 1964), pág. 4.
DUQUE, Aquilino. «Un buen entendedor de la realidad. Luis Martín Santos», *Índice de Artes y Letras*. N.º 185 (junio 1964), pág. 9.
GARCÍA ATIENZA, Juan. «Tiempo de silencio, de Luis Martín Santos», *Cuadernos del Congreso por la Libertad de la Cultura*, N.º 63 (agosto 1962), pág. 88.
GRANDE, Félix. «Luis Martín Santos: Tiempo de silencio», *Cuadernos Hispanoamericanos*, N.º 158 (febrero 1963), págs. 337-342.

Nieto, Ramón.

NÚÑEZ, Antonio. «Encuentro con Ramón Nieto», *Ínsula*, N.º 221 (abril 1965), pág. 4.

Payno, Juan Antonio

García Atienza, Juan. «El curso, de Juan Antonio Payno», *Cuadernos del Congreso por la Libertad de la Cultura*, N.º 61 (junio 1962), pág. 89.
Marra-López, José R. «J. A. Payno, premio Nadal», *Ínsula*, N.º 175 (1962), págs. 4-5.
Soussan, Albert Ben. «Sobre El curso de J. A. Payno. Contestación al Sr. J. R. Marra-López», *Ínsula*, N.º 193 (1963), pág. 11.

Quinto, José María de

Marra-López, (José R.) «Quinto, José María de. Las calles y los hombres», *Ínsula*, N.º 138-139 (mayo-junio 1958), pág. 13.

Romero, Luis

Álborg, José Luis. «Los novelistas. Luis Romero», *Índice de Artes y Letras*, N.º 97 (febrero 1957), págs. 30-31.
C(ano), J(osé) L(uis). «Luis Romero: La noria», *Ínsula*, N.º 78 (junio 1952), pág. 6.
C(ouffon), C(laude). «Les autres, par Luis Romero», *Les Lettres Nouvelles*, N.º 62 (Juillet-Août 1958), págs. 132-133.
G. de Castro, F. «La noria», *Índice de Artes y Letras*, N.º 52 (junio 1952).
Grupp, W. J. «Two novels by Luis Romero», *Hispania*, XXXIX (1956), págs. 201-205.
Marra-López, José Ramón. «Romero, Luis: El cacique», *Ínsula*, N.º 208 (marzo 1964), pág. 9.
Posada, Paulino. «El cacique», *Índice de Artes y Letras*, N.º 182 (marzo 1964), pág. 27.
Velarde Fuertes, J. «Luis Romero, La noria y la economía de España», *Correo Literario*, N.º 77 (agosto 1953).
Vilanova, Antonio. «La noria, de Luis Romero», *Destino*, N.º 827 (junio 1953).

Sánchez Ferlosio, Rafael

Cabot, J. T. «La narración behaviorista», *Índice de Artes y Letras*, N.º 147 (marzo 1961), págs. 8-9.
Cano, José Luis. «El Jarama», *Árbor*, N.º 126 (1956), págs. 313-314.
Castellet, José María. «Notas para una iniciación a la lectura de El Jarama», *Papeles de Son Armadans*, N.º 2 (1956), págs. 205-217.
Coindreau, Maurice Edgar. «Los jóvenes novelistas españoles: Rafael Sánchez Ferlosio», *Cuadernos del Congreso por la Libertad de la Cultura*, N.º 27 (noviembre-diciembre 1957), págs. 67-71.
Gil Novales, Alberto. «El Jarama», *Clavileño*, N.º 39 (mayo-junio 1956), págs. 71-73.
I(glesias), I(gnacio). «Rafael Sánchez Ferlosio: El Jarama», *Cuader-*

nos del Congreso por la Libertad de la Cultura, N.º 20 (septiembre-octubre 1956), págs. 125-126.

IZCARAY, J. «El Jarama, o la hora de España», *Nuestras Ideas,* N.º 1 (1957), págs. 94-96.

JIMÉNEZ MARTOS, L. «El tiempo y El Jarama», *Cuadernos Hispano-americanos,* N.º 80 (septiembre 1956), págs. 186-189.

QUIÑONES, Fernando. «El Jarama, de Rafael Sánchez Ferlosio», *Cuadernos Hispanoamericanos,* N.º 80 (agosto 1956), págs. 138-142.

VILLA PASTUR, J. «El Jarama», *Archivum,* N.º 2-3 (mayo-diciembre 1955), págs. 11-13.

Solís, Ramón

GARCÍA LUENGO, Eusebio. «Ajena crece la hierba», *Índice de Artes y Letras,* N.º 196 (mayo 1965), pág. 28.

Sueiro, Daniel

C(ELA) T(RULOCK), J(orge). «La criba, de Daniel Sueiro», *Cuadernos Hispanoamericanos,* N.º 139 (julio 1961), págs. 160-162.

DOMENECH, Ricardo. «La primera novela de Daniel Sueiro», *Ínsula,* N.º 176-177 (julio-agosto 1961), pág. 8.

DOMINGO, José. «Dos novelistas españoles: Elena Quiroga y Daniel Sueiro», *Ínsula,* N.º 232 (marzo 1966), pág. 3

MARRA-LÓPEZ, José R. «La criba, de Daniel Sueiro», *Cuadernos del Congreso por la Libertad de la Cultura,* N.º 58 (marzo 1962), pág. 91.

NÚÑEZ, Antonio. «Encuentro con Daniel Sueiro», *Ínsula,* N.º 235 (junio 1966), pág. 4.

ÍNDICE ALFABÉTICO

Este libro ha sido impreso
en junio de 1968
por GRÁFICAS DIAMANTE,
Zamora, 83,
Barcelona

BIBLIOTECA BREVE DE BOLSILLO

En preparación:

Poetas catalanes contemporáneos (texto y traducción), José Agustín Goytisolo.

El tres, el siete y el as, V. Tendriakov.

Política y delito, Hans Magnus Enzensberger.

Función de la poesía y función de la crítica, T. S. Eliot.